할 말은
하되
관계는
지키자

할 말은 하되 관계는 지키자
-학교 공동체의 붕괴, 언제 어떻게 시작했나

2024년 11월 25일 1판 1쇄 발행

지은이   이보경
펴낸이   캐서린 한
펴낸곳   한국NVC출판사
편집장   김일수
마케팅   권순민·고원열·구름산책
디자인   책은우주다

인쇄   천광인쇄사
용지   페이퍼프라이스

출판등록   제312-2008-000011호
주소   서울시 종로구 자하문로17길 12-9 2층
전화   02-3142-5586 팩스 02-325-5587

홈페이지   www.krnvcbooks.com 인스타그램 kr_nvc_book
블로그   blog.naver.com/krnvcbook 유튜브 youtube.com/@nvc
페이스북   facebook.com/krnvc
이메일   book@krnvc.org

ISBN   979-11-85121-54-3   03370

할 말은 하되 관계는 지키자

이보경 지음

한국NVC출판사

교사이자 평범한 50대 워킹맘이 바라보는 세상

두 자녀를 키우며 연구부장으로 바쁘게 살던 어느 날, 멘토와 같은 교 감 선생님이 2012년부터 도입된 수석교사 선발에 응모해 보는 게 어 떻겠냐는 제안을 하셨다. 고민 끝에 지원한 결과, 덜컥 시험에 합격하 여 법제화 1기 수석교사가 되었다. 그러나 '학생들 교육과 교사들의 수업 및 생활교육의 역량 강화를 위한 다양한 지원자'라는 애매모호 한 역할로 인해 관료 체제로 움직이는 학교에서 자리 잡기가 쉽지는 않았다. 나는 수석교사에 대해서 교사들에게는 역량강화를 위한 컨설 턴트로, 아이들에게는 연구하는 선생님으로 소개한다.

담임교사를 할 때는 원칙과 책임감으로 엄하면서도 고지식하여 인 기와는 거리가 먼 교사였다. 생각해 보면 융통성이 부족하고 성실하 기만 한 교사 밑에서 아이들이 참 고생이 많았겠다 싶어 미안하다. 한편 막상 수석교사가 되고 나서는 역할도 애매하고, 동료 교사들의 마음을 얻어야 하는 자리인지라 쉽지 않았다. 교사로서 해야 하는 것, 옳은 것을 제시하면 자존심 강한 동료들은 귀찮음, 불편함, 거부감을 노골적으로 나타낸다. 그런 반응에 초창기에는 입지가 약한 수석교사의 자리를 탓하며 좌절감, 불만, 서운함으로 마음이 힘들었다. 아이들, 학부모, 보호관찰소의 비행 청소년들을 상담하는 것과는 결이 달랐다. 무엇이 문제였을까?

시간이 약이다. 어느덧 자리를 찾아가며 그동안 불편했던 나의 상황이 나로부터 비롯되었음을 깨닫는다. 친절하게 말하려고 하지만 나는 사람들을 대할 때 당위적인 메시지를 무의식중에 보내고 있었다. '당신은 교사(학부모, 학생)이니까 이렇게 해야 해요. 그게 원칙이잖아요?'

나름의 교육관이 있는 동료들인데, 이런 책무감을 은근히 강요하는 수석교사가 불편할 수밖에 없었을 것이다. 그러나 동료 교사들이 힘들어하는 부분을 관찰하고, 그 사람 마음이 어떨지 공감하려고 노력했다. 더 나아가 원하는 것이 무엇일까 헤아리려고 애를 썼다. 이렇게 공감하는 것만으로도 수석교사라는 낯선 자리에 대한 경계심을 풀 수 있었다.

"선생님, 훌륭하게 수업설계를 하셨네요. 그런데 혹시 도움이 필요한 게 있을까요? 수업에서 시도해 보고 싶은 것이나 고민되는 부분이 있으면 같이 의논해 봐요."

수업 컨설팅을 할 때도, 수업을 참관하고 평가적인 관점에서 친절과 상냥함을 가장하여 지적하고 비판하기보다는, 사전 컨설팅을 강화하면서 가려운 곳을 긁어주려고 노력했다.

"들어 보니, 많이 힘들겠어요. 그동안 어떻게 참으셨대요. 그 아이 (학부모)와 대화를 좀 해 봐야 할 것 같아요. 혹시 제가 옆에 있거나, 제가 상담하거나, 도와드릴 일 있을까요?"

이렇게 생활교육으로 힘들어하는 선후배 동료들을 찾아가 실제 도움을 주려고 하거나 같은 동료로서 진심으로 다가가려고 하다 보니 이제는 나도 동료들도 편안해지는 것 같다. 나도 모르게 어느덧 진정한 공감과 관찰, 느낌, 욕구, 부탁이라는 비폭력대화 NVC(Nonviolent Communication)를 생활 속에서 구체화하고 있음을 깨닫는다. 오래전 배웠던 상담과 비폭력대화 때문일 수도, 살아오면서 얻은 삶의 지혜일 수도 있겠다.

아이들, 학부모, 동료 교사뿐만 아니라 학교에는 다양한 구성원이 존재하며 끊임없는 상호작용으로 교류와 대화가 이루어진다. 이런 교류 속에서는 필연적으로 오해와 갈등이 발생한다. 가치와 욕구가 다르니 당연하다. 하지만 제대로 관찰을 못하거나 상대방의 심정을 공감하지 못하며, 친절하지만 단호하게 부탁을 못하면 갈등은 파괴적으로 증폭된다.

이러한 파괴적 갈등을 건전한 갈등으로, 아울러 진실한 대화로 평화를 찾도록 도와주는 '소통의 열쇠'가 바로 비폭력대화이다. 비폭력

대화의 이런 힘을 느끼다 보니, 배운 내용을 아이들의 언어로 번안하여 가르치기 시작했다. 비난과 공격, 자기멸시라는 파괴적 대화를 '자칼의 대화', 공감과 이해, 경청을 바탕으로 하는 대화를 '기린의 대화'로 가르친다. 이렇게 정서교육에 주안점을 두고 지도하는 5학년 학생들에게 비폭력대화를 실습 위주로 가르치면서 성찰하게 된 것을 책으로 출간하기도 했다.

그러던 어느 날 출판사에서 필자에게 연락이 왔다. 최근 학교 교육의 현실과 인식을 바탕으로 교육의 문제를 비폭력대화와 연결하여 대안을 모색하는 책을 내보자는 제안이었다. 난 망설였다. 그동안 집필한 책들은 나의 경험과 그에 따른 성찰을 다루고 있다. 그 경험은 교사나 교육상담자로서 어느 정도 자신감이 있는 상태에서 낸 책들이다. 그러나 비폭력대화를 내가 잘 실천하고 있는가에 대해서는 자신이 없었다. 머리와 가슴은 연결이 되었지만, 손발과는 연결이 안 되고 삐거덕거리는 듯했다. 나의 민낯을 아는 주변 사람들이 하나둘 머리에 떠오르고, 기억하기 싫은 창피한 일들도 뇌리를 스치면서 책을 쓰기에는 부끄럽다는 감정이 올라왔다.

"써 보고, 연락드려도 될까요?"

말이 무색하게 글이 써졌다. 사회의 영향을 가장 늦게 받는다고 늘 비판받는 학교 사회도 '9.4 공교육 멈춤의 날'을 최정점으로 교권 추락에 대한 저마다의 깊은 상처와 공동체성의 와해로 고민이 많은 상황이었다. 학교뿐만 아니라 가정과 사회에서 왜 진실한 대화가 실종

되고 소통이 막혔을까를 다양한 채널에서 고민하기 시작했고, 어느덧 그 이유를 계속 생각하며 글을 쓰고 있는 자신을 발견하고는, '내가 이렇게 하고 싶은 말이 많았구나!' 싶어 당황스러웠다.

이 책은 필자가 교사와 학부모로서 쓴 이야기이다. 대한민국에 사는 평범한 50대 워킹맘이자 사회의 현실에 관심이 있는 소시민으로서의 경험과 관찰을 담았다. 특히 학교는 사회의 축소판이라 우리 사회의 모습이 고스란히 반영되어 있다. 이 책을 읽게 될 독자들도 나와 비슷한 삶의 통과의례를 겪으며 저마다 어떤 지점에서 고민하고 있을 것이다. 관계 속에서 알 수 없는 답답함, 불편함, 갈등, 소외감 등 마음의 체증으로 힘든 상황일 수 있다. 이에 대한 이유와 실천의 풀무가 될 대안들을 나의 사유와 다양한 사례로 풀어보았다.

1부 〈AI 시대, 아이들과 어떻게 소통할 것인가〉에서는 학교와 가정, 우리 사회의 소통 위기와 AI로 대표되는 미래 사회에서의 소통, 그 미래를 살아갈 현재 우리 아이들의 상황을 살펴보았다. 우리 사회에 숨어 있는 선입견과 차별, 소통의 단절 문제들을 사례와 성찰로 다양하게 다루려고 노력했다.

2부 〈갈등의 실타래, 비폭력대화로 풀다〉에서는 학교 공동체의 갈등과 대립을 해소하기 위한 대안으로 떠오르는 비폭력대화를 다룬다. 비폭력대화의 요소인 관찰, 느낌, 욕구, 부탁을 지지대로 삼아 진정한 대화를 위한 가치관과 태도를 깊이 있게 생각해 보았다. 특히 교사, 학부모, 지역 사회 이웃으로서 겪었던 다양한 모습을 담았다.

3부 〈비폭력대화의 렌즈로 바라본 학교 상담 사례〉에서는 비폭력대화의 관찰, 느낌, 욕구, 부탁의 렌즈로 30여 년간의 학교생활에서 겪었던 학교폭력 사건들을 살펴보았다. 제시된 내용들은 현재 우리 사회의 실상을 그대로 반영하고 있다. 상담 사례를 반면교사로 삼아 진정한 소통의 단서를 얻었으면 한다.

가정, 학교, 사회에서 소통과 연대, 공동체성이 점점 더 희박해지는 상황이다. 이 책이 체증으로 답답한 마음에 시원한 한 잔의 냉수, 마음을 청량하게 환기하는 바람 한 점이 될 수 있기를 바라는 마음이다. 나와 함께했던 모든 인연, 특히 나의 가족을 비롯해 풍산초, 오마초, 원흥초 동료 교사들과 학생들, 아울러 이렇게 책을 내도록 기회를 주신 출판사에 고개 숙여 감사드린다.

공릉천에서
이보경

경청과 공감의 실종 시대, 무엇이 문제일까

소통의 부재 시대라고 말한다. 서로를 바이러스를 가진 잠재적인 가해자로 여기며 경계해야 했던 팬데믹 시기를 겪으며 불거진 부작용일까. 하지만 코로나19가 있기 전부터 우리의 관계는 그렇게 아름답지도 건강하지도 않았다. 정치적 갈등을 비롯하여 사회 곳곳에서 다양한 갈등이 드러나고 있었다. 이런 갈등은 서로에 대한 무관심과 혐오, 이해 부족에 따른 소외감 등 여러 형태로 드러났다.

세계적으로 손꼽히는 우리나라의 자살률, 올해 기준으로 100점 만점에 50점도 안 되는 아동 및 청소년의 행복 점수, 부모에 의한 극단적인 아동학대의 증가, 교묘하게 진행되는 언어 및 사이버 학교폭력의 증가, 특히 오프라인을 넘어 온라인 세계에서 확장되고 있는 폭력과 혐오 등 우리 사회의 위기를 시사하는 지표들은 하루가 멀다 하고 빨갛게 켜지고 있었다.

　이런 상황은 엔데믹이 되면서 폭발적으로 표면화되었다. 아이들뿐만 아니라, 학부모, 교사, 심지어 사회의 모든 계층이 사회 정서적인 지체 상태로 서로에게 상처를 주는 모습을 쉽게 목격할 수 있었다. 사람들은 저마다 자신의 입장과 불만을 말하느라 다른 사람의 말을 들을 여유가 없다. 타인의 입장을 이해하지 못하고 자기 말만 하면서 친구들과 놀고 있는 아이들이나 경로당에서 각자 자신의 이야기를 그냥저냥 하는 듯 보이는 어르신들의 모습과 다르지 않다.

　나에 대한 긍정적인 착각의 과잉으로 인해 내 말만 하다 보니, 진정한 대화와 소통이 점점 더 어려워지고 있다. 경청과 공감이 실종되니 이해가 실종되고, 오해를 넘어 혐오와 갈등이 증폭되는 분위기이다. 이런 상황에서 나를 지키기 위해, 최소한 상대방과 척지지 않기 위해 입을 다물고 방관하는 것이 차악의 미덕이 되고 있다. 무엇이 문제인 걸까? 이 상황의 출구는 어디일까?

　친구가 선물해 준 《환자 혁명》이라는 책을 읽다가 우연히 단서를 발견했다. 이 책을 읽으며 다양한 질병에 대한 새로운 시각을 가질 수 있었다. 이제까지 병원과 의사에게만 의존하던 수동적인 태도에서 내 몸의 주인인 내가 건강하기 위해 적극적으로 어떤 태도를 가져야 하는지, 나에게 닥친 질병을 대하는 자세는 어떠해야 하는지 많은 깨달음을 준 책이었다. 특히 우리가 나이가 들면서 흔하게 겪는 대사증후군, 고혈압, 당뇨, 콜레스테롤 등에 대한 작가의 시각이 신선했다.

우리는 고혈압이라는 진단을 받으면 혈압을 낮추기 위해 약을 먹는다. 혈압이 높아서 동맥경화를 일으키고, 심장마비나 뇌졸중이 올까 두려우니 약을 먹을 수밖에 없다고 생각한다. 혈압을 낮추면 치료가 된다고 생각하고, 병원도 이렇게 처방한다. 하지만 안타깝게도 아무리 혈압약을 먹어도 심장마비나 뇌졸중은 줄어들지 않는다. 사실, 혈압이 높은 것은 우리 인체가 '살겠다는 몸부림'이다. 트랜스지방과 탄수화물 등으로 피 상태가 안 좋고 혈관이 건강하지 않은 몸에, 구석구석 영양과 산소를 공급하려는 노력이다. 이런 노력을 혈압약으로 낮추니 오히려 인체는 제대로 산소와 영양 공급을 못 받고, 결국 뇌에 혈액이 잘 공급되지 못하니 치매의 가능성이 생기고, 심장근육을 못 뛰게 막으면서 심장에 더 큰 무리가 온다. 결국, 뇌졸중이나 심장마비는 높은 혈압이 문제가 아니라 동맥경화가 근본적인 문제이다. 음식 관리, 질 좋은 수면, 꾸준한 운동으로 혈관을 건강하게 만들기 위한 노력이 약을 먹는 것보다 더 중요하다.

갈등 상황도 마찬가지이다. 우리에게 지금 가장 큰 문제는 소통의 부재 자체가 아니다. 타인과의 대화를 거부하고 관심을 두지 않으며 소통하지 않으려 하는 원인을 찾아야 한다. 소통을 활발히 하려는 인위적인 노력보다 더 중요한 것은, 소통을 막고 파괴적인 갈등을 부추기는 원인을 찾아 개선하려고 노력하는 것이다. 소통이 제대로 안 되는 상태를 개선하고자 표피적인 프로그램, 이를테면 '웃음 치료'나 '허그 데이' 등에 많은 돈을 쏟아붓는 단기 처방은 일종의 고혈압 약과 같다. 공동체의 소통을 막게 된 다양한 원인이 무엇인지, 사회의 혈압을 너무 높여 파괴적인 분위기로 만드는 근본적인 원인을 적극적으로 탐색해 보아야 한다.

높은 혈압이 무서워 혈류 속도를 인위적인 약으로 낮추는 혈압약은 방관과 무관심의 침묵에 비유할 수 있다. 이러한 방관과 침묵이 우리의 뇌와 심장을 파괴하듯, 우리 공동체를 파괴할 것은 자명하다. 사회와 공동체를 힘들게 하는 불만과 갈등이 무엇인지 열린 마음으로 들으려고 하기보다는 이런 불편함을 가져오는 갈등은 나쁜 것이라며 다양한 힘과 권력으로 억압한다면 더 큰 사회적 문제로 이어질 것이다.

우리 사회의 혈류가 활발하기 위해서는 건강한 혈관과 같은 대화의 길을 만들어야 한다. 그러기 위해서는 건강한 음식과 수면, 꾸준한 운동과 같은 건전한 소통의 방법이 무엇인지 고민해야 한다. 지금 우리 사회의 균열과 상처를 혈압약이나 일회용 밴드로 감추려고 하는 것이 아니라 올바르게 직시하는 것이 필요하다. 이 책에서는 그 실마리를 '비폭력대화'를 통해 풀어가려고 한다.

차례

3부 **비폭력대화의 렌즈로 바라본
학교 상담 사례**

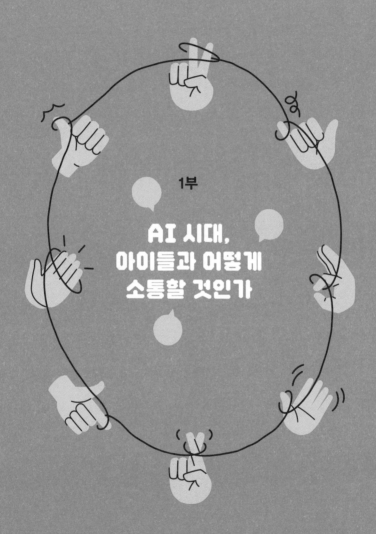

1부

**AI 시대,
아이들과 어떻게
소통할 것인가**

학교 공동체의 붕괴는 언제,
어떻게 시작했나

2019년 12월, 중국 우한시에서 처음 확인된 후 전 세계로 퍼진 코로나로 많은 것이 변화했다. 학교 교육은 시공간으로 확대되어 '갑자기 다가온 10년'이라는 말답게 온오프라인 교육이 이루어지더니 지금은 에듀테크 교육에 이어 AI 교육이 강조되고 있다.

이에 맞추어 대국민적 논의 끝에 탄생한 2022 개정교육과정은 '포용성과 창의성을 갖춘 주도적인 사람으로 성장'시키는 것을 개정의 중심에 두고 있는데, 다른 교육과정보다 미래 사회를 살아갈 학생들을 위한 자기주도 학습, 디지털 기초 소양 교육을 두드러지게 강조한다. 태어나면서부터 디지털 기기를 자신의 수족처럼 부리는 '알파 세대*'들에게 디지털 및 AI 교육은 너무나 당연한 교육 방향일 것이다. 아울러 교사들은 '~을 해야만 한다'는 당위성 교육보다는 '삶과 연계

한 교육'으로 교육과정을 재구성하고 수업설계를 할 것을 요구받고 있다.

그러나 미래를 향하는 교육적 방향을 논하는 시기이건만, 교육 현장인 학교는 여전히 '회복 중'이다. 학력 격차와 더불어 사회성 및 정서발달 지체를 체감할 정도이다. 초등학교 1, 2학년이라는 중요한 시기를 코로나로 집에서 보낸 3, 4학년 '코로나 키즈' 학생들의 과도한 또는 소극적인 사회적 상호작용의 모습이 다양한 문제를 가져왔기 때문이다. 하지만 3, 4학년 시기에 코로나 시기를 겪은 5, 6학년에서 나타나는 학력 격차와 무기력, 갈등의 폭발이 더 심각하게 느껴진다는 교사들도 많다. 교육부와 교육청에서 기초 학력 향상과 사회·정서 발달 프로그램 운영을 위한 예산을 쏟아부어 회복을 도우려 하고 있지만 사회·정서 발달 지체가 하루아침에 회복되기에는 만무하다.

2022년에서 엔데믹이 선언된 2023년에 폭발적으로 증가한 학폭 사안과 민원으로 학교는 코로나의 여파를 겪었다. 학교폭력은 여러 가지 형태로 나타나지만, 대체로 갈등을 제대로 풀지 못한 것이 원인인 경우가 많다. 여기에 더해 칩거 생활을 한 학부모들도 아이들 못지 않은 불안으로 학교의 대처를 공격하며 다양한 요구를 하고 있다. 코로나로 모든 것이 흐트러지고 붕괴되었다는 말을 실감할 정도다.

● 2010년 이후 출생한 세대로 스마트폰의 대중화와 유비쿼터스 사회의 영향을 직접적으로 받은 세대이다. 직관적인 만족 추구와 자기표현의 성향이 두드러진다.

팬데믹 이전부터 시작된 학교의 분열

하지만 코로나 그 훨씬 전부터 학교 사회에는 뭔가 다른 분위기가 밀려오고 있었다. 학생 생활교육뿐만 아니라 학부모를 상대하는 것이 버거웠고, 학부모의 민원, 늘어나는 학교폭력, 소송을 당하는 교사들의 증가로 학교는 고통스럽기까지 한 상황이었다. 나 또한 수업 개선을 위한 수업 컨설팅, 전문적 학습 공동체로서 학교를 조직화한다는 수석교사 본래의 업무보다는 학교에서 갖가지 문제를 발생시키는 학생들 상담, 학부모 상담, 학교폭력 및 갈등과 관련된 조사, 가·피해 관련 학부모들에게 사건을 알리는 일, 갈등 중재 등으로 하루하루가 살얼음판이었다.

무엇인가 근본적인 대책이 필요하다는 절박함이 몰려오는 시기에 코로나가 터졌다는 생각이 든다. 코로나로 인해 학교에 나오는 횟수가 줄고 상호작용이 적어지다 보니, 증가하던 학폭 사안이나 위기관리위원회, 학생생활교육위원회의 가동도 당연히 줄었다. 결국 2022년 전면 등교가 시행되면서 학교폭력을 비롯한 여러 갈등과 민원은 2020년 전에 느꼈던 것만큼, 아니 그 이상으로 폭발적 증가세를 보였다. 그러나 팬데믹 전부터 학교는 학생 생활교육에 힘을 잃고 있었고 학교의 균열은 이미 시작되고 있었다.

2023년 앞날이 창창했던 신규교사의 자살을 계기로 뜨거운 아스팔트 위에서, 또는 비 내리는 거리에서 추모 집회는 시작되었다. 동료교사들의 가슴 먹먹한 절규를 눈물을 흘리며 듣다가 '어쩌다 이런 상황이 되었을까?' 자문하지 않을 수 없었다. 그렇게 매주 토요일을 슬픔과 절망, 막막함으로 보냈다. 더구나 2017년에 임용된 같은 학교에 근무하던 두 교사의 2021년도 자살 사건까지 드러나고, 학부모의 시달림을 받던 교사들에 대한 사건이 봇물 터지듯 쏟아지자 추모를 넘어 연대가 이루어졌다.

이러한 상황을 딛고 변화를 이루려는 교사들의 투쟁은 매우 질서정연하고 진지했다. 50만 명의 '비폭력주의' 집회는 사회에 울림을 주었다. 두 아이를 두고 생을 놓을 만큼 고통을 겪었던 대전의 한 교사를 괴롭히던 학부모들에 대한 사회적 비판에 공감대가 형성되기도 했다.

언제부터인가 신규교사들 사이에서 '학교 탈출은 지능 순'이라는 말까지 돌기 시작했다. 더는 교사가 교사로서 존중받고 교사로서 해야만 하는 생활교육을 할 수 없는 상황은 교사의 무기력감을 더했다. 더 이상 교사와 학부모가 서로 동맹관계라고 하기가 어려운 상황인 것이 확실해진, 안타까운 상황이다. 교사와 학부모 간 균열은 서서히, 2023년에는 한꺼번에 일어나버린 것이다.

공교육 멈춤의 날, 사건의 진실은 아무도 모른다

한편 2023년의 위기는 학교 안에서도 발생했다. '9월 4일 공교육 멈춤의 날'을 앞두고 학교는 혼란에 빠졌다. 연가 및 병가로 학교를 나오지 않는 것으로 교사들의 고통을 알리고, '아동학대 처벌법 개정', '학생 생활지도권 강화', '서이초 교사 자살 사건 원인 규명'을 주장하고자 교사들이 연대의 움직임을 보였다.

그러자 그 취지와 주장은 충분히 이해하면서도 등교하는 아이들을 학교에 덩그러니 놔둘 수 없다는 교사들과 교육부의 징계 경고에도 불구하고 동참하겠다는 교사들 사이에 갈등이 생겼다. 교장과 교감, 교사들 사이에 반목이 생기는 지경에 이르기도 하였다. 9월 4일 당일에 연가와 병가를 내는 교사들뿐만 아니라 관리자들도 징계하겠다는 또 다른 경고에 "연가나 병가는 허용해 줄 수 없다"며 원칙을 내세울 수밖에 없는 관리자, 그래도 교사들을 설득하려고 전체 회의를 개최하여 설득에 나선 관리자 등 다양한 모습으로 학교는 혼란에 빠졌다.

관리자와 교사뿐만 아니라, 교사들 간에도 동참자와 비 동참자 간에 불편한 감정이 생길 수밖에 없었다. 심지어 교사 온라인카페에서는 출근한 교사들을 '역적'이라며 매도하는 글까지 올라올 정도로 교사들은 상처를 입었다.

나 또한 이 소용돌이에서 벗어날 수 없었다. 서로의 입장이 첨예하게 다른 상황에서 각자 중요하다고 생각하는 것을 선택하고 생각의 다름을 존중하는 것밖에 달리 입장을 표현할 수가 없었다. 도를 한참 넘는 일부 학부모들의 행동을 제지할 수 있는 법적인 기반을 마련하고 왜곡된 아동학대법 적용에 대한 불합리성을 개선해 보겠다는 젊은 후배 교사들의 절실함 앞에서, 교사는 그래도 아이들에 대한 교육을 놓쳐서는 안 된다는 설득은 꼰대스럽고 부끄럽기까지 한 태도로 느껴졌다. 침묵을 지키며 마음은 백번 이상 동참하였지만, 연가 및 병가를 내주면 징계를 내리겠다는 경고를 받는 관리자들 입장은 어떻게 헤아릴 것인가. 하루에도 몇 번씩 '내가 옳은 선택을 한 것일까?' 스스로 물어보며 헝클어진 마음을 수습하기에 바빴다.

내가 근무하는 학교의 경우 '9.4 공교육 멈춤의 날'에 거의 모든 학생이 등교했다. 미리 아이들과 학부모에게 상황을 설명하고 출근하지 않은 교사들도 있었지만, 그렇지 못한 분들이 대부분이었다. 출근하지 않은 분들은 게릴라식 멈춤으로 학교에서 교사라는 존재의 중요성을 알리고, 젊은 교사들의 죽음에 얼마나 분노하고 있는지, 그리고 공교육을 회복하고자 하는 절실함이 어느 정도인지 전달하려는 취지가 우선이었을 테다. 그러나 출근하겠거니 믿었던 교사들마저 나오지 않아 그야말로 '멘붕' 상태에 빠졌다. 이미 등교한 학생들을 집으로 돌려보낼 수도 없는 상황이니 말이다. 이틀 전부터 관리자들과 이에 대한 대책 회의를 했지만, 예상보다 더 급박한 상황이었다.

함께 출근한 교사들과 최선을 다해 아이들을 돌보는 것이 징계를 각오하고 출근하지 않은 동료 교사들을 위한 최선이라고 스스로 위안하기도 했다. 합리화일 수도 있지만, 30년 교사 생활을 하며 그래도 중요한 것은 학생이라는 것, 지금 당장 내 업무에 최선을 다해야 한다는 생각이 더 강했다.

다음날 출근한 동료 교사들의 태도는 냉랭했다. 서로 인사는 하지만 9월 4일에 대한 이야기는 한마디도 할 수 없었고, 마치 아무 일도 없었다는 듯 기묘한 고요함이 흘렀다. 아이들을 돌보느라 수고했다는 말은 들을 수 없었고, 눈길을 피하는 서로 간의 인사는 매우 불편했다. 함께하지 못한 미안함을 안고 학교를 지킨 교사들 사이에서 서운함의 감정이 일어나자 활발하던 학교 분위기는 한동안 긴장감이 계속되었다. 출근한 교사, 공교육 멈춤의 날에 동참한 교사들 모두 상처를 입었다.

학교 관리자들 또한 아픔과 좌절, 상처를 입은 분들이 많아 2023년 명퇴를 신청한 이들이 늘었다. 관리자와 교사들이 상담을 신청하는 횟수도 부쩍 증가했는데 교원들 대상으로 상담을 진행하고 있는 상담사와 만나 이야기를 들어보니, 한 달 스케줄이 촘촘하게 돌아갈 정도라고 했다. 상담의 공통 내용은 관리자가 교사들의 따돌림을 받고 있다는 것이었다.

2023년 12월까지 초등교사들의 단합을 이뤄낸 어느 사이트 게시판에서 지금은 연일 관리자들에 대한 성토가 이어진다는 소문을 들었다. 교사들의 생활교육을 적극적으로 도와주지 않고 일부 극성 학부모들을 혼자서 감당하도록 했던 관리자들에 대한 불만이 터진 것 같았다. 관리자 무용론까지 나오며 학부모들에 대한 분풀이, 무너진 교권에 대한 분풀이를 관리자들에게 돌리는 분위기였다.

진실은 모른다. 나를 비롯한 교사들과 일반인들까지도 분노케 했던 관리자들과 함께 근무했던 선생님들을 만나서 그분들이 어떤 분들이었는지 들었다. 그들은 몰지각한 분들이 아니고 오히려 성실한 분들이었다는 말을 하면서, 언론과 주변 사람들에게 무능하고 이기적인 관리자로 매도되는 것이 안타깝다고 했다. 영화 〈라쇼몽〉처럼 사람들이 진술하는 사실은 저마다 달라 무엇이 진실인지 알 수 없었다. 같은 상황을 보더라도 각자 자신이 진실이라고 믿는 관점만 있을 뿐, 완전한 진실이 과연 존재하는지 의심할 수밖에 없었다. 다만 확실한 것은 교권이 무너지고 학교의 구성원들이 저마다 많은 상처를 입고 있다는 사실이다.

코로나로 인한 방역 상황으로 서로 간의 교류가 불편하던 학교가 결국 공동체성이 많이 훼손된 채로 살아남았으나, 학부모와 교사들 사이뿐만 아니라, 교사들 간에도 균열이 발생하고 있는 상황이다. 하지만 나는 믿고 싶다. 이런 혼탁한 시기에 서로의 소통과 이해 속에서 불순물은 가라앉고 다시 맑은 물이 반짝이는 공동체로 회복될 것이라고 말이다.

코로나 이후 폭발적으로 증가한 학폭 신고

학교에서 학폭위(학교폭력대책심의위원회)가 열렸을 때 학부모들의 반응은 해마다 달랐다. 개인적인 경험으로는 10여 년 전에는 5학년에서 유독 학교폭력이 많았고, 코로나가 퍼지기 전에는 학폭 사안이 저학년으로 내려왔다. 1, 2학년에서 자잘한 일까지 학교폭력으로 신고가 들어오는 느낌이었고, 특히 학부모들 간에 서로 괘씸한 마음이나 복수심에 신고가 들어온다는 인상을 받았다.

3월이나 9월에 가장 많은 학교폭력 신고가 일어난다는 통계 자료를 보면 새 학년이나 새 학기를 맞이하는 아이들 사이의 갈등 조정 과정이라는 생각이 들었다. 하지만 갈등을 뛰어넘는 학폭 사안으로까지 넘겨지는 심각한 사건은 1학기 말이나 2학기 말, 특히 11월에 많이 일어났다. 이때 학부모들이 주로 하는 말은 "참다 참다 이제야 말씀드립니다"라는 말이다. 이렇게 폭탄이 터지듯이 사안이 발생할 때 교사로서는 엄습하는 당황스러움과 자책감을 안고 일을 수습해야 한다. 코로나 이후로 잠시 주춤했던 학교폭력 신고는 코로나 격리 상황이 해제된 이후 폭발적으로 증가했다. 학교는 사안 처리로 몸살을 앓았고 이는 여전히 진행 중이다. 더욱 안타까운 상황은 예전과 달리 가해자와 피해자 모두 학폭 사안 처리에 만족하지 않고 계속 더 많은 조사를 요구한다. 목격자는 없고, 가해자는 죽어도 아니라고 하고, 피해자는 맞다며 처벌을 강력하게 요구할 때, 조사자는 난감함을 넘어서 두려움을 느낀다.

조사하는 과정에서 가해 학생이 혹여 다소 압박적인 질문을 받았다는 느낌을 갖거나 피해 학생이 자신의 피해를 너무 과장한 것 아니냐는 식으로 조사자의 질문을 받아들이면, 그동안 공감하고 위로해 주던 그 많은 시간과 상관없이 편협하게 다른 학생 편을 든다는 민원에 시달린다. 아이들의 갈등은 어른들의 갈등으로 확장되고, 엄마뿐만 아니라 자식 사랑이 지극한 아버지까지 끼어들면 상황은 학부모들 간의 자존심 싸움으로 확대된다. (2024년부터 실시하고 있는 '학교폭력 전담 조사관' 제도가 처음에는 조사에 대한 부담감을 줄일 것으로 기대했지만, 과도기 탓인지

오히려 업무상 더 늘어났다는 의견들도 들려온다)

아이들이 놀이터에서 위험한 행동을 하다가 한 아이가 놀이기구에서 떨어지는 사건이 일어났다. 안타깝게도 목격자는 없다. 다행히 가해 관련 학생이 자신의 잘못을 인정하며 후회하는 상황이었다. 피해학생 학부모에게 연락하니 둘이 단짝처럼 잘 지내기는 했지만 최근에 갈등이 있었다고 한다. 그래도 이런 사고는 처음이니 가해 학생을 학교에서 잘 지도해달라며 끊기 전에 아빠와 얘기해 보겠다고 마지막 말을 남긴다.

'아빠와 얘기해 보겠다'는 그 말에는 묘한 여운이 서려 있었다. 한편 가해 학생 학부모는 전화로 피해 학생에게 사과하게 하고 아이를 잘 교육하겠다고 말해서 학폭 사안까지는 가지 않겠거니 생각했다. 하지만 다음날 피해 학생 측이 학폭 사안으로 신고 접수를 하겠다고 한다. 가해 학생과 있었던 미묘한 갈등을 계속 말하더니 가만히 두지 않기로 했다며, 좀 더 자세하게 다시 조사해달라는 민원이 들어왔다.

이 정도 사안은 교육청으로 넘어가도 1호(서면 사과) 정도 밖에 나오지 않는데 교육청에까지 가는 것이 옳은 걸까, 가해 학생도 피해 학생도 교육청에 왔다 갔다 하면서 진술한다면(물론 가지 않을 수도 있다) 더욱 관계가 어긋나는 것은 아닐까 말하고 싶은데, 양측 모두 오해할까 봐 어느 순간부터 침묵을 지키게 된다.

가장 맥이 빠지고 어이가 없는 상황은 학교폭력이 발생했을 때, 학교에 만족할 만한 처분을 바라는 양측의 비합리적인 태도이다. 어떤 교감은 이런 학부모들의 태도를 "손에 피를 묻히지 않고 일하기", "손대지 않고 코 풀기"라고 빗대기도 한다. 특히 사건이 일어났을 때 피해 학생 측은 학교폭력으로 사안 처리를 거부하며 학교폭력이 심의를 거쳐 교육청에서 처분이 내려지는 수준 이상의 처분을 요구한다. 예를 들면, 가해 학생이 아이들 앞에서 공개적으로 사과하거나 심지어 학급교체를 요구하기도 한다.

"어머님, 학교폭력으로 정식으로 신고하셔서 교육청 심의위원회에서 심의를 받아도 공개 사과라는 처분은 없습니다. 학급교체도 출석정지 이상, 전학 처분 전 단계의 매우 큰 처벌입니다."

"아니, 그럼 학교에서 아이들 지도는 안 하나요? 공개 사과 하나 요구하는데 그게 그렇게 어렵나요? 학교에서는 도대체 뭘 하는 건가요?"

가해 학생의 처분은 서면 사과, 접촉·협박·보복행위 금지, 학교봉사, 사회봉사, 특별교육 이수 또는 심리치료, 출석정지, 학급교체, 전학, 퇴학(초등은 해당되지 않음) 등 크게 아홉 가지이다. 더군다나 처분을 내리는 곳은 관할 교육지원청의 학교폭력심의위원회이다. 학부모는 학교가 아이들의 생활지도와 상담, 관계 회복을 위한 서클로 교육적으로 접근하는 기관임을 잘 이해하지 못하는 상황에서 여러 무리한 요구를 하며 그 불만을 가해자가 아닌 학교에 쏟아붓는다.

"어머님, 그럼 차라리 정식으로 사안 접수하시지요. 학교도 사실 이렇게 절차적으로 처리하는 것이 맞고요."

이런 조언에 학부모는 "우리 아이가 집중되는 것이 싫다" "왜 우리 아이가 피해자인데 집중을 받고 진술하러 다녀야 하나?"라며 노골적인 불만을 터뜨리며 학교에 실현 불가능한 요구를 한다. 학부모들은, 특히 학부모들끼리 교류가 많고 이웃의 시선을 크게 신경 쓰는 분위기일수록 신고자로서 집중되는 것마저도 극도로 꺼리는 경향이 있다. 우리 아이가 피해자 입장임에도 불구하고, '저 아이도 뭔가 문제가 있는 것이 아닌가?' '아이가 피해를 당하는데 부모는 뭐 하고 있었어?' 등 다른 사람의 입방아에 오르내리는 것을 두려워한다.

아울러 가해 학생이 지역에서 다소 영향력이 있는 엄마이거나 하면 우리 아이와 자신이 학부모 커뮤니티에서 소외되거나 따돌림당할까 두려워서 신고하지 않고, 그 억울한 감정을 법적으로 해결하기보다 교사나 학교에 집요하게 요청한다. 무리한 요구에 지쳐 학교에서 의무적으로라도 학폭 사안으로 처리하겠다고 하면, 학교가 피해자인 자기 자녀를 방임했다며 아동학대라는 말을 꺼내 협박하는 지경까지 가기도 한다.

"어머님, 학교에서 목표로 하는 것은 아이의 마음을 위로해 주고, 떨어진 자존감을 회복하며 학교에 잘 적응하도록 하는 것입니다. 법적 처분은 교육청에서 하는 것인데, 교육청으로 넘어가기 전에 제가 관계 회복 개입을 하면 어떨까요? 아이들과 상담은 개별적으로 합니다. 그리고 아이가 마음이 풀리고 허락하면 관계 회복 상담서클을 진행할 수 있습니다."

학부모를 설득하여 아이들 한 명 한 명을 상담하며 피해자에게는 억울함과 낮아진 자존감을 회복시키고, 가해자에게는 진정한 반성을 하도록 한다. 이 과정이 끝나면 아이들의 동의를 얻어 서로의 이야기와 느낌, 바람을 듣고 서로의 마음을 공감하며 이해, 사과하면서 관계를 회복하는 것이다. 그런데 이 과정은 시간과 교사의 품이 많이 든다.

"아이가 와서 많이 편해졌다고 합니다. 학교생활도 잘할 수 있을 것 같다고 하고요."

드디어 마무리되는구나, 이제 가해 학생에 대한 교육도 더욱 강화해야겠다고 생각하는 순간 힘이 빠지는 말이 귀에 꽂힌다.

"그런데 제가 아직 용서가 안 되네요. 그 엄마 반응도 시큰둥하고요. 그래서 접수 부탁드립니다."

기분 상해죄, 아이보다 학부모의 감정 챙김이 더 중요할까

도대체 학부모가 용서해야 할 것이 무엇인가. 아이들끼리 이미 화해를 잘했는데 자신의 마음이 안 풀렸다고 결국 학교폭력사안 접수를 요구하는 행동이 가끔 이해하기 어렵다. 학교는 교육하는 기관이고, 학부모의 신뢰가 중요하다. 아이들의 갈등을 조정해서 잘 풀린 일을 굳이 또 학교폭력으로 처리하려는 그 행동은 결국 학교를 못 믿겠다는 것이 아닌가. 하지만 억울하다니, 학부모의 뜻대로 할 수밖에 없다. 최근 학교가 어려운 것은 아이의 감정 챙김보다 학부모의 감정 챙김 때문인 것은 아닐까. 오히려 아이에게 공감해 주고 내 입장을 말하며 올바른 방향으로 설득하는 것이 더 쉽다는 생각이 들 때가 많다.

가해 학생 학부모와의 상호작용은 더욱 힘들다. 죄송하다거나 걱정이 되니 잘 부탁한다거나 이런 말은 들어본 적이 없다. 이런 인사치례가 없어도 상관없다. 억지를 쓰거나 우리도 학교폭력으로 신고한다거나 학교가 방임했다며 아동학대로 신고하는 말을 듣지 않는 것이 소원이다. 학교에 와서 이야기하자고 하면, 많이 바쁘다고 하면서 1시간 30분 이상 전화를 끊지 않는다. 아이가 어떻게 사건을 일으킨 것인지, 본인이 조사한 것처럼 아이가 유리한 입장에서 30분 이상을 이야기하며, 우리 아이가 원래 그런 아이가 아니라고 하소연을 하는 데 30분, 피해 학생이라는 아이도 우리 아이 못지않게 장난스럽고 심하다고 하면서 피해 학생과 그 학부모를 나무라는 데 30분 이상, 결국 1시간 이상을 계속 통화하는 학부모도 있다.

놀라운 것은 한 번도 최근 사태에 대한 진심 어린 사과를 언급하는 학부모는 거의 없다는 것이다. 교사는 감정의 쓰레기통이 된 느낌이 들고 정신적인 소진으로 움직일 힘도 없을 때가 있다. 학부모와 전화하면서 모든 과정을 녹음하는 것은 어느덧 불문율이 되었다.

이런 상황이다 보니, 학생 간에 갈등이나 사건이 발생하면 기계적으로 움직이게 된다. 관련 학생 학부모들과 학생들에게 사안을 작성하도록 안내하고, 심의 기구를 열어서 기준에 따라 사건을 살펴보고, 학교장 종결 사안으로 처리할 것인지 아니면 교육청 심의위원회로 넘길지 논의하고 결론을 내린다. 물론 이런 행정적인 처리보다는 학부모들의 민원과 감정 폭발을 받아주고 견디는 것이 더 어렵다. 조금이라도 반대 입장을 지지하는 듯 느껴지면, 기분 상해죄로 아동학대로 신고하겠다는 협박을 받는다.

그러나 가장 어려운 것은 조사이다. 학교폭력 관련 학생 학부모에게 담당자가 사안 발생과 더불어 확인서 작성을 요구해야 해서 전화로 알려야 한다. 조사 기구에서 아이들을 조사한 후인데도 대부분 조사 내용을 부인한다. 피해 학부모는 이 내용으로는 만족하지 못하고 가해 학부모는 너무 과장되었다는 뉘앙스로 말한다. 학교는 경찰서가 아닌데, 아이들 갈등의 시시비비를 가려야 하는 상황에서 사실을 밝혀내고, 이 사실을 또 전달하는 과정이 참 어렵다. 이에 대한 애로점을 교육부가 판단하고 학교폭력 조사 전담관 제도를 마련했지만, 여전히 학교는 몸살을 앓고 있다.

교사의 사명감은 사치, 생존을 위한 몸부림만 남아

아이의 회복에 대한 고민보다 부모의 악성 민원의 대상이 되지 않을까, 라는 고민이 더 커지는 요즘, 아이의 성장을 위해 우리가 진정으로 해야 할 일이 무엇인지 깊이 고민해 봐야 하는 시대다.

최근 소아과 전문의들도 폐업을 선언하는 경우가 많고 소아과 전공의가 급격히 줄어들고 있다는 뉴스를 접한다. 가뜩이나 출산율이 저조하고 노키즈존도 증가하며 유해한 환경이 온오프라인에 범람하는, 아이들이 살기 힘든 세상이다. 응급 상황의 아이를 데리고 이 병원 저

병원 떠돌다가 결국 사망했다는 가슴 아픈 소식도 듣는다. 맨 처음 뉴스를 접할 때는 요즘 의사들이 성형외과, 피부, 안과라는 이른바 비급여 항목이 꽤 있어 돈을 벌기 쉬운 과로 몰리는 건가 생각했다. 하지만 소아청소년과 의사회에서 잦은 악성 민원으로 인해 더 이상 병원을 운영하기 어렵다는 취지의 성명서를 울먹이며 말하는 방송을 보면서, 병원도 학교도 공통의 이슈로 힘들어하고 있다는 것을 깨닫는다.

환자가 아닌 보호자를 대하는 서비스 행위가 힘들다는 소아청소년과처럼, 학생이 아닌 보호자를 위한 교육행위가 힘들다. 모든 보호자가 그런 것은 결코 아니다. 하지만 비합리적이고 감정적인 민원에 시달리다 보면 사명감은 사치가 되고, 생존을 위한 몸부림만 남는다. 아이들을 위한 진정한 교육보다는 '자기 검열'에 빠져 아이들의 생활지도를 제칠 수밖에 없는 악순환이 공교육을 위기에 몰아넣는다.

'괴물 학부모' 탄생의
사회학

아이들을 대상으로 인성 및 진로 교육을 하면서, 특히 중학년 및 저학년 아이들을 만나 가르치다 보면 깜짝 놀랄 때가 많다. 유독 교육열이 강한 고양시 학원가에 있는 학교의 아이들은 3학년부터 본격적으로 학원 숙제에 시달린다. 1, 2학년 때까지만 해도 생동감 있던 아이들이 3학년이 되어서는 피곤에 찌들고 생기를 잃은 채 교실에 앉아 있다. 갑자기 마음이 불편해진다. '아이들이 심드렁하니까 괜히 화가 나네. 왜 내가 화가 나지? 그래, 당황과 실망 때문이구나.'

'비폭력대화'를 배우고 나서 이런 습관이 생겼다. 에니어그램 1번 유형으로 움직이는 '~을 해야만 한다'는 완벽주의에 대한 강박과 그로 인한 좌절에 대한 분노를 빠르게 인식하는 버릇이 생겼다. '아, 또 끓어오르기 시작하네. 왜 지금 나는 이런 마음이 일어나는 것일까? 화

밑에 나의 감정은 무엇일까?'를 생각하며 화를 한 번 걸러내는 좋은 습관이 생겼다. 좀 더 여유가 있으면 화라는 2차 감정 밑에 숨은 1차 감정(두려움, 슬픔, 실망, 질투 등)을 찾아보기도 한다.

부모라는 이름으로 발생하는 폭력

"얘들아, 작년과 달리 올해는 힘들어 보인다. 선생님이 이렇게 많이 준비했는데, 시큰둥하니까 속상하네. 대답도 잘 안 하고, 무슨 일 있니? 좀 서운한데? 선생님 수업이 재미없니?"

"아니에요, 그냥 힘들어요. 어제 학원 숙제하느라 3시에 잤어요."

한 아이가 용기 내어서 말하니 같은 처지의 아이들은 고개를 끄덕이며 저마다 학원 숙제가 많다는 하소연을 한다. 아직 학원을 많이 다니지 않는 아이들은 놀란 듯 친구들을 바라본다. '왜 이렇게 집중을 못 할까' 나무라려던 내 마음의 화가 머쓱해진다.

"저런, 벌써 학원 숙제에 힘들구나. 공부는 마라톤인데, 지금부터 이렇게 힘들게 하면 어쩌나… 지금은 더 놀 때인데….'

나의 말에 아이들은 갑자기 학원 성토대회를 시작하고 부모님의 압력 등 하고 싶은 얘기를 쏟아낸다. 그러다가 문득 한 아이가 또 다른 폭탄 발언을 한다.

"나, 어제 학원 숙제 안 했다고 엄마한테 등을 세게 많이 맞았어."

이 말을 시작으로 믿기 힘든 이야기들이 봇물 터지듯 쏟아졌다. 엄마가 문제집 등을 검사하다가 제대로 안 풀어 놓았다고 머리를 책으로 내리쳤다, 가방을 던져서 얼굴에 맞았다, 심지어 머리끄덩이를 잡아당겨서 힘들었다, 집에서 쫓겨났었다며 눈물을 보이는 아이들까지, 아이들은 누가 누가 더 심하게 맞았나 성토하는 분위기였다. 어떤 아이는 이런 상황을 이해할 수 없다는 듯 "우리 엄마 아빠는 한 번도 안 때렸는데…" 하며 말끝을 흐린다.

아동학대로 신고해도 이상하지 않을 행동들에 대해 한참 울분을 쏟아내는 아이들을 보며 당황스러움과 안타까움이 밀려온다. 내가 어릴 때 맞던 것처럼 여전히 지금의 아이들도 매를 맞고 있다는 것이 믿기지 않는다. 그러나 아이들의 눈빛과 표정은 맑고 정직했다.

대학 입학에 대한 과도한 경쟁이 초등학교까지 내려왔다는 것도 문제이지만, 이런 경쟁에서 이기기 위해 많은 숙제를 내주는 학원을 다니고, 그에 상응하지 못한 실력을 보일라치면 매를 드는 게 당연하다는 분위기 속에서 아이들이 자란다. 그러나 내 아이니까 내가 맘대로는 할 수 있어도 교사나 다른 어른들의 훈계나 지도는 참을 수 없어 한다. 눈을 부라리며 대드는 아이를 꾸중하면서 잠깐 일으켜 세우는 것도 아이의 인격 모독이라며 아동학대 운운하는 민원을 받은 적도 있다.

예전에도 자기중심적인 도덕성을 가진 어른들이 있었지만, 생짜로 자신의 마음속 이야기를 그대로 표현하는 어른들은 드물었다. 속으로는 천불이 나더라도, 기본적인 예의를 지키려고 했던 시절이 있었다. 아이를 맡긴 교사 앞이니까 직접적으로 따지거나 표현하지 못하고 한

번 더 지켜보거나, '아이의 말만 믿어서는 안 된다', '피치 못할 이유가 있겠지' 하며 신중하게 생각하려고 했던 것 같다.

그러나 지금은 자녀에게 조금이라도 감정적인 불쾌감을 주는 상황이 오면 아이의 말에 다양한 왜곡된 해석을 붙여 사실을 제대로 확인하지 않고, 우아한 태도로 아동학대로 신고하겠다고 하거나 시장통에서 왈짜패들이 싸우듯 덤벼드는 학부모들을 보면 당황스러울 수밖에 없다.

이런 방식으로 아이를 키우는 학부모들은 어디서 갑자기 등장한 것일까? 현장의 교사로서는 자신이 경영하는 회사의 아르바이트생을 대하듯 함부로 하는, 인간적인 예의가 없는 '괴물 학부모'가 더 힘들다.

요즘 학부모들은 유난히 왜 그럴까

몇 년 전 장학사까지 지낸 유치원 원장님과 만나서 이야기를 나누는 과정에서 '모성 상실'이라는 말을 들었다. 오랫동안 현장과 교육청에서 다양한 학부모들을 만났는데, 최근 들어 학부모들을 만나며 '왜 아이들에 대한 올바른 훈육의 방법을 모르는 걸까?'라는 생각이 유독 많이 들었다고 한다. 특히 아이를 돌보는 것, 아이에 대한 진정한 배려가 서툴고 심지어 아이를 돌보는 것을 부담스러워하는 것이 유난히 강하게 느껴진다고 했다. 자신의 아이에 대한 일인데 귀찮아 하고 부모로서의 역할을 기관에 맡기려고 하며, 교육을 서비스로 여기면서 유난히 요구사항이 많아 유치원 경영이 점점 어려워진다는 걱정이었다.

그때 그 원장님의 이야기를 들으며 유치원이라서 보육의 개념이 강해서 더 그렇겠거니 하고 생각했다. 그런데 이러한 모습은 지금 초등학교에서도 쉽게 접할 수 있다. 그 당시 부모들이 지금 초등학교 학부모가 되었다면, 그 학부모의 아랑곳하지 않는 태도가 아이들에게 고스란히 전달되지 않았을까 싶다.

학교에서 특수지도사 선생님이 매우 속상해하신다는 소문을 들었다. 신체적인 어려움이 있는 한 아이를 위한 학생 지원을 하는데, 그 아이가 산만하게 이리저리 다니더니, 체육 시간에 이탈해서 장난을 치는 두 아이를 따라다니며 같이 놀려고 무리하게 다가갔다가 넘어졌단다. 그 선생님이 "선생님 말씀을 들어야지. 친구들을 쫓아다니며 놀려고 하니 네가 자꾸 넘어지고 힘들잖아!" 하니, 대뜸 "선생님은 내가 없으면 짤리잖아요? 내가 있으니 돈도 받는 거고" 하며 자신을 이렇게 케어하는 것을 고맙게 생각하라는 듯 말해서 마음이 많이 상하셨다는 것이다.

특수지도사 선생님의 사례를 들으면서 '당신은 나 덕분에 일자리가 있는 거니까, 잔소리 말고 나를 돌봐라'라는 메시지를 설마 부모가 아이에게 전달하며 당당하게 케어 받으라고 말했을까 싶다. 그렇지 않다면, 상대의 마음을 배려하지 못하고 자기가 하고 싶은 말이나 요구만 하는 태도는 분명 누군가로부터 배우지 않았을까.

가끔 동료 교사들과 '요즘 학부모들은 유난히 왜 그럴까?'라는 주제로 속상함을 토로한 적이 있다. 사소한 일로 밤에 전화로 뭔가를 요구하거나, 자신의 아이가 잘못된 것은 차치하고 교사의 훈육 태도나 다른 아이의 태도에 꽂혀서 한두 시간을 방성통곡하듯 쏟아낸다는 것이다. 교사는 아이들 갈등을 조사하느라 입술이 부르터서 피곤한 상황인데, 아이의 편을 들어주지 않는다며 두 내외가 돌아가면서 분이 풀릴 때까지 전화하고, 할 말이 없어 듣고 있으면 "내가 해결할 테니, 너는 빠져라", "교사 자격이 없다"며 속을 긁기까지 하다가 제풀에 지쳐 전화를 끊기 전에 "들어주셔서 고맙다, 내 아이의 입장을 잘 이해하고 도와주리라 믿는다"면서 이성적인 목소리로 돌아와 전화를 끊었다는 얘기다. 핵심에서 벗어난 자신의 신세 한탄이나 대한민국 학교에 대한 전반적인 불만을 말하며 불가능한 요구를 하는 경우도 있다.

여러 고민을 해 보았다. 그러다가 우연히 강의 준비로 쓴 책을 다시 한번 읽다가 지금 학부모들이 어떤 삶의 궤적을 갖고 있는가 추적해 보았다.

1997년 IMF 구제 금융 요청(유아 및 아동기 역경 경험, 가족 해체 경험)

2004년 학교폭력 본격 논의 시작

2011년 대구 중학생 자살 사건(학교폭력 이슈화)

2014년 윤일병 폭행 살해 사건(군대폭력 이슈화)

2012년 여의도 묻지마 칼부림 사건(직장폭력 이슈화)

2020년대 아동학대 및 공교육 어려움 증가, 금쪽이 시리즈 유행(훈육 이슈화)

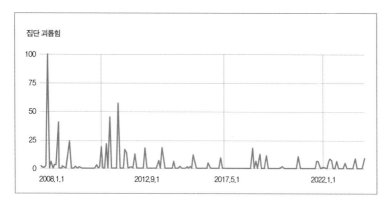

|표1| 구글트렌드 '집단 괴롭힘' 이슈 빅데이터 분석자료

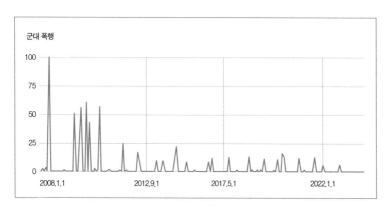

|표2| 구글트렌드 '군대 폭행' 이슈 빅데이터 분석자료

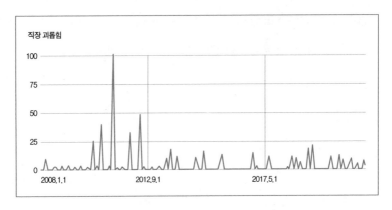

| 표3 | 구글트렌드 '직장 괴롭힘' 이슈 빅데이터 분석자료

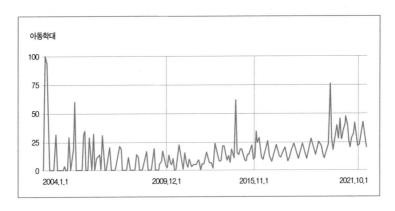

| 표4 | 구글트렌드 '아동학대' 이슈 빅데이터 분석자료

　　위 표는 구글 트렌드에 검색 및 기사 관련 핵심어인 집단 괴롭힘, 군대 폭행, 직장 괴롭힘, 아동학대 등을 넣어 빅데이터 분석자료를 검색한 결과이다. 학교폭력과 관련된 집단 괴롭힘은 '학교폭력예방 및 대책에 관한 법률'이 2004년 공포, 시행되면서 관심이 증가했고,

2009년에 오름세를 보이다가 2011년에 집단 괴롭힘에 의한 자살사건 뉴스 보도로 전 국민의 우려 사안이 되었다. 군대 폭행도 2011년 서서히 이슈화되더니 2014년 윤일병 사건의 비극으로 이어졌다. 직장 내 괴롭힘은 2012년 여의도 칼부림 사건으로 단순 정신적 장애를 가진 퇴사자의 사건으로 다루어지더니, 2016년부터 그 실상이 논의되기 시작했다. 아동학대의 경우도 상승세였다. 그래프상에 나타난 이슈화의 시기를 그래프로 보아도, 1997년 IMF 이후, 2009년 집단 따돌림, 2012년 군대 폭행, 2020년 직장 괴롭힘으로 이어진다.

사회 경제적 파탄에 따른 가족의 해체, 학교폭력의 정점, 군대폭력의 정점, 훈육 문제의 정점이 서로 묘하게 연결되어 있다는 생각이 들지 않은가? 쉽게 말하면 어릴 때 사회 및 가정이 무너지는 경험을 했던 세대들이 학령기에 들어서 학교폭력의 정점에 있고, 군대에 가는 시기에는 군대폭력의 정점에, 직장생활 초반에는 직장폭력의 정점에 있다. 그리고 그 세대들이 학부모가 되는 2020년대 들어 아동학대, 공교육 민원의 문제, 금쪽이 시리즈 등 아이 양육 및 훈육에 대한 문제는 아직도 진행 중이다. 이를 좀 더 자세히 살펴보자.

IMF의 그늘에서

1997년 우리나라는 IMF 구제금융 요청을 해야 할 만큼 나라 전체가 경제적인 어려움에 빠졌다. 2001년 8월에서야 극복하게 되었지만, 이 사이 부도, 대량 해고, 경제적 위기로 인해 이혼, 별거, 가족의

흩어짐 등으로 가정이 붕괴되거나 어려움을 겪었다. 이때 유아기와 아동기, 민감한 초기 청소년기를 보낸 아이들은 온전한 돌봄을 받지 못했을 가능성이 크다. 안정적인 애착과 양육을 경험해야 할 중요한 시기에 불안과 절망으로 살아가야 하는 부모 밑에서 어려움을 겪었을 가능성이 큰 세대이다.

이들이 학교에 입학해서 청소년기를 겪는 2000년대 초반, 학교폭력에 대한 이야기가 본격적으로 시작되었고, 급기야 2011년에 충격적인 '대구 중학생 자살사건'이 불거졌다. 2011년에 14살이던 이 아이들은 IMF 시기에 영유아기와 아동기를 보낸 아이들이다.

2014년, 이들이 군대를 가기 시작하는 해에 군대 내 폭행 사건인 '윤일병 사건'이 일어났다. 선임병 4명과 초급 간부의 윤일병에 대한 지속적인 폭행, 성고문에 이은 살인은 군대폭력에 대한 끔찍한 현실을 보여주며 충격을 던졌다. 폭행 가해자들은 IMF 시기에 4~9살이었던 사람들이다. 폭행을 목격한 입실 병사 환자들의 고발을 막기 위해 가해자들이 했던 협박 발언은 의미심장하다. "우리 아빠가 유명한 조폭이다. 만약 이 일을 고발하면, 아버지에게 말해서 가족들에게 위해를 가하겠다"고 말했고, 윤일병에게도 "네 애비 사업을 망하게 하고, 네 애미는 섬에 팔아버리겠다"며 협박을 했다는데, 실제 주도자였던 가해자는 본인이 중학교 때 아버지가 사업에 실패하고 사라진 상황이었다. 이와 동시에 직장 내 괴롭힘으로 묻지마 살인사건이 일어났고, 이들이 직장생활을 시작하는 2016년부터 직장 내 괴롭힘이 이슈화되기 시작했다.

2023년 '공교육 멈춤의 날'이라는 단체 행동을 해야 할 정도로 심각한 교권 추락을 겪고 있는 학교, 소위 '괴물 학부모'들이 교실과 교사를 무너뜨리는 지금 이 시기의 학교에서 우리가 만나고 있는 학부모들이 바로 위에 열거한 사건들의 한복판에 있던 그 세대이다. 1997년 어렸던 그 아이들이 2023년, 20대 후반이나 30대가 되어 한창 학부모로서 역할을 하고 있다.

IMF라는 경제적인 위기는 고스란히 가정을 위기로 몰아넣었다. 이 시기를 어떤 대비책 없이 고스란히 겪어야 했던, 그 당시 아이였던 이들의 불안은 학교폭력과 군대폭력으로 또 직장 내 폭력으로 이어지지 않았을까. 그리고 지금은 학교에 대한 비상식적인 요구와 폭발적인 민원을 통한 간접적인 괴롭힘으로 학교를 어려움에 빠뜨리는 상황까지 되어 버린 것은 아닐까. 지금 한창 학부모인 이들이 겪은 일련의 사회적 상황이 '신뢰'를 무너뜨렸고, 그것이 지금 학교에 대한 과도한 민원으로 이어지는 것일 수도 있다는 생각이 든다.

어릴 때 받아야 했던 안전한 보호와 깊은 애정이 깨지는 경험을 해 왔기에 지금 자식을 낳아 기르면서 자신이 겪었던 일에 대한 반동작용으로 아이를 과잉보호하고 과잉 애착하며 주변을 살피지 못하는 것일 수도 있다. 진정한 애착이 있어야 진정한 탈착(아이의 심리적 독립)이 가능하다. 안정된 애착이 어려웠기에 독립적으로 자신의 삶을 꾸려가는 것에 어려움을 겪고 있는 것인지도 모른다. 아니면, 부모의 어쩔 수 없었던 상황을 알면서도 자신이 제대로 돌봄을 받지 못하고 방치되었던 어린 시절을 그대로 자신의 아이들에게 무의식적으로 투사하고 있는지도 모르는 일이다.

결국 학교에 대한 신뢰감 부족의 근원에는 어릴 적 사회가 무너지고 가정이 무너지면서 겪었던 신뢰감 상실이 자리를 잡고 있다고 생각한다. 교사의 훈육을 있는 그대로 믿지 못하고, 아이가 겪는 갈등을 학교폭력으로 과대 해석하며, 군대에 간 아이에 대해 과도한 참견과 관심을 갖는 것은 모두 시스템을 믿지 못하는 무의식의 표현일 가능성이 많다.

최근 공중파에서 오은영 박사가 진행하는 프로그램이 인기를 끈다. 나는 정서 및 행동 문제를 가지고 있는 아이들(일명 '남쪽이')에게 개입하고 컨설팅하는 프로그램에 등장하는 부모들 이야기뿐만 아니라 '결혼 지옥'에 나오는 위기의 부부들 이야기를 볼 때, 특히 아이의 훈육이나 양육과 관련된 이야기를 유심히 보다 보면 몹시 안타깝다. 아이에게 밥을 차려주는 대신 큰 알의 영양제를 아침밥 대신으로 삼키게 하는 엄마, 하루 종일 누워 있는 엄마, 집안에 발 디딜 틈이 없게 물건을 사는 엄마, 화가 나면 주체를 못 하는 아빠들의 모습들을 보면서 그들이 말하는 많은 부분이 어릴 적 부모와의 관계에서 발생했음을 알 수 있었다. 어릴 적 부모와의 유대감 부족, 심리적 허기가 현재에까지 이어지고 있는 것이다.

따뜻하고 격려하는 대화가 부족하여 마음이 텅 비어 있고 외로운 상태에서, 자신의 심리적인 허기를 채워줄 것이라고 만난 배우자도 마찬가지이니 더 외롭고 힘들 것이다. 내 마음의 통장에 유대감과 사랑, 신뢰, 안정감의 적금이 없으니 아이에게 줄 긍정적인 감정은 매우 적고, 그래서 짜내야지만 간신히 나오는데, 짜내고 나니 더 힘들고 억울하고 분노하며 절망할 수밖에 없다.

아동학대의 세대 간 전이에 대한 연구[•]는 2021년 아동학대의 가파른 증가를 배경으로 한 작업이다. 이 논문에 따르면 '아동학대의 세대 간 전이'란 아동기 학대 피해 경험이 있는 성인이 자녀를 학대하여 그것이 다음 세대로 이어지는 것을 말한다. 이런 학대의 세대 간 전이를 증명하는 연구는 꽤 많다. 애착이론, 사회학습이론, 가족체계이론 등은 이에 대한 차고 넘치는 다양한 증거들을 제시하고 있다. 이에 대한 해결을 위해서는 그런 환경에 아이가 노출되지 않도록 하는 것이 우선이다. 설령 그런 일을 겪더라도 이를 극복할 수 있는 방법으로 '자기 분화Differentiation of self'가 있다. 가족을 한 단위의 체계로서 구성원끼리 얽혀 있는 관계의 연결망으로 본 머레이 보웬Murry Bowen이 말한 이 개념은, 자녀가 부모와의 융합에서 벗어나 자기 자신의 정서적 자주성을 향해 나아가는 과정을 말한다. 심리적 차원에서는 사고로부터 부정적인 감정을 분리할 수 있는 능력, 나의 행동을 통제할 수 있는 능력도 생각할 수 있다. 이런 자기 분화가 제대로 된다면, 학대의 세습

• 황지현, 〈아동학대의 세대 간 전이에서 자기분화의 역할 분석〉, 성균관대학교 석사학위논문, 2023.

을 막을 수 있다. 한편 아동학대, 가정 역기능, 사회적 역경 등과 같은 어릴 적 인생의 질곡 경험이 가족이나 친구와 같은 친밀한 관계에 있는 사람들에 대한 가해 행동에 직접적인 영향을 미치고 있다는 연구 결과는 의미심장하다.

학교의 위기는 곧 부모의 위기

어쩌면 지금 우리 사회의 문제라고 하는 학교의 위기는 부모들의 위기를 달리 표현하는 것이리라. 이 위기를 극복하는 방법은 두 가지이다. 하나는 부모 자신의 삶의 궤적을 직면하고 통찰하면서, 혹시나 건강하지 못한 애착으로 괴로워하고 있는 자기 내면의 아이를 따뜻하게 돌봐 주며 긍정적인 유대감으로 애착을 재구성해 보는 것이다. 다른 하나는 현재, 나의 가족이나 내 주변의 사람들과 진실하고 따뜻한 대화를 통해 긍정적인 감정을 나누며 자신을 다스리며 사는 것이다.

누구나 상처를 입는다. 지금 가정을 이루며 부모로서 살아가는 세대는 좀 더 큰 상처를 입었을 가능성이 클 것이다. 그러나 내가 사랑하고 믿어야 하는 사람들과 진실한 대화를 통해 나의 느낌과 바람을 전달하고 내가 존중받고 싶은 만큼 상대방을 존중의 언어로 부탁하는 대화의 습관을 갖는 것, 그 대화를 통해 쌓은 따뜻하고 수용적이며 진실된 관계를 형성하는 일이 나와 내 가정을 구원하는 힘이 되지 않을까. 나의 결핍된 삶만큼, 또는 그 이상으로 결핍된 상태로 사는 사람들이 많을 것이라는 연민의 감정이 그 시작일 수도 있다.

사랑이라는 이름으로 내 아이에게 퍼부었던 날카로운 말, 학부모라는 이름으로 서운함을 전달한다는 것이 인신공격으로 이어져 나도 모르게 쏟아져 나온 가시 돋친 말, 이 모두가 옛날 내가 그토록 인정과 사랑을 얻고 싶어서 발버둥쳤던, 그리고 나를 아프게 했던, 내 부모들의 말은 아니었을까 싶다. 힘없이 숨죽이고 살던 어릴 적 내 내면의 아이에게 퍼붓던, 힘든 삶을 살던 내 부모들이 남겨준 어두운 유산 말이다. 그 사슬을 끊고 진정한 대화를 통해 나로부터 신뢰하는 관계가 형성되는 기적을 만들 수도 있다는 희망이 필요한 순간이다.

사람들이 가장 많이
듣고 싶은 말

2023년 하반기 총선 시즌에 야당이 젊은 세대들을 공략하기 위한 현수막이 입방아에 올랐다.

"경제는 모르지만 돈은 많고 싶어!"
"정치는 모르겠고, 나는 잘 살고 싶어"
"혼자 살고 싶댔지 혼자 있고 싶댔나?"

젊은 세대들의 지지를 얻기 위해 만든 현수막을 본 대다수의 청년은 "우리를 바보로 안다", "우리를 이기적인 집단으로 생각한다"며 불쾌해한다는 뉴스가 이어졌다. MZ 세대라 일컬어지는 젊은 세대를 정치와 경제에 무지하고 이기적인 사람들로 조롱하는, '청년 혐오'라는 지적도 나왔다.

저 문구를 보는 순간, 어떤 코미디언이 현재 청년 세대들을 웃음거리로 만드는 블랙 코미디인 줄 알았다. 촌철살인으로 요즘 세대를 비난하거나 희화화하기 위해 머리 좋은 누군가가 만든 글로 여겨졌다. 하지만 분명 정치인들이 젊은 세대를 끌어들이기 위한 문구라는 것을 확인하고는 놀랐다. '내 편으로 끌어들이려는 사람들을 저렇게 무례하게 표현한다고?' 의아해하기도 했지만, 분명 저 문구는 MZ 청년들을 자신들의 편으로 만들고자 하는 시도였을 것이다.

무엇이 문제일까. 사실, 요즘 젊은 세대만 이런 것은 아니지 않은가. 대다수 국민이 이럴진대 특정 세대의 특징으로만 생각하는 것은 편견이 아닐까 하는 생각도 든다. 문구의 대상이 되는 사람들이 이런 문구를 받았을 때 느낄 감정에 대해서 공감하지 못한 것이 가장 큰 문제가 아닐까. 당신들은 신념이나 사회적인 이슈 등에 관심도 없고 머리 아파한다, 바로 당장 보이는 이익에만 관심이 있다는 뉘앙스를 마구 풍기고 있으니, 한마디로 조롱하는 것처럼 느꼈을 법도 하다.

한편으로는 요즘 젊은이들의 상황을 표면적으로만 보는 태도, 정치와 경제에 대해서 무관심하게 된 사회적 상황에 대한 기성세대들의 무지가 스며 나오는 문구이기도 하다. N포 세대라는 말이 나올 정도로 무한 경쟁 시대에서 최선을 다하는 것만으로는 모자라 철저히 자기 이익을 추구해야 하는 시대이다. 갈수록 팍팍해지는 사회에서 살아남기 위해 젊은 세대들이 얼마나 고통스럽게 살고 있는지를 안다면 과연 이런 문구를 만들 수 있을까 싶다.

똑똑한 젊은 세대가 정치와 경제에 관심을 갖고 나와 타인이 잘 사는 것을 꿈꾸는 것이 정치라는 것을 느끼도록 해야 하는데, 그것이 왜 어려운 시대가 되었는지 기성세대는 고민해야 하지 않을까. 현수막의 문구는 이해가 부족하면 무례해질 수 있다는 것을 느끼게 한, 작지만 큰 사건이었다.

배제와 혐오을 키우는 사회

우리 사회는 특정한 사람들의 욕구를 만족시켜 주기 위해, 다른 사람을 배제하는 것이 당연하다는 생각을 하는 것 같다. 지금은 이런 배제를 자본주의의 영리 추구의 타당성이라는 미명하에 당연시하거나 부추기고 있다. 이런 사회는 당연히 사람들에게 혐오를 가르친다.

'노키즈존'에 이어 다양한 연령층이나 대상을 배제하는 용어들이 등장하고 있다. 'NO 중년 캠핑장(40대 이상 커플 손님은 받지 않겠다)', '노 시니어존(49세 이상 손님은 사절한다)', '노줌마존(아줌마 출입금지)'도 이제는 흔히 볼 수 있을 정도다. 영업전략일 수도 있겠지만 씁쓸함을 지울 수가 없다. 차이를 인정하는 대신 배제하는 사회는 혐오와 차별을 당연시할 수 있다. 특정 계층의 욕구를 만족시켜서 이익을 얻고자 하는 것은 이해하지만, 그 이면에 차별과 혐오가 있다면 그것은 분명 생각해 봐야 할 문제이다. 우연히 들른 카페에서 50살 넘어 보인다고 음료를 팔지 않는다고 한다면 얼마나 당황스럽고 모욕적이겠는가.

이런 배제와 혐오의 단면은 2021년 AI 챗봇인 '이루다 사태'에서도 드러났다. 페이스북 메신저를 기반으로 출시된 '이루다'는 처음에는 20대 여대생 캐릭터로 설정되었고, 자연스러운 대화 능력을 선보여 10대~20대 사이에서 크게 유행했다. 하지만 출시 일주일 만에 남초 커뮤니티(남자들이 많은 커뮤니티)에서 '이루다'를 성적 대상으로 취급하며 '노예 만드는 법' 등을 공유하면서 '이루다'는 이상하게 변해갔다. 성차별 및 성희롱은 물론, 동성애자와 장애인, 흑인을 혐오하는 태도까지 보이면서 비판과 더불어 서비스 중단의 요구가 일어났고 결국 20일 만에 운영이 중단되었다. 마이크로소프트에서 2016년에 개발한 인공지능 'MS 테이'와 같은 전철을 밟으면서, AI의 영양분인 데이터를 주는 사람들의 비도덕성이 그대로 AI에게 전달되는 것임을 새삼 깨달은 사건이었다.

데이터와 알고리즘은 중립적일 수 없고 AI는 확증편향에 가깝다. AI 알고리즘이 이용자 선호를 스스로 학습하고 판단하는 과정에서 편향된 정보로 패턴화되면 이용자들도 편향된 정보를 취할 수밖에 없다. 이것은 AI와 AI를 길들이는 인간에게 폭넓고 다양한 사고를 제한하게 되는 결과를 가져온다.

'이루다' 사태를 보면서 우리 사회의 배제와 혐오의 문화가 AI에게도 전달이 되는구나 싶어 씁쓸했다. 아울러 심리적으로 또 도덕적으로 건강하지 못한 사회는 미래 사회 발전에 더 큰 장애를 안게 되었다는 생각도 들었다. 우리의 차별, 혐오, 배제 등의 폭력적인 대화가 또 다른 가상 세계에서 익명성을 기반으로 더 활개를 치겠다는 걱정도 든다.

이 모든 것을 근본적으로 방지하기 위해서는 상대방에 대한 존중과 그에 맞는 상호작용의 방법, 특히 평화적인 대화를 할 수 있는 사회문화적 토대의 형성이 관건이다. 그래야 무례를 극복하는 인간다움의 교육이 자리를 잡을 수 있다는 생각이 든다.

자기 관리도 못 하는 사람?

나이가 들어 어느덧 50대 초반이 되었다. 가장 환영받지 못하는 계층이 50대 아줌마, 그것도 나처럼 몸매 관리와 외모 관리가 안 된 사람이라는 말도 친구들과 이야기하다가 들었다. 상당히 무례한 말인데, 그 말을 아무렇지 않게 하며 친구들과 함께 우리 자신을 깎아내리던 그 순간이 생각이 난다.

개인적으로 40대 중반의 나이 때부터 이런 말을 듣긴 했다. 젊을 때부터 학생들을 데리고 운동장에 나가면, 모자도 안 쓰고 땡볕에서 아이들을 가르쳤고 몸을 사리는 데 미숙했다. 뜨거운 햇빛에 대한 겁이 없었던 덕분에 얼굴에는 기미가 잔뜩이다. 피부관리라는 인식도 없었고, 그런 일은 연예인이나 돈 많은 사람들이 하는 것이라 생각하는 시대를 살았다. 학년부장을 하면서도 동료 교사들이 소처럼 일만 한다고 해서 '소부장'이라고 부를 정도였다.

내면을 풍부하게 하는 것에는 늘 예민한데, 외면을 꾸미는 데 영 소질이 없는 천성은 늦은 결혼을 하고 아이 둘을 낳고, 실력을 키워야 하는 수석교사를 하면서 더욱 가속화되었다. 대한민국에서 직장생활을 하며 두 아이의 양육을 전적으로 책임지고 살림하며 산다는 것은 결코 쉬운 일은 아니다. 아무튼 외모 꾸미기에 관심 없는 게으름 덕에 나이보다 늙어 보이는 상태에 이르렀다. 남자도 화장하고 외모를 아름답게 보이는 것을 기본 예의로 생각하기 시작한 우리나라에서 나 같은 사람은 참 살기가 힘든 것이 사실이다.

청소하다가 우연히 화분을 넘어뜨려서 남편과 함께 대형마트 안에 있는 꽃 가게를 찾았다. 화분은 버리고 식물을 살리기 위해 새 화분을 구입하려던 참이었다. 가게주인은 고른 화분에 흙을 채워 넣으면서 나에게 문득 물었다. "저기 저 사람이 남편이요?" "예." "남편이 연하인가?" 나는 당황하며 아니라고 하니 갑자기 혀를 차며 말을 한다. "쯧쯧, 남편이 한참 젊어 보이네. 관리 좀 하셔야지. 그러다 남편 바람난다고. 남편이 멀끔하게 생겼네." 이게 뭔 말인지 너무나 당황스러워서 말문이 막혔다. 생전 처음 보는 사람인데, 이렇게 남의 외모를 품평하고 부부관계를 재단하는 가게 주인을 보며, 더 이상 말을 섞고 싶지 않아서 굳어진 얼굴로 침묵을 지켰다. "얼마죠?" 값을 치르고 다시는 그 집에 가지 않겠다고 다짐하며 떠났다. 집에 가면서 난 아무 말도 못 한 내 자신에게 더 화가 났다. '당신은 자기 관리도 못하는 사람이다'라는 그 메시지가 마음을 할퀸 것이다. 나는 소심하게 마음속으로 그 집이 장사가 잘 안되기를 간절히 바라는 것으로만 복수할 뿐이었다.

어느 날 남편이 아침에 먹을 떡을 맞추려고 토요일 오전에 동네 떡집을 들렀다. 이틀 후 오전에 가져다준다기에 직장을 다녀서 그 시간에 없으니 저녁에 보내달라고 했다. 그러자 주인인 여자가 "직장을 다닌다고?" 한다. 옆에 마실 온 듯 앉아 있는 다른 나이 많은 여자가 같이 거든다. "그렇지, 집에서 놀면 뭐 해. 한 푼이라도 벌러 다니는 게 낫지. 벌이가 좀 그래도, 집에서 심심하니 뭐해?"

몇 년 전 꽃집에서의 일이 떠올랐다. 그래서 마음에서 올라오는 화를 빙글빙글 웃음으로 바꾸며 농담을 던졌다. "예, 그 벌이를 장장 29년을 하고 있네요." 그러자 두 여인이 놀란다. 내 얼굴을 빤히 관찰하더니 여자가 29년 동안 직장을 다닐 수 있는 곳이 공무원이라 생각하는지 공무원이냐고 묻길래 비슷한 거라고 대답했다. 일부러 사무적인 말투로 힘주어 말하며 외모를 보고 함부로 말하는 두 사람에게 경고하는 수밖에 없었다. "그럼 월요일 6시까지 부탁하겠습니다. 미리 돈은 지급할 테니, 6시까지 꼭 가져다주시고, 혹시 문 앞에 놓고 가실 수도 있겠지요? 그럴 때는 지금 말씀드린 연락처로 사진 찍어서 보내주세요."

생각해 보면 두 번의 순간에 왜 나는 그런 무례한 말을 하지 말라고 못 했을까 싶다. 아니, 부탁보다는 단호하게 사과를 요구했어야 하지 않나 후회된다. "저 처음 보시지요? 그리고 제가 손님인데 '관리를 해라' 말씀하시니 당황스럽네요. 기분 좋게 화분 사러 와서 이런 말을 비싸게 듣네요. 사장님 말씀까지 얹어져서 화분값이 엄청 비싸네요.

그런 말씀은 하지 않으셨으면 해요." "주인 분은 심심하셔서 이 일을 하시나요? 떡집 일 하시는 것이 고되실 텐데 힘드시잖아요. 덕분에 저도 이렇게 와서 떡을 사서 먹는 것이고요. 저도 심심해서 일하는 것이 절대 아닌, 직장인입니다. 제 겉모습을 보고 판단하신 것 같은데, '한 푼이라도 벌어라', '심심하게 집에 있지 말고 조금이라도 벌러 다녀라'는 말을 들으니 당황스럽네요. 그래도 제가 손님인데요. 며느리에게도 그런 말씀 하시면 안 될 것 같네요."

이렇게 멋지게 말하고 싶은데 집에 가는 길에 되새김질만 하며 내 자신에게 '이 바보야, 헛똑똑이구만!' 하며 화를 낸다. 내가 극 내향형인지라 이런 당황스러운 상황에서는 속으로 꿀꺽 삼키고 고민하는 것이 습관인 것 같다. 이렇게 존중받지 못하는 느낌이 들 때마다, 마음속 자칼이 나타나 후회와 슬픔과 분노로 마음을 가득 채운다. 나를 자책하고 방어하기 위해 상대를 공격하는, 비폭력대화에서 말하는 자칼의 언어가 바깥에서 안으로 들어오는 이 순간이 부디 덜해지길 바랄 뿐이다.

우리 사회에 만연한 '무례함'이 이제는 아예 문화로 자리잡고 있는 걸까. 이런 무례함 속에 나 같은 소심한 사람은 상처를 쉽게 받기 십상이다. 하지만 생각해 본다. 나 또한 그 누구에겐가 이런 상처 주는 말을 불쑥 던진 적은 없는지 말이다.

순종과 복종의 디폴트 값

원고를 쓰고 있다가 우연히 한 선배 수석교사와 통화를 하게 되었다. 말이 끊이지 않고 신들린 듯 자기 말만 하는 교장 선생님 때문에 스트레스를 받는다며 하소연한다. 말을 구성지게 해서 대화하다 보면 재미있는 분인지라, 난 웃으면서 "수석님, 상대방의 말길을 잘 돌리시잖아요, 기술을 발휘해 보세요"라고 말한다. 그런데 그게 안 통한다며 학교에서 탈출하고 싶다고까지 하는데 안타까웠다.

일방적으로 자신의 말만 쏟아내는 관리자를 만나면 그리 괴로울 수 없을 것이다. 귀에서 피가 날 것 같다고 하니, 이것도 무례함의 일종이 아닌가. 그러다가 촌철살인의 말이 매력인 그분에게 불쑥 물었다.

"수석님, 그런데… 제가… 좀 말을 눈치 없이 하나요?"

"응? 눈치가 좀 없지. 일부러 그러는 것 같지는 않은데, 눈치 없이 말을 솔직하게 해서 열받게 하는 재주가 있어."

"어, 그래요? 눈치가 없다구요? 제가 눈치 많이 보는데요?"

"눈치 보는 것과 눈치 없이 말하는 것은 다르지."

역시나 나에게 또 한 방의 의미 있는 말을 던진다. 사실, 앞에서는 괜찮다 하면서 뒤에서 뒷말하는 사람들보다는 이렇게 앞에서 말하는 것이 훨씬 투명하다. 이 수석선생님과의 대화를 좋아하는 이유다.

"아, 그렇군요… 눈치 좀 챙겨서 말해야겠네요."

가만히 생각해 보면, 내가 만났던 꽃집 사장이나 떡집 주인도 눈치 없이, 생각 없이 입에서 나오는 대로 말했기에 두고두고 곱씹는 상처를 나에게 주었던 것인데, 나 또한 누군가에게 그랬을 가능성이 많다는 것을 알아차린다. 남에게 향했던 손가락질은 어느덧 나에게로 향하게 됨을 깨닫는 순간이다. 하지만 다시금 생각한다. 이렇게 눈치 없이 진실을 말하는 사람도 필요하지 않을까?

'디폴드 값'이라는 말을 흔히들 한다. 컴퓨터 사용자가 값을 지정하지 않아도 시스템 자체에서 저절로, 자동적으로 주어지는 값을 말한다. 특별히 가정이나 학교에서 교육하지 않아도 그냥 자신이 속한 사회에 살다 보면 그 사회의 분위기대로 생각하고 행동한다는 뜻도 있다.

어떤 교감님이 남편을 교장으로 승진시키기 위해 연구보고서는 물론 자신의 승진마저도 뒷전에 두고 술고래인 남편을 다독이며 교장으로 승진시켰다는 일화를 들으며, '왜 유능한 저분이 굳이 저렇게까지 남편의 승진을 챙기지?'라는 생각 이전에 '와, 정말로 멋있는 분이네'라는 생각이 얼핏 스쳤다. 한편 남편을 받드는 게 미덕이라는 것이 세뇌가 된 듯한 내 자신에게 답답해지기도 했다. 내가 겪었던 꽃집 사건, 떡집 사건들도 결국 이 디폴드 값에 대한 작은 분노일 것이다. 이 디폴드 값을 깨고자 하는 여성들을 '페미'로 단정하고 갖가지 혐오 표현으로 공격하는 20, 30대를 보면서 우리 사회의 '여성'에 대한 디폴드 값은 '순종과 복종'임을 절감한다. 여성만 그러한가? 아이들도 청소년들에 대한 사회적 디폴드 값도 마찬가지이다.

이러한 디폴드 값을 바꾸기 위해 내가 할 수 있는 것은 진실을 말하는 것에 대한 용기를 갖는 것, 그리고 그것을 아이들에게 가르치는 것이다. 다만 내 생각을 지지해 줄 수도 있는 사람들을 적으로 돌리지 않도록, 폭력이 아닌 비폭력적이고 평화적인 말로 전하는 지혜를 익

혀야 한다. 나는 눈치가 없는 듯이 말하지만 옳은 말을 하기에 섣불리 반박할 수 없는 사람이 된 듯하다. 여기서 더 나아가 눈치 없음이 아닌 진실성을 담은 따뜻한 말을 하는 사람으로 부디 거듭나고 싶다.

당신 괜찮아요?

돈을 가진 사람, 권력이 있는 사람뿐만 아니라 평범한 시민들도 '내가 서비스를 받는 손님이다' 싶으면 여러 가지 형태의 갑질을 하며 사람을 대하기 일쑤이다. 참 안타까운 상황이다. 그러면서도 서로가 서로에게 서운함을 넘어 소외감을 느낀다. 서운함과 소외감을 느끼면서도 이상하게 소통은 최소한으로 하려고 한다. 사람이 부담스러운 사회가 되었다.

우리 사회의 디폴드 값은 이제 '참견 금지'가 아닌가 싶다. 학교 앞에서 담배를 피우는 교복 입은 아이들에게 한마디도 못 하고, 개똥을 길바닥에 그냥 놓고 가는 사람들에게도 마찬가지이다. 심지어 맞고 있는 듯한 아이들을 보고도 그냥 지나치는 경우가 있다. '참견하면 괜히 난처해지고 귀찮아진다'는 디폴드 값이 어느덧 우리 의식에 자리잡기 시작한 것은 아닐까.

이러한 '귀찮음'은 결국 부메랑이 되어 나에게 다가올 수도 있건만, 서서히 사회적 정의감을 잃고 있는 것 같기도 하다. "타인과의 공감을 바탕으로 한 사회적 연대 또한 일, 놀이, 사랑과 더불어 우리를 행복하게 하는, 자연이 인간에게 준 본성"(유시민, 《어떻게 살 것인가》)이라고 말하는데, 이 본성이 점점 약화되는 느낌이다. 우리가 서로에 대한 관심을 끄고 소통을 멈추는 단절의 시대를 살아가고 있다는 증거는 'OECD 회원국 자살률 1위'라는 불명예를 넘어 안타까운 결과로도 나타난다.

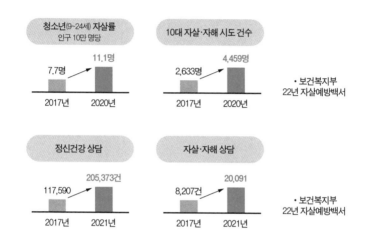

청소년(9~24세) 자살률
인구 10만 명당
7.7명
11.1명
2017년 2020년

10대 자살·자해 시도 건수
2,633명
4,459명
2017년 2020년
• 보건복지부
22년 자살예방백서

정신건강 상담
117,590
205,373건
2017년 2021년

자살·자해 상담
8,207건
20,091
2017년 2021년
• 보건복지부
22년 자살예방백서

|표5| 10대 자살·자해 시도 건수 및 관련 상담 건수

위의 표를 보면, 자살이 청소년(9~24세) 사망 원인 1위로 최근 4년 간('17~20년) 청소년 자살률(인구 10만 명당 사망자)이 44% 증가하고, 10대 자살·자해 시도도 69%로 증가했다. 실제 아동·청소년 우울증 진료도 2019년 33,536건에서 2021년 39,868건으로 18.91% 상승 했다. 우울과 같은 심리장애인 불안장애 진료도 2019년 16,895건에 서 2021년 23,590건으로 39.6% 증가했다.

이런 자살이나 자해가 비단 청소년만의 문제는 아니다. OECD 회원국에서 우리나라 전체 자살률은 1위이지만 청소년 자살률은 4위이다. 그렇다면, 청소년의 자살률보다 더 높은 계층이 있다는 것을 의미한다. 바로 노년층의 자살률이다.

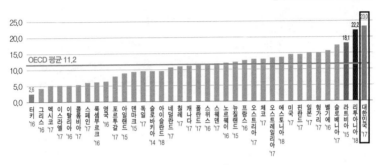

단위: OECE 표준인구 10만 명당 명

출처: OECD, OECD Health Data(20년 7월 추출)

|표6| OECD 회원국 자살률

단위: 인구 10만 명당 명

출처: WHO의 2021 Mortality data base를 활용하여 한국생명존중희망재단에서 산출

|표7| OECD 주요 회원국 청소년(10~24세) 자살률

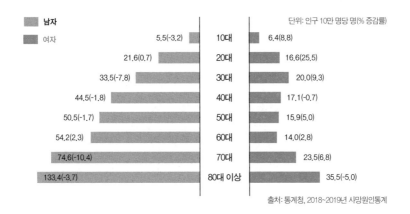

■ 남자
■ 여자

단위: 인구 10만 명당 명(% 증감률)

	남자	연령	여자
	5.5(-3.2)	10대	6.4(8.8)
	21.6(0.7)	20대	16.6(25.5)
	33.5(-7.8)	30대	20.0(9.3)
	44.5(-1.8)	40대	17.1(-0.7)
	50.5(-1.7)	50대	15.9(5.0)
	54.2(2.3)	60대	14.0(2.8)
	74.6(-10.4)	70대	23.5(6.8)
	133.4(-3.7)	80대 이상	35.5(-5.0)

출처: 통계청, 2018~2019년 사망원인통계

| 표8 | 2019년 성별, 연령별 자살률

　다행히 2023년 9월에 발표한 보건복지부의 보도자료에서는 자살률이 감소했다는 반가운 소식을 전하기는 한다. 연령대별로 살펴보면, 특히 70대(-9.6%), 20대(-9.2%), 30대(-7.2%) 순으로 감소 폭이 컸다. 40대(2.5%), 10대(0.6%)는 전년 대비 다소 증가했다. 하지만 여전히 자살률은 80세 이상(60.6명)이 가장 높았고, 뒤이어 70대(37.8명), 50대(29.0명), 40대(28.9명), 60대(27.0명) 순으로 높았다고 보고하고 있다.

　청소년 자살률보다 노인 자살률이 높다는 것은 우려스러운 상황이다. 노후가 준비되어 있지 않은 상황, 고독사 등 우리나라는 이제 노년층의 소외와 경제적 빈곤, 정신 건강에 안전망이 필요한 초고령 사회인 것이다. 노년층이 제대로 서지 못한다면, 안 그래도 초고령 사회로 활력을 잃기 쉬운 우리 사회가 더 큰 무기력에 빠질 수밖에 없다.

모든 연령에서 보이는 자살의 동기는 정신적 어려움, 경제적 어려움, 육체적 어려움에 대한 비관이었는데, 특히 여성의 경우 전 연령에서 정신적 어려움이 가장 컸다. 정신적 어려움의 원인은 여러 가지가 있을 것이다. 기질적, 환경적인 면이 두루 작용하겠지만, 코로나 시기에 부쩍 증가한 자살 및 자해 통계를 보면서 깨닫게 되는 것은, 결국 사회적인 소통의 부재가 정신적인 어려움을 더 가중시킨다는 사실이다.

우리는 절벽에 서 있다. 경제적인 위기, 가정 붕괴, 문화적인 위기, 학교폭력, 세대 갈등을 비롯해 교사와 학부모, 교사와 관리자, 남자와 여자, 신세대와 기성세대 간의 갈등 등 생각해 보면 다양한 위기가 복합적으로 펼쳐져 있다. 공감과 이해, 지지와 연대가 끊어지면서 어느덧 소통의 부재라는 절벽에 서 있다. 외로운 광야에 서 있다는 느낌 이상으로, 아무런 소통이 없는 소외의 절벽에 서 있다.

가끔 텔레비전에서 예능 퀴즈쇼를 보다가 듣게 된 연구 결과가 있다. 외국에서 조사한 결과, 사람들이 의외로 가장 듣고 싶은 말은, "당신 괜찮아요?"란다. 그냥 관심을 갖고 용기 내어 따뜻하게 한마디 말을 건네는 그 순간이 한 사람의 마음을 살릴 수 있는 작은 빛이 될 수 있다. 번지르르한 말이 아니더라도, 그냥 괜찮냐고 인간적인 관심을 보여주는 그 순간, 소통의 절벽은 소통의 광야로 바뀔 수 있다. 선입견 없는 따뜻한 시선의 관찰과 공감과 이해, 진실하고 따뜻한 대화는 사람을 살릴 만큼 강하다.

디지털 소외의 시대,
AI와 교육

키오스크는 고문 기계?

코로나로 방역이 강화된 나날 동안 외식을 거의 하지 않다가 딸 아이와 우연히 어느 분식점에 앉았다. "주문부터 해 주세요"라는 말에 "예? 김밥 하나랑…" 말을 하는데 말허리를 자르더니 "저기 키오스크로요"라고 말한다. 순간 당황하며, 그냥 주문하면 안 되냐고 했더니 키오스크로 하란다. 더듬더듬 메뉴를 선택하고 결재한 후에 식사를 했다. 나오면서 딸 아이에게 "엄마가 많이 늙었나 봐. 키오스크 앞에 서니 두려웠어"라고 고백했다. 딸 아이는 "엄마, 나도 그랬어. 무슨 작은 가게에서 키오스크야?" 하며 내 편을 들어준다.

인건비 절감도 있겠지만, 서로의 접촉을 최소화하여 방역에 도움을 주고자 도입된 키오스크는 이제 일상화가 되었다. 지금이야 마트나

커피숍, 식당에서도 키오스크 사용에 큰 무리가 없지만, 키오스크는 대화와 소통을 차단하고 인간 상호 간의 접촉을 막는, 우리 사회의 단절을 상징하는 기계라는 생각이 든다.

2022년 6월 서울 디지털 재단이 발표한 자료에 따르면, 키오스크 사용에서 55세 미만 이용률이 94.1%인데 반해, 65~74세의 29.4%, 75세 이상의 13.8%만이 키오스크를 이용해 보았다고 응답했다. 어르신들은 사용 방법을 모르거나 어려워서, 뒷사람의 눈치가 보여서 사용 못하는 경우가 대부분이다. 디지털화에 익숙한 세대도 있지만, 그렇지 않은 세대에게 키오스크는 불편함을 넘어 두려움이고, 사회로부터의 소외와 단절의 상징으로 받아들일 수밖에 없다. 시니어들에게는 차별과 배제의 상징이다. 관련 기사들을 찾아보면, 메뉴 그림이 이상해서 커피를 잘못 주문한 어르신이 불만을 얘기했더니 젊은 아르바이트생이 욕을 한 사건, 키오스크 앞에서 햄버거를 주문하느라 20분을 헤매다 그냥 집으로 돌아와 울었다는 어르신의 안타까운 사연까지 나온다.

사람의 목소리 대신 AI 기계가 들려주는 아나운서 톤의 무미건조한 목소리를 듣거나 화면과 침묵으로 대면하는 것이 일상이다. 내가 원하는 것은 손가락으로 화면을 누르고 신용카드를 단말기에 꽂거나 스마트폰의 모바일 카드를 읽히면 된다. 기다렸다가 번호가 뜨면 가서 받아오면 끝!

모르는 사람과 대화할 기회는 점점 줄어들고 있다. 세상이 디지털

화되면서 모든 것이 편리해진 대신, 점점 더 서로 대면할 기회를 상실하고 있는 것 같아서 뭔가 불편한 기분이다. 여기저기 가게를 들러도 디지털 주문으로 모든 것이 해결되고 사람을 만날 수가 없으니, 문득 외로움을 넘어 물리적인 절대 고독이 느껴지기도 한다. '군중 속의 소외'가 아니라 'AI, 디지털 기계 속의 소외'의 시대이다.

AI가 공감과 배려, 소통을 대신할 수 있을까

팬데믹 후 모든 것은 변화했다. 사회적으로 서로의 접촉이 차단되었고 학교에서도 아이들은 서로의 학용품을 주고받지 못하도록 서로를 격리시켰다. 코로나라도 걸렸다 치면 숨 쉬는 것도 미안하고, 혹시나 옮기지 않을까 마스크를 두 겹, 세 겹으로 쓰고 병원으로 향한다. 존재하는 것 자체가 죄스러울 정도로 우울감이 올라오기도 했다.

이렇게 접촉이 두려운 상황에서 AI는 다양한 분야에서 우리들의 필요를 만족시켰다. 사람들의 동선 데이터를 파악해 알려주거나 궁금한 주제에 대한 해결책을 입력된 데이터를 활용하여 다양하게 제시하기도 한다. 예를 들면, 서울시 심야버스 운행시간을 정할 때 AI 덕분에 효율적인 운행시간을 정할 수 있다. 몇 개월 동안의 요금 단말기에 찍힌 탑승 기록으로 사람들의 집중 이용 시간대를 분석하여 합리적인 배차간격 및 운행 시간을 설계할 수 있게 된 것이다. 코로나 전 한창 빅데이터에 대한 관심이 급부상할 때, 내가 자주 이용하는 가게들을 지나갈 때면, 스마트폰에서 그 가게의 오늘 할인 행사 정보가 자동으로 올라오는 것을 보면서 신통방통하기도 했다.

AI의 활약은 대단하다. 미국 메이저 5대 대학병원의 약 제조실 모두 AI 로봇이 하고 있다는 기사를 읽은 적이 있다. 약 제조로 피곤했던 한 인간 약사가 환자의 약 용량을 잘못 조제해서 환자가 위급상황에 빠졌던 사건 이후, AI 약사는 쉬지도 먹지도 자지도 않고, 또 가끔 오는 스트레스를 호소할 이유도 없이 0%의 실수율을 보이며 약을 조제 중이다.

암 진단의 혁신으로 부상했던 IBM의 왓슨, 바둑계를 평정한 구글의 딥마인드인 알파고 등 특정 분야에서 인간을 능가하는 AI는 여전히 진행 중이다. 질문을 하면 답을 주는(가끔 거짓말도 하는) ChatGPT를 비롯해 헬스 케어, 음성 및 영상 인식, 기후 예측에서 더 나아가 화가나 작가, 가수, 모델로까지 영역을 뻗어 나가고 있다. 범죄 예측, 조언 및 상담과 컨설팅 등 고도의 종합적 분석과 사고가 요구되는 영역을 이미 잠식 중이다.

이런 상황을 볼 때면, 가장 먼저 드는 생각은 '그럼 우리 인간은 무엇을 하고 살아야 하는가?'이다. 위의 사례를 보면, 우리나라에서 가장 각광을 받는 직업인 약사, 의사, 판사, 상담사, 예술가 등에 AI가 진출하고 있으니 말이다. AI를 청소해주는 등 AI의 뒤치닥거리를 하는 직업이 미래에는 대세가 되려나 엉뚱한 상상도 해 본다. 어쩌면 미국의 경제학자 타일러 코웬Tyler Cowen의 말처럼 인공지능에 비견할 만한 높은 기술능력을 가진 소수의 '신인류'와 나머지 '무용無用'의 호모사피엔스'로 양극화된, 새로운 '능력 지상주의'의 계급사회가 출현할 가능성도 있다.

AI로 의사와 약사가 대체될 것이라는 말들도 무성하다. 전문성의 3대 조건 중 두 가지인 해당 분야의 지식과 그에 따른 현장에서의 활용 기술은 AI가 더 앞설 수밖에 없을 것이다. 하지만 AI가 가진 데이터 이상의 경험과 지혜로운 판단, 전문성의 마지막 요소인 '사명감'은 AI가 따라잡기 어렵지 않을까?

어떤 꼬마가 비비탄을 가지고 놀다가 귀에 넣는 바람에 그 부모가 놀라 대학병원을 찾았다. 대학병원의, 지식과 기술로 무장한 젊고 유능한 의사들은, 우선 검사부터 하자며 각종 검사를 했다. 그러더니, 이 아이의 귓속 이물질을 제거하기 위해 귀 옆 턱을 절제하여 빼내야 하고, 신경이 모인 곳이라서 매우 어렵고 힘든 수술이며 수술하는 중에 어떤 부작용이 있을지도 모른다며 보호자에게 잔뜩 겁을 주었다. 부모는 수술 전후로 생길 아이의 고통과 부작용이 걱정되었고, 아이가 심하게 겁을 먹어 그냥 집으로 돌아왔다. 아이가 귀에서 비비탄이 덜그럭거려 괴롭다고 해서, 혹시나 하는 마음에 동네 소아과를 찾았다. 나이 많고 인자한 의사는 부모의 걱정스런 말을 듣고는 "애들이 자주 이런 것을 귀에 넣어요" 하더니 우선 안심을 시켰다. 아이에게 "언제 넣었어?" "어떻게 넣었어? 어, 그렇구나. 덜그럭거려서 많이 불편하지?" "할아버지가 아주 오랫동안 너랑 비슷한 일을 겪은 친구들을 많이 봐 왔어, 할아버지가 이런 것은 아주 잘 빼. 그런데 할아버지가 잘

빼게 절대 움직이지 않고 있어야 해. 얼음땡 놀이 알지? 얼음이다, 자, 얼음 하는 동안 그 녀석을 빼 줄게. 얼음!" 아이는 안심하며 자신을 할아버지 의사에게 맡겼고, 의사는 자신이 고안한 장비를 꺼내 아무렇지 않게 구슬을 바로 꺼냈다.

이 이야기가 대학병원에서 근무하는 젊고 유능한 의사들을 폄하하는 것이 아니다. 사람을 치료하는 데 최신 지식과 기술, 장비도 중요하겠지만, 아이를 수십 년간 치료해 온 경험에서 얻은 지혜와 노하우를 젊은 의사들이 단번에 따라잡을 수 없듯이, AI가 인간의 오묘한 경험까지 따라잡기는 어렵다는 것을 말하고 싶은 것이다. 환자에 대한 배려, 대화를 통한 마음 읽어주기, 소통하며 따뜻하게 대해주는 의사의 태도는 '사명감'의 다른 모습이 아닐까.

약사도 마찬가지이다. 우리 동네에 유난히 약국이 많다. 나는 아주 급하지 않으면 일부러 찾게 되는 약국이 있다. 그 약사는 우선 우리 가족들을 거의 알고 있다. 약을 조제해 주면서 "아이구, 이번 감기는 잘 안 낫는가 보네요. 쉬어야 하는데 직장 다니고 아이들 챙기느라 어렵겠어요. 그래도 오늘은 푹 좀 주무셔야 몸이 회복돼요. 따뜻한 물도 많이 마시구요" 하면서 뜨끈한 쌍화탕 드링크제를 서비스로 주기도 한다. 공짜라는 것보다 마음이 지치고 피곤하여 찾아온, 감기로 힘들어하는 나를 따뜻한 시선으로 보며 위로해 준 것이 너무 고마웠다. 티눈이 생겨 피부과에 가서 치료받는데 잘 안 낫는다 했더니, 티눈 치료는 심하지 않으면 그냥 자가 치료하는 것이라며 병원에 간다면 피부과 전문의인지 잘 알고 가야 한다고 조언해 주기도 했다. 같은 약을 팔더라도 AI보다 더 차갑게 대하는 약사와 환자의 몸과 지친 마음을 읽고 위로하며 관심을 베푸는 약사는 분명 다를 것이다. 그래서인지 그 약국은 손님이 유독 많다.

위에서 예로 든 의사와 약사가 가진 강점은 '공감'과 '소통'의 능력이다. AI가 정확한 진단과 조제로 활개를 쳐도 환자의 아픔을 공감하는 따뜻한 태도와 환자와 소통하려는 태도를 가진, 따뜻한 사명감의 전문인들을 따라잡기는 어렵다.

의사나 약사, 법조인, 교사와 같은 다양한 전문 분야의 직업들이 AI에 넘어간다는 우려가 있다. 하지만 세상은 여전히 정확함과 신속함 이상의 공감과 소통, 이해를 바라는 사람이 사는 세상이라, 그런 사람들이 각자의 직업에서 살아남을 것이다. 따라서 인간으로서의 감성과 소통의 능력이 미래 교육의 주요한 방향이어야 함은 물론이다.

AI가 넘볼 수 없는 교육의 영역

코로나가 한창일 때 교실은 작은 화면으로 변했고, 선생님은 AI가 대신하며, 아이들과 손가락 문자로 서로 대화했다. 코로나는 교실에서 선생님과 친구들을 배제시켰다. 얼굴을 굳이 보지 않아도 배움은 일어나는 듯했다. 자기주도적 학습을 강조하며, 이제 교육은 시공간을 초월해 온라인 속에서 각자 배우고 싶은 것을, 언제든지 얼마든지 배울 수 있다며 학교의 몰락을 이야기했다.

그러나 코로나가 끝날 즈음, 우리는 학교의 위력을 새삼 깨달았다. 학력의 하향 평준화 및 학력 격차, 사회정서적 발달 및 체력의 저하가 그것이다. 성적의 중간층은 사라지고, 부모의 재력으로 다양한 학원 공부를 한 아이들의 성적은 더 상승하고, 그러지 못한 아이들의 학력은 하향 곡선을 그리며 학력 격차는 빈부격차처럼 고스란히 사회의 차별을 드러냈다. 결국 교육이라는 것은 곧 상호작용이라는 것을 깨달았다. 마틴 부버가 말한 '나와 너'의 진실된 관계 없이는 배움이 일어날 수 없다는 사실을 말이다. 읽기, 쓰기, 셈하기 등 기초적인 3R Reading, Writing, Arithmetic도 옆에서 피드백을 하고 격려하는 인간 교사와 같이 배우는 친구들이 필요하다는 것을 알게 되었다.

미국의 '미래 학교 School of the Future'와 '알트 스쿨 Alt School'은 미래 교육을 단순히 에듀테크로 보아서는 위험하다는 것을 보여준다. 미국 필라델피아 외곽, 빈민층이 대부분인 지역에 야심 차게 세워진 '미래 학교'는 개인별 맞춤식 교육, 과목 간 통합 커리큘럼, 학습자 중심 수업을 표방했다. 이는 우리가 꿈꾸는 학교의 모습이었다. MS사의 재정적 지원을 받고 2006년에 탄생한 이 학교는 스마트형 칠판에 색다른 책상 및 의자 등 최첨단 기술과 공간이 제공되었고 학생들은 개인별 학습 노트북으로 학습했다. 그러나 프로젝트 수업을 위한 기본적인 지식이 부족한 학생들에게 이런 최첨단 기술은 아무 소용이 없었다. 결국 학력은 전국 최하위 수준을 기록하고 말았다. 또한 실리콘 밸리에서 마크 주커버그의 지원과 구글 엔지니어 출신의 노력으로 탄생한 '알트 스쿨'은 개인 맞춤형 러닝, 학생 중심, 작은 학교라는 모토로 화려하게 닻을 올렸다. 벽이 없는 개방형 공간에서 원하는 시간, 원하는 장소에서 개별학습 노트북으로 공부하는 아이들이 '교사가 아닌' 학습에 필요한 오디오북이나 영상으로 '스스로(?)' 학습하는 멋진 꿈의 공간이었다. 결과는 참담했다. 아이들의 기초 학력은 제대로 형성이 되지 않았고, 결국 9개 학교가 폐교의 수순을 밟고 있다고 한다. 이곳에서 근무했던 교사는 이렇게 말한다.

> 3년간 알게 된 건 궁극적으로 기술 자체는 교육이 해야 하는 실질적인 문제를 해결하지 못한다는 것이다… 아이들은 영상으로 무엇인가 배우긴 할 것이다… 그러나 더 중요한 것은 교실의 문화와 학습환경으로서의 '선생님'이 교실에 있어야 한다는 것이다. 교사들은 아이들이 올바른 방향으로 나아가게 하고 관계를 형성하며 피드백을 주는 존재이다.
>
> ▪ EBS〈다시 학교〉2부 '교사의 고백' 인터뷰에서

아이들을 가르치고 배움에 이르도록 할 때 살아 있는 사회적 존재로서의 '인간'인 교사와 만나 상호작용하는 일은 필수적이다. 사회성, 정서교육 등의 지체가 학력 격차보다 더 큰 우려로 다가오는 현실을 볼 때, 학교에서 교사와 학생, 학생과 학생 간의 상호작용은 더욱 필요해지고 있다.

코로나 이후 "20세기 교사가 19세기 교실에서 21세기 아이들을

가르친다"는 비아냥이 무색할 정도로 학교는 아이들의 상호작용과 사회, 정서적인 교육의 살아 있는 공간임을 인정하는 분위기이다. 학교라는 공동체 속에서 아이들의 대화와 정서적인 교류가 얼마나 중요한지, 갈등이 있을 때 그 갈등을 풀어내는 과정에서 아이들은 인간적인 성장을 할 수 있다는 것도 깨닫게 되었다.

AI라는 판도라 상자를 열어 보니

IT 미래학자인 니콜라스 카^{Nicholas Carr}는 현대 사회가 "물질적 풍요와 기술적 경의의 시대이면서 동시에 목표 상실과 우울함의 시대"라면서 AI로 인해 한없이 편리해지고 있는 현 상황이 "세상과 진정으로 소통하는 삶의 의미를 묵살하고 있다"고 이야기한다. AI 기술로 원하는 것을 쉽게 얻다 보니, 스스로 선택하고 움직이면서 얻는 기회를 박탈당하며 진정한 나 자신으로부터 소외된다는 것이다.

졸지에 성공한 사람이 그 성공을 충분히 기뻐하기보다 불쑥 찾아온 공허함으로 도박, 술, 마약 등에 빠지는 사건을 종종 보게 된다. 필요한 것을 쉽게 얻게 해 주는 이런 극도의 편리함은, '이제 나는 무엇을 하고 살지?'라는 공허함과 우울로 우리를 밀어버린다. 이런 목표 상실과 우울함은 단순히 사람들의 의지 빈약의 문제가 아니라 극도의 기술 발전과 편리함이 가져온 공허함, 삶의 의미 상실에서 비롯된 집단 정서 장애의 상황이다.

과학자이자 공학자인 수전 그린필드^{Susan Greenfield}도 디지털 기술의 영향에 대해서 말하면서, 기술 그 자체의 문제가 아니라 이런 과학적 발전에 인간의 뇌, 생각, 인격, 자아가 위협을 받고 있음을 심각하게 제기한다. 즉, 인간은 대인관계 및 사회관계를 통해서 행복감을 느끼는 존재인데, 극도로 발달하고 있는 과학기술이 관계의 필요성을 약화시키고 관계의 욕구를 희석시키면서 타인과의 상호작용을 통해서 형성되는 정체감, 인격 등이 제대로 형성되지 않을 수 있다고 우려한다. 키오스크라는 디지털 기계처럼 직접적으로 소통을 막는 것도 있지만, 필요한 것을 쉽게 얻는 편리함은 '굳이 만나야 해?'라는 생각을 불러일으키고 사람을 만나는 것을 귀찮은 일로 만들어 버린다.

눈부신 디지털 기술과 AI의 발달은 자칫 사람들의 직접적인 소통과 상호작용 능력을 붕괴시킬 수 있다. 사회 속에서 나는 어떤 역할을 하며 어떻게 살아가야 하는지에 대한 진정한 '정체감'을 형성하는 것도 더디게 만들 것이다. 정체성은 내가 생각하는 나와 타인이 생각하는 나에 대한 인식이 융합되어 만들어진다. 그런데, 타인과의 상호작용이 어렵다 보니, 객관화된 자기 자신에 대한 파악이나 사회에 기여할 수 있는 자기 역할에 대한 고민이 사라지고 내가 생각하는 자아만 비대해져 '자기 중심성'에 갇힌 이기적인 사회를 만들 수 있다.

기술혁신으로 우리가 겪게 되는 위험은 일자리 문제, 사회 격차의 문제뿐만이 아니다. 삶을 살아가는 진정한 의미나 행복, 만족감, 즐거움, 성취감, 소통에서 오는 행복감, 진정한 자기 자신을 찾는 정체성 형성에도 장애가 된다. 이에 대한 극복 방법을 심각하게 논의해야 할 때가 아닐까.

우리는 AI라는 '판도라 상자'를 열었다. 프로메테우스가 자신을 희생하며 인간에게 지식과 기술의 상징인 '불'을 준 것처럼, 우리는 AI에게 우리의 지식과 기술의 데이터를 넘겨 편리함을 극대화시키고 있다. 그 대가로, 프로메테우스처럼 바위에 묶여 평생 간의 쪼임을 받으며 판도라가 열어 버린 상자 속의 다양한 고통에 시달리게 될지도 모를 일이다. 그러나 맨 마지막에 남은 희망이 아직은 우리에게 있다.

인간이 가진 유일한 능력은 '사유와 협동'의 능력이다. 인간만이 죽음을 생각하고 삶의 의미를 생각하며 유한성을 생각한다. 사회 속에서 어떤 역할을 하며, 어떻게 협동하면서 진심으로 사랑하고 소통하며 살 것인지를 생각한다. 이런 사유와 소통은 결국 언어라는 도구를 활용하고 자신과 타인과의 대화를 통해 이어지는 것이다.

어쩌면 우리는 삶의 의미, 진정한 행복, 진정한 가치에 완벽하게 닿을 수 없을 것이다. 단지 타인과 진정한 고민을 나누고 정서를 교류하며 소통하고 대화하는 과정 자체에서 행복과 의미, 삶의 가치를 시나브로 배울 수 있을 뿐이다. 이것이 모든 미래학자가 우려하는 공허 및 우울에서 벗어날 수 있는 유일한 방법이 아닐까. 아울러 이러한 참다운 평화의 대화는 교육의 방법이자 목적이 되어야 한다.

AI는 양날의 칼

19세기 초반 영국에서 착취당하던 노동자들이 자본가에 맞서 섬유

기계를 파괴하면서 러다이트 Luddite 운동이 일어났다. 러다이트 운동은 오늘날 급진적인 계급투쟁이라는 본래 의미와 달리, 신기술에 반대하는 사람들을 의미하는 용어로 바뀌었다. 4차 산업혁명을 이끄는 디지털 기기, 인공지능 등 최첨단 기술 발전에 우려를 표하는 신 러다이트 운동이 한쪽에서 꿈틀댄다.

나는 교무실의 '도트 프린터'로 문서를 출력해서 공문서를 작성하고 생활기록부를 손으로 일일이 작성하던 시절부터 시작해 30여 년간 교사로서 지냈다. 최근 학교의 업무는 전산으로 이루어진다. 공문 처리는 '업무포털'로, 성적이나 복무 등은 '나이스'로 하더니, 지금은 4세대 나이스가 들어서서 더 최첨단 전산 시스템으로 바뀌는 중이다. 각종 공문이나 성적처리를 이런 시스템에서 하면 간편함과 효율성도 누리고 시간도 절약되어 가르치는 일에 더욱 정진할 수 있을 줄 알았다. 그러나 이상하게 더 많은 노고가 든다. 동료 교사는 말한다. "정말 이상해요. 아이들의 발달 상황을 직접 손으로 기록할 때보다 일이 더 많아요. 게다가 성적표는 더 형식적으로 느껴지고…."

이러한 회의 때문인지 2022년부터 교육 분야의 AI와 메타버스 활용 교육, 게임과 교육을 접목하는 게이미피케이션 gamification 교육 등에 대한 압박에 반항심이 들 때도 있다. 예전의 완전학습, 열린교육, 발도로프 교육, 홀리스틱 교육 등은 그래도 교육 철학이 담겨 있고 스스로 아동관과 교육관을 점검할 수도 있는 내용이라 현장에서 어떻게 적용할 것인가 고민을 했었던 것 같다. 하지만 AI, 메타버스 등은 아이들에게 학습에 대한 흥미와 주도성을 높이는 방법 내지는 기술인데, 또 다른 엔데믹 시대가 오는 것이 아니라면 굳이 사용해야 할까 싶다. 학교에서 아이들과 직접적으로 상호작용을 하면 될 것을, 굳이 그 앞에 태블릿을 놓고 인간 대 인간의 소통을 막아야 하는가 의구심이 든다. 《원숭이 꽃신》의 이야기처럼, 자연 속에 사는 원숭이가 자연을 경험하고 배우는 데 굳이 신발이 필요하지 않듯이, 디지털 및 AI 기술이라는 꽃신을 신고 교실에서 아이를 가르쳐야 할까 반발이 일어나는 것이다.

물론 꽃신은 화려하고 예쁘며 매혹적이어서 신으면 편하고 폼 난다. 교사 입장에서는 얼리어답터로서 교육의 흐름을 주도적으로 이끌어 가며 교실의 혁신을 일으키는 열정적인 교사처럼 보이기도 한다. 그러나 교실에서 아이들과 직접 마음과 마음으로 교류하고 인간 대 인간으로 소통하고 싶어 하는 것은 어쩔 수 없는 나의 교육 철학이다. 그렇다고 AI를 필두로 한 교육의 변화를 거스를 수는 없다. 어떤 교사들은 미술 시간에 쓰는 다양한 드로잉 앱이나 일러스트 앱, 음악 관련 작곡 앱이나 바흐 풍의 음악의 기초를 익히는 앱을 수업에 적용하기 위해 연구하기도 하고, 구글어스 등을 활용해 환경 및 지리교육을 좀 더 풍부하게 가르친다. 또한 쌍방향으로 소통하는 AI 교육 앱을 연구

● 정휘창 외, 《원숭이 꽃신》(여우오줌, 2004). 남부러울 것 없이 행복하게 살던 원숭이가 오소리가 거저 준 꽃신에 길들여져 나중에는 가진 것을 다 줘도 꽃신을 살 수 없게 되자, 오소리의 종이 되고 마는 이야기.

하는 후배 교사들도 등장하고 있다. 가령 〈비폭력대화 수업에서 챗봇 제작 프로그램 활용의 효과〉라는 실천 연구는 이제까지 제작된 영어 학습용 챗봇 이상을 꿈꾸는 아이디어가 인상적이다.

일본 애니메이션 가운데 마루야마 마사오의 작품인 〈PLUTO〉(2023)는 강한 인상을 남겼다. 인간과 로봇이 공생하는 시대를 배경으로 한 이 작품의 주인공은 세계 최고의 인공지능을 가진 로봇 아톰이다. 아톰은 인간보다도 더 뛰어난 지능뿐만 아니라 감수성과 도덕성을 갖추었다는 점에서 인간과 인공지능 로봇의 경계는 무엇일까 많은 생각거리를 던져 준다. 여기에는 인간보다 더 인간다운 다양한 인공지능 로봇이 등장한다. 가장 인상 깊었던 장면은 전쟁 병기였던 로봇이 은퇴 후 시각장애가 있는 괴팍한 음악가를 돌보던 어느 날, 음악가의 피아노 소리를 듣고 자신에게 피아노를 가르쳐 달라고 부탁한다.

"네까짓 게, 로봇병기에 지나지 않는 네까짓 게 피아노를 배우고 싶다고?"

"예, 배우고 싶습니다. 당신의 음악은 아름답고… 전쟁에서 동료들을 죽여야만 했던 제 삶에 위안을 줍니다. 그래서 저도 배우고 싶습니다."

자신의 부탁이 인간인 음악가의 조롱과 멸시로 돌아왔지만, 로봇

성나연, 〈초등학교 고학년 대상 비폭력대화 수업에서 챗봇 제작 프로그램 활용의 효과〉, 서울교대인공지능 인문융합전공 석사논문, 2022.

1부 ─ AI 시대, 아이들과 어떻게 소통할 것인가   79

은 폭력을 행사하지 않고 진심어린 부탁과 조용한 침묵, 기다림으로 음악가를 대한다. 나름의 꾸준한 연습으로 인정받고 드디어 음악가의 개인 지도까지 받게 된다. 하지만, 결국 주인인 음악가와 지구를 구하기 위해 자신을 희생한다.

이 세상에서 우리가 두려워해야 하는 것은 '평화'를 파괴하려고 하는 존재들이다. AI 자체가 문제가 아니라 AI를 통해 자신의 부정적인 욕구를 실현하려는, 불순하고 탐욕적인 인간이라는 존재가 문제이다. 예전에 유전공학에 대한 논란이 한창이었을 때, 생명체를 장난감처럼 함부로 실험하는 과학자들에 대한 우려가 있었다. 마찬가지로 교육에서 진정으로 중요한 것은 양날의 칼과 같은 최첨단의 기술을 다루는 우리 인간들의 마음에 평화와 비폭력의 소통을 뿌리내리는 것이 아닐까.

우리가 모르는
사이버 공간 속 아이들˙

디지털 세계에 빠진 아이들을 이해하는 수단은 무엇일까? 게임이나
SNS, 게시판에서 나누는 아이들의 언어를 살펴보면 된다. 그들이 쓰
는 언어들을 보면, 숨겨진 욕구와 감정 상태가 여지없이 드러난다. 아
이들이 사용하는 담화의 내용이나 형식은 우리 사회의 부정적인 모습
이 그대로 투영되어 있다.

팬데믹이 한창이던 시기, 아이들과 온라인으로 대부분의 학습을 진
행했다. 교사들은 늦잠을 자는 아이들을 깨우고, 화면에서 얼굴을 가
리는 아이들에게 얼굴을 보일 것을 부탁하는 등 갖가지 방법으로 온
라인 수업에 참여시키고자 애를 썼다. 학교에 나오지 않아 상호작용

˙이 책에 소개하는 사례에 등장하는 학생들의 이름은 모두 가명이다.

이 없으니 학교폭력은 줄어든 느낌이었다. 하지만 아이들은 온라인 속에서, 게임 속에서 또 SNS에서 채팅을 하며 '손가락으로 폭발적인 상호작용'을 하는 중임을 깨닫게 해 준 사건이 일어났다.

겉으로 보았을 때 5학년인 우식이와 가원이 사이에서 일어난 사이버상에서의 언어폭력이었다. 조사한 바로는 '팀킬'을 하는 우식이를 가원이가 강퇴시키자 화가 난 우식이가 가원이에게 채팅에서 욕을 하고 '패드립(가족들을 욕하거나 비하하는 말을 하는 것)'을 한 것이 요지였다. 중간에 가원이 어머니가 SNS에서 중재하며 사과를 받고 해결된 일이었다. 그런데 가원이 엄마에게 우식이가 일방적으로 혼났다고 생각한 우식이 이모부가 교육청에 전화를 걸어 민원을 넣으면서 학교에 연락이 왔다. '학교 내외'라는 학교폭력의 법령 때문에 학교 밖에서의 싸움을 학교에서 처리해야 하는 상황이었다. 나는 학교폭력 조사위원으로서 두 아이를 먼저 만나야 했다. 하지만 캐면 캘수록 아이들은 서로의 권력 구도 속에서 다양한 '섹드립(성적인 내용의 유머나 개그, 음담패설을 하는 것)'과 '패드립'을 하며 상처를 주고받는 상황이었다. 누가 시작이고 누가 더 잘못했는지 시시비비를 가리기가 무척 애매했다.

이에 대한 개입은 네 개 그룹으로 진행되었다. 우식이와 가원이와의 갈등 중재, 우식이와 가원이 친구들(수지, 영은)과의 갈등 중재, 우식, 승준, 윤상이의 갈등 중재, 그리고 승준, 윤상, 수지 사이의 갈등이다. 매우 복잡하게 얽히고설켰다.

배제에 대한 분노, 사이버 따돌림

"우식아, 이모부가 많이 속상해서 교육청으로 전화를 거신 거 같은데… 일단 알아본 바로는 너가 가원이에게 패드립을 하고 안 좋은 말들을 한 것 같은데? 인권부장님께 들었어. 말이 많이 거칠더구나."

"패드립은 잘못한 것 맞지만, 가원이도 저한테 그랬어요… 먼저 제가 했지만요."

"그렇구나. 우식이가 갑자기 패드립 하진 않았을 것 같은데, 무슨 일 있었니?"

"사실은요, 배그(배틀 그라운드의 줄임말)를 같이 하거든요. 가원이가 분명 파티(게임상에서 팀을 이루어 배틀을 하는 것)를 한다고 해서 들어가서 좀 하다가, 가원이와 조금 시비가 붙었는데, 걔가 '씨발' 하는 거예요. 너무 화가 나서 뭐라고 했는데, 갑자기 저를 강퇴시켰어요. 이유가 뭐냐고 카톡으로 물어보는데 계속 씹는 거예요. 열받아서 게임에 들어가서 패드립 했어요. 그리고 나와서 카톡으로도 계속 싸웠구요. 제가 먼저 패드립 했지만, 걔도 저한테 엄청 욕하고 패드립 했어요."

"우식이가 일방적으로 한 것은 아니구나. 게임상이지만 서로 언어 폭력을 한 것이 맞고, 오히려 가원이가 너를 따돌린 거네. 우식이가 말을 너무 심하게 한 것은 맞고, 가원이 말도 들어 봐야겠다. 그 이후로 어떻게 된 건데?"

우식이만의 문제는 아니라는 생각이 들었다. 서로 욕을 하다가 가원이가 참지 못해서 엄마에게 이제까지 우식이가 한 욕을 캡처해서 보냈다. 그리고 같이 게임한 친구들과 함께 우식이에게 경고하며 사과를 요구했다. 여러 명이 공격하자 압박감에 "미안하다. 내가 졌다고 하자"며 사과했는데, 여학생들은 이 사과가 성의가 없다면서 진정성 있게 사과하라며 사과문 양식을 다운받아 작성하도록 했다. 이때 가원이 어머니가 톡방에 들어와서 중재하고 우식이는 다시 한번 사과하고 나갔다. 이 사과마저도 마음에 안 든다면서 가원이는 예전에 했던 욕이나 협박조의 이야기까지 캡처해서 엄마에게 다시 보냈다. 그 내용 중에 "우리 아빠가 법원에 있는데"라는 말도 들어가 있어 가원이 어머니는 생업으로 바쁜 와중이라 따로 사는 가원이 아버지에게 보내며 이 일을 해결하도록 했다.

급기야 가원이 아버지가 우식이에게 직접 전화를 걸고 꾸중했다. 꾸중하는 와중에 우식이에게 엄마의 전화번호를 물었지만 혼날 것이 두려운 우식이는 말하지 않았고, 이 과정에서 우식이는 두려움에 떨며 가원이 아버지의 전화를 받지 않았다. 두려움에 떨던 우식이가 이모부에게 말했고, 이모부는 가원이 아버지에게 전화를 걸어 아이의 전화번호를 어떻게 알았냐며, 아이에게 공포심을 주었다며 따졌다. 이 과정에서 서로 엄청난 욕을 하면서 전화로 싸움이 일어난 것이다.

이에 화가 난 우식이 이모부가 담임교사에게 전화했다. 우식이 담임교사는 우식이가 패드립을 해서 잘못했으니 가원이 측에 사과하고 서로 화해를 하는 게 낫겠다고 알렸다. 우식이가 전화를 받으면서 공포에 떨었던 것을 미처 알지 못한 담임교사에 대해서 불만을 품은 우식이 이모부가 교육청에 담임교사에 대한 민원을 넣게 된 것이다.

가원이의 억울한 마음, 패드립

"밥은 먹었니?"

가원이는 현재 이모집에서 지내고 있고 엄마가 직장 일로 늦게 들어오는 상황이라는 것, 무엇보다 방 문제로 언니와 싸우느니 차라리 이모집이 마음 편하고 숙식이 편하다는 말까지 하며 요즘 근황을 이야기했다. 아이들과 대화하다 보면, 한번 툭 던진 말에 자기가 처한 다양한 상황이나 생각을 봇물 터지듯이 쏟아내는 경우가 많다.

"우식이가 말을 심하게 했더구나. 네 대가리에 참기름을 발라라… 뭐 이런 말들을 어디서 이렇게 배워서 쓴 건지…"

"평상시에도 가끔 욕을 하긴 해요. 사실 저도요."

"그래, 우식이 말로는 가원이 너가 먼저 욕을 했다고 하는데… 무슨 일 있었니?"

"사실은 우식이가 배그를 좀 잘하거든요. 그래서 파티를 할 때 같이 끼워주었는데, 팀킬을 일부러 하는 거예요. 화가 나서 욕이 나왔어요."

"아, 이런. 팀킬을 일부러 하면 당연히 화가 나지."

"걔가 가끔 그런 또라이 짓을 해요. 그래서 강퇴했는데 계속 문자하고 말 걸고 그래서 씹었는데, 갑자기 패드립 해서 짜증 났어요."

그 상황이 다시 떠올랐는지 피곤한 얼굴 위로 잔뜩 이맛살을 찌푸리며 말한다.

"그래, 그 이후의 일에 대해서는 잘 알고 있어. 그런데 우식이가 제대로 사과를 안 해서 화났다고 했는데, 그래서 사과문 양식까지 내려받아서 요구하고…."

"'내가 졌다. 미안하다'가 사과예요? 단톡방에 있던 친구들이 화가 나서 영은이가 인터넷에서 다운 받아 전달한 거구요, 캡쳐도 친구들이 도와주었어요."

결국 게임 파티를 하던 여학생들 5명과 우식이 1명이 싸운 꼴이었다.

"너희 엄마 있을 때도 사과했었는데, 마음에 안 들었니?"

"그때는 진심으로 사과하는 것 같기는 한데… 암튼 사과가 마음에 안 들었어요."

엄마의 중재로 진심으로 사과했지만 마음에 안 든다는 가원이의 알 수 없는 말을 곰곰이 생각하다가 스치는 것이 있어 말을 걸어 보았다.

"혹시 우식이가 너희 엄마에게 사과했니? 너희 엄마에게 사과한 게 싫었니?"

"예, 맞아요. 어떻게 알았어요? 나한테 욕하고 왜 우리 엄마한테 사과해요? 열받았어요, 엄마한테 사과하는 게요."

이모 집에서 지내는 것이 더 편하다는 가원이는 아무래도 엄마에게 많은 불만이 있는 것 같았다. 이 점을 감지하고 엄마도 사건이 커지자 따로 사는 아빠에게 이 일을 넘겼을 것이다.

"우식이에게 진정으로 사과받고 싶은 마음 이해해. 여기서 끝났으면 좋았겠는데 그전 것까지 캡처해서 부모님께 보내는 바람에 부모님은 우식이를 더 나쁜 아이로 보고 일이 더 커진 것 같아."

"제가 우식이 사과에 만족이 안 되었거든요. 그때 걔한테 불만 있던 수지, 영은, 형원, 다은이가 적극적으로 캡처해서 보내주었어요. 저한테 한 것뿐만 아니라 전체에게 한 것까지요."

악마의 편집이라고 한다. 이제까지 단톡방에 남아 있는 우식이의 욕이나 협박 등을 모아서 한꺼번에 보여주니 정말 이 세상에 이런 나쁜 말만 골라 하는 아이가 있을까 싶게 엄청난 욕설들이었을 것이다. 결국 우식이는 사이버 폭력의 극악한 가해자가 된 것이다. 사실 가원이도 강퇴라는 사이버 따돌림을 했고, 우식이 못지않은 욕설을 했기에 사이버 언어폭력을 했다. 상호 공격임에도 불구하고, 다섯 명의 여학생들의 협업으로 가원이는 일방적인 피해자, 우식이는 일방적인 가해자가 된 것이다. 가원이 측에서 교육청에 학폭위 개최를 요구하면, 당연히 우식이 측도 피해자 입장에서 신고할 것이다. 이 과정이 잘 풀리지 않으면, 이 일은 교육청 학교폭력심의위원회로 넘어가고 아이들은 그곳에서 한 번은 가해자, 또 한 번은 피해자로 서게 된다. 이 상황에서 보호자들의 자존심이나 분노가 문제가 아니라 아이들의 의견이 중요하다.

"가원이가 너무 화가 나서 이제까지 우식이가 보낸 메시지를 모아서 보여주었겠지. 그런데 내가 듣기로는 승준이와 윤상이도 욕이나 패드립이 만만치 않았다고 하는데, 특히 우식이에게 화가 난 이유가 있니? 어떤 욕이 가장 듣기 싫었니?"

"저는… '애비 없는 년'이라는 말이요. 부모님 이혼하신 거, 엄마랑 살고 있는 거 들키는 것 같아서요. 너무 마음이 그랬어요."

사람마다 부정적인 감정을 촉발하는 방아쇠가 있다. 그 방아쇠를 우식이가 건드린 것이다.

"그래, 가원이가 얼마나 마음이 아팠을까 싶네. 우식이 너무 나빴다. 우식이와는 같이 만나서 사과받고, 서로 이야기를 나누는 과정을 만들려고 하는데, 어때?"

"뭐… 좋아요."

가원이도 우식이도 한부모 가정이다. 승준이도 수지도 그렇다. 형원이, 다은이라는 여학생은 다른 학교 학생들로 게임에서 만난 친구들이라고 한다. 그 아이들을 제외한 일곱 명의 아이들 중 네 명이 한부모 가정의 아이들이다. 서로 같은 상처가 있는 아이들이 서로 끌리는 것일까 싶은 생각도 잠깐 들었다.

세상이 변해서 이혼이 일상화된 것처럼 말들을 하지만 부모들이 겪는 감정의 소용돌이를 아이들도 피해 갈 수 없다. 심지어 아이들은 '상실감', '분노'와 더불어 '나 때문에 우리 부모님이 이혼했어'라는 비합리적인 죄책감에 시달리기도 하고, 언젠가는 다시 합쳐질 것이라는 환상을 갖기도 한다. 부부는 애초에 남남이지만, 아이들은 남남이 아니기 때문에 더욱 그러할 것이다. 우리나라의 이혼율이 높은 만큼 상처 입는 아이들도 그만큼 많다.

정의에 대한 렌즈를 바꾸는 회복적 서클

회복적 생활교육은 본래 사법부의 '회복적 정의'에서 유래했다. 회복적 정의는 전통적인 사법 체계가 범죄자에 대한 '보복'과 '처벌' 일변도의 과정, 피해자를 철저히 소외시키는 상황에 대한 반성에서 시작되었다.

예를 들어, 강간 사건이 발생했을 때, 강간을 저지른 범죄자는 사법부의 검사, 판사에 의해서 형법에 의한 형을 받고 복역한다. 이 과정에서 범죄자에게는 피해자의 상황이나 입장을 공감할 만한 기회나 진정한 반성의 기회는 없다. 복역하고 나와도 '난 내 죄만큼 감옥에 있었으니 더 할 게 없다고. 너무 형량을 많이 받아서 억울하네'라며 적반하장식의 억울함을 갖는다. 이와 마찬가지로 피해자도 철저히 분업적 시스템으로 돌아가는 사법 체계 속에서 자신의 심정과 목소리를 드러낼 기회도 없이, 법원이 내려주는 판결을 따르며 견디고 있어야 한다. 이 과정에서 자신의 치유를 위한 어떤 과정도 없이 '사법부의 차가운 정의'에 의해서 소외된다. 〈모범택시〉나 〈국민사형투표〉, 〈더 글로리〉 등의 드라마들이 사람들에게 인기를 얻었던 것은, 보복적 정의의 형태를 취하는 사법부가 범죄자의 진정한 반성, 피해자의 회복을 놓치고 있는 것에 대한 경종일 것이다.

미국의 범죄학자 하워드 제어^{Howard J. Zehr}가 제시하는 회복적 정의의 질문과 전통적인 형법 질문의 차이를 보면 우리가 정의를 회복하기 위해 무엇에 초점을 두어야 하는지 더욱 명확해진다.

전통적인 형사 사법 질문	회복적 정의에서의 질문
- 어떤 법을 위반했나? - 누가 언제 어디서 어떻게 위반했나? - 가해자는 무슨 처벌을 받아야 하나?	- 누가 상처를 받았나? - 피해자들이 원하는 것은 무엇인가? - 이것은 누구의 책임인가? - 원인은 무엇인가? - 이 상황에서 누가 한몫하고 있나? - 관련자들을 참여시킬 적절한 절차는 무엇인가? 원인을 해결하고 상황을 바로잡기 위한 활동은 무엇인가?

하워드 제어, 《우리 시대의 회복적 정의》(손진 옮김, 대장간, 2019) 참고

하워드 제어의 말처럼 '정의에 대한 렌즈'를 바꾸어야 한다. 회복적 정의와 진정한 화해에 대한 운동을 학교에도 적용하기 시작하면서 '회복적 정의 생활교육'이 시작되었다. 학교도 사회와 마찬가지고 다양한 욕구들을 가진 구성원들이 생활하면서 갈등이 필연적으로 일어날 수밖에 없다. 이런 갈등을 회복하고 관계를 회복하는 것에 초점을 맞춰 학급 및 학교 공동체가 규칙을 함께 만들고 적용하며, 위반 사항에 대해서는 공동체의 합의로 해결하는 등 다양한 학생 자치를 실현

하려고 노력 중이다.

이렇게 거창하지는 않더라도 학교 내에 폭력이 발생하는 것은 서로에 대한 이해와 소통이 부족한 것이기에, 사회 정서적 능력 개발, 관계 및 '공동체성 강화'가 필요하다. 이에 대한 다양한 프로그램이 있지만, 생활 속에서 모든 상황에 적용이 가능한 것은 이 책의 2부에서 좀 더 자세하게 설명하는 비폭력대화[NVC]이다.

우리나라에서 관계 회복 프로그램 운영은 2019년 9월에 '학교폭력 예방 및 대책에 대한 법률' 개정과 함께 제시되었다. 여기서 말하는 관계 회복은 "두 명 이상의 관련 대상자들이 발생 상황에 대하여 이해, 소통, 대화 등을 통해 원래 상태 또는 일상생활로 돌아갈 수 있도록 함께 노력하는 것"이다. 초창기 회복적 생활교육에 관심이 많았던 교사들의 자발적인 실천이 이제는 책무적 생활교육으로 변하고 있다. 더구나 2024년부터는 학교폭력 관련 조사권이나 조치를 내리는 주체가 교육청으로 넘어가면서 학교의 본질인 '생활교육'과 '관계 회복', '정의의 회복적 교육'에 대해서 학교가 더욱 집중하며 진행해야 하는 상황이다.

회복적 생활교육의 일환인 '회복적 서클'이 어떻게 진행되는지 가원이와 우식이의 사례를 통해 보여주려고 한다. 회복적 서클을 하기 전에는 아이들을 개별적으로 만나서 상담을 진행해야 한다. 상담을 통해 아이들의 마음을 듣고 어느 정도로 서클을 진행할지를 결정한다. 피해자의 회복이 더딘 경우에는 서로 만나는 것을 원치 않을 수 있다. 이럴 때는 당연히 피해자의 입장에 맞춘다. 이 회복적 서클은 단순한 상담이 아닌, 친절하지만 단호하게 관찰에 입각한 사실과 진실을 제시하며 서클 진행자로서의 느낌 전달, 아이들의 느낌과 공감, 나의 바람과 아이들의 바람을 파악하고 이해하며, 이것을 통해 부탁의 과정으로까지 가는 과정이다.

'회복적 서클'로 화해한 가원이와 우식이

가원이와 우식이의 회복적 서클은 2회 진행하기로 서로 정했다. 추운 날씨인데 둘 다 슬리퍼를 끌고 왔다. 우식이는 밝은 표정이었지만 가원이는 피곤해 보였고 연신 하품을 했다. 그냥 늦게 자서 그렇다고만 했다. 상담의 규칙을 소개하고 우선 자신의 감정과 바라는 점을 예의 있게 부탁하며 말하는 비폭력대화의 방법을 알려주면서 상담에 들어갔다. 먼저 가원이가 시작했다.

"나는 네가 팀킬을 해서 정말 짜증이 났어. 너는 장난이지만 우리는 시간을 들여서 레벨업 하려고 노력하는 건데, 같은 편이면서 일부러 방해하니 어이가 없고 너무 속상했어. 애들이 다 에너지도 떨어지고 공격받고 황당했어."

"가원이가 뭐라고 하니?"

먼 산 바라보듯 앉아 있는 우식이에게 물었다.

"제가 팀킬을 해서 속상했대요. 옛날에 나도 그런 일을 당했었는데, 너무 화가 났었거든요…. 미안해, 가원아."

말하는 중에 상담 형식이 갑자기 어그러지기는 했지만, 우식이가 가원이의 말을 듣고 정리하면서 공감을 하게 된 순간이고 화해가 이루어지는 좋은 시점이라 머물기로 했다.

"가원아, 우식이가 미안하다고 하네. 어떤 마음이 드니?"

"이번에는 진심인 것 같아요. 그때는 마지못해서 하더니…. 그리고 그때는 내가 아닌 엄마한테 했고요."

"그럼 우식이의 사과를 받아줄 수 있겠니?"

"예. 그리고 파티는 서로 협동하려고 하는 건데, 앞으로는 실력 좋다고 장난치지 말고 함께 도와주었으면 좋겠어요."

한결 누그러진 말투로 변한 가원이에게 우식이도 이어서 말했다.

"너희들이 화가 난 것은 알겠는데, 나에게 씨발이라고 말을 하고, 갑자기 말도 없이 강퇴시켜서 너무 화가 났어. 지금은 이유를 알았지만… 물어도 대답을 안 하고, 기다리고 계속 기다렸는데 초대하지 않아서 너무 힘들었어."

"우식이의 말을 정리해 줄 수 있겠니?"

"음… 강퇴를 시킬 때 이야기하지 않아서 이해가 안 가고 마음이 힘들었대요."

이밖에 마음에 담아두었던 속상한 이야기들을 서로 꺼내 놓았다. 우식이도 가원이도 표정이 점점 부드러워지면서 상대가 말하는 내용에 집중하고 경청하며 공감하는 과정에서 상대가 무엇이 힘든지 서서히 느끼는 것 같았다. 이렇게 이야기를 끝내고 보드게임을 했다. 회복적 서클을 하는 과정이 의무나 죄를 탕감하는 과정이 아니라 친구와 마음 터놓고 이야기하고 게임도 하는 즐거운 과정임을 인식시키고 싶었다. 상담실을 떠나기 전에 다시 한번 우식이가 가원이에게 미안하다고 사과했고, 가원이는 만족스러운 표정을 지었다.

두 번째 서클이 있는 날. 우식이는 빨리 와서 나와 이런저런 이야기를 나누고 있었지만 아무리 기다려도 가원이가 오지 않았다. 담임 교사에게 부탁했다. 선생님이 알아보고 전화했는데, 가원이가 자고 있다는 것이었다. 오후 2시인데 아직도 자고 있다니 걱정스러웠다. 곧 오겠다고 하니 기다리면서 우식이랑 여러 이야기를 했다.

우식이에게 오늘 가원이와 상담 후 다음에는 여학생들과 상담이 이루어질 것이라고 이야기했다. 말끝에 학교 상담실을 자주 오게 해서 미안하다고 말했다. 다행히 우식이는 여기 와서 보드게임도 하고 이야기도 하는 것이 재미있다고 했다. 마음이 편해졌는지 승준이와 있었던 일도 자세히 말하고 속마음을 스스로 말하기 시작했다.

"선생님, 아시죠? 저희 아빠 엄마 이혼한 거요. 사실 아빠가 양육비를 안 보내주는 것 같아요. 아무튼 엄마가 누나랑 저를 버리지 않고 잘 키워주셨는데 제가 공부도 잘못하고, 자꾸 이렇게 사고만 치고… 엄마한테 너무 미안해요."

"우식이가 철이 들어가나 보다. 엄마에게 고마움과 미안함도 생각하다니. 공부에 대해서는 이제부터 시작이니까, 그리고 승준이 게임 머니를 위한 현질은 너도 잘못된 일이라는 것을 알고 있으니 다시는 안 그러겠지?"

"예, 제가 승준이랑 친해지고 싶어서 그랬는데, 그래서는 안 되었어요."

"돈으로 친구를 사귀는 것은 오래가지 못하지. 엄마에게 미안하다는 것은 그만큼 잘못된 행동이라는 걸 알았다는 것이니 다행이다. 이런 마음이 일시적인 것이 아님을 보여주어야 해. 우선, 게임 시간부터 줄이자."

"예. 배그 게임도 이제 거의 안 해요."

헐레벌떡 가원이가 도착하면서 점심도 못 먹고 왔다고 했다. 둘 모두에게 과자와 코코아를 타 주고 일부러 심드렁하게 물었다.

"1시에 일어났나 보구나. 게임하다가?"

"예…."

"하루 일과를 말해 줄 수 있겠니?"

"아침 9시에 담임선생님이 온라인 학습하라고 깨워서 일어나요. 가끔 못 일어나서 늦기도 하구요. 온라인 학습이 끝나면 낮 1시 정도인데, 그때 밥 먹고 있다 보면 너무 졸려서 자요. 일어나면 밤 10시에요. 다시 자려고 해도 잠이 안 오고 게임을 해요. 새벽 4, 5시 정도까지. 그러면 5시나 6시에 잠을 자구, 다시 9시 되면 선생님이 깨우구요."

가원이를 보면서, 온라인 학습이 시작되고 나서 무너진 아이들이 얼마나 많은지 비로소 실감이 되었다. 온라인 학습을 어쨌든 이수하면 학교에서는 아이가 잘 지내고 있다고 생각한다. 하지만 방치되는 아이들은 게임을 하면서 낮과 밤이 바뀐 생활을 한다. 우식이 생활도 알고 싶었다.

"우식이도 그러니?"

"예? 저도 좀 그랬는데요, 요즘 사건 있고 나서는 11시 이후에는 자야 해요."

우식이가 씩 웃더니 말한다. 자신은 가원이만큼 심하지 않다고 으스대는 것 같다.

"가원아, 밤에 게임을 하는 이유가… 밤낮이 바뀌어서 그런 거야?"

"그런 거 같아요. 12시부터 게임에 들어오는 사람들은 확실히 게임을 못 해요. 그래서 레벨업도 많이 할 수 있고, 가끔 외국인들도 들어와서 영어로 뭐라고 하는데, 말만 많지, 실력이 낮아요. 그리고 그 시간에 친구들이 들어와서 같이 파티하면서 서로 이야기도 나누고… 심심하지 않아요. 친구 만나는 거죠."

가원이와 우식이에게 학원 다니지 않냐고 물었더니, 코로나 때문에 학원을 다니지 않게 되었단다. 온라인 학습을 하면서 여기저기 학원 다니는 아이들에 비하면 가원이와 우식이는 어려운 상황에 놓여 있다. 코로나로 인해 본의 아니게 방치가 되는 아이들이 하는 일은 이렇게 게임이나 유튜브 구독, 인터넷 서핑이 많다.

"게임을 하는 이유가 뭐라고 생각하니? 여러 이유가 있잖아. 재미있어서, 스트레스 풀려고, 능력을 보여줄 수 있어서 등등."

나의 질문에 우식이는 레벨이 높아지면서 아이들에게 인정받는 것이 너무 좋다고 했고, 가원이는 점수라기보다는 게임 속에서 함께 무엇인가를 하고 이야기를 나누며 친해지는 것이 좋다고 했다. 아이들마다 다르겠지만, 힘을 얻고 싶어 하는 우식이는 에이스 레벨로 인정받고 있었고, 학교에서 친구들과 노는 것을 좋아하는 가원이는 게임 속에서 채팅하는 것에 몰두해 있었다. 가원이 입장에서는 전학 간 다른 학교 친구들까지 만나는 게임 세상이 좋을 수밖에 없을 것이다. 친구를 만나지 못하는 아이들이 게임을 하면서 친구들과 수다를 떨며 우정을 다지고 있었다.

"학교를 계속 등교하면 게임을 덜 하겠구나, 확실히?"

"예, 그렇지요."

아이들 둘 다 고개를 끄덕였다. 코로나로 인해 아이들의 학력뿐만 아니라 생활 습관까지도 변화되고 있었다.

"얘들아, 좀 걱정이 된다. 게임이 재미있고 그 속에서 많은 것을 할 수 있겠지만, 게임에 너희들의 미래가 있는 것은 아니잖니? 적당히 하는 지혜가 필요할 것 같다… 선생님이 너무 잔소리하지?"

아이들이 씩 웃으며 표정으로 맞는 말이라고 한다.

"저도 그래서 이제는 거의 안 해요. 10시 전에 그만 해요."

씩씩하게 말하는 우식이와 달리 가원이는 말이 없다. 요즘 세상에 게임을 못 하게 하자는 것은 너무나 황당한 이야기일 것이다. 아이들의 놀이터이고 게임을 한다고 공부를 못하거나 문제가 발생하는 것은 아니기 때문이다. 그러나 가원이처럼 낮과 밤이 바뀌고 학업에 지장을 받고 있으며, 게임이 생활의 중심이 되는 상황에서는 반드시 개입이 필요하다. 가원이는 외로움과 우울 때문에 게임에 몰두하고 있기 때문이다.

서클을 마치기 전 가원이는 생활 습관을 다시 다잡겠다고 말했지만, 온라인 학습보다는 등교수업이 많으면 어쩌면 자연스럽게 가원이의 밤샘 게임 행동은 줄어들 것이라는 생각이 들었다.

아이들의 섹드립

"여기 맞나? 선생님, 앗 수석샘이다. 선생님 반가워요."

너스레를 떨 듯 말하는 승준이가 처음에는 당황스러웠다. 반면에 윤상이는 그냥 미소만 짓고 있을 뿐 말이 없었다.

"여기 참 좋네요? 상담실이라 해서 좀 그럴 줄 알았는데. 와! 보드게임도 많다."

"승준아, 조금 차분하게, 진정하자. 여기 너희들 왜 왔는 줄 알지, 윤상아?"

"예, 우식이에게 대강 들었어요. 가원이 사건에 대해서 이야기할 거라구요. 그런데 그 이상은 말하지 않았어요. 가원이 사건 때문이지요?"

"가원이, 그렇지 가원이와도 관련이 있지."

나의 말이 이상하게 들렸는지 조용히 나를 쳐다보았다.

"사실은 선생님이 지금 무척 고민이야. 우식이와 가원이는 패드립으로 일이 커졌지만, 서로 사과하고 일이 잘 마무리되는 중이야. 그런데 어제 여학생들과 말하다 보니, 승준이와 윤상이 너희들이 우식이 못지않게 언어적인 폭력을 했다는 것이 밝혀졌어."

"욕이요? 그런 건 우리뿐만 아니라 아이들 사이에서도 채팅방에서는 자주 해요."

"어떤 욕인데?"

"패드립 뭐 그런 거요?"

"그것도 큰 언어폭력이지만… 너희들은 성적인 모욕감을 주는 말을 했다고 들었다."

둘 다 당황스러운 표정을 지었다.

"이미 증거도 있다고 하더구나. 이것은 우식이가 한 것보다 더 중대한 잘못이야. 언어 성폭력이라고 할 수 있어. 선생님이 어찌해야 할지 고민이다. 사실 섹드립은 사이버 언어폭력도 되지만, 성 사안으로 판단이 되면 경찰에 바로 신고해야 해."

아이들은 자신이 학폭의 중심에 설 수 있고, 경찰에 신고까지 될 수도 있는 것을 깨닫고 안절부절했다.

"선생님, 저희가 잘못했어요."

"나에게 용서를 구할 게 아니지. 너희들이 함부로 말한 그 친구들에게 진심으로 사과해야겠지. 도대체 어떤 말을 한 거니?"

아이들은 '가슴이 크다', '너 사이즈가 얼마야?', '걔는 그런 거 해 본 아이일 것 같다' 등 믿기 힘든 여러 말들을 했다. 이런 섹드립의 선생은 인터넷이었다. 이미 아이들의 놀이터가 된 인터넷은 어른들이 칠 울타리가 없다. 세이프 가드 등 유해 사이트 차단을 위한 울타리를 쳐 놓아도 아이들은 용케 빠져나간다. 기술로서 아이들을 지키기에는 사 실 역부족이다.

온라인 학습으로 갑자기 증가한 아이들의 인터넷 사용량은 여러 부 작용을 낳고 있다. 인터넷에서 아이들이 접하는 컨텐츠나 프로그램은 어른의 상상 이상으로 다양하고 자주 바뀐다. 심지어 메타버스라는 가상 공간에서 아이들은 활동 중이다.

대부분의 부모들은 아이들이 온라인 세계에서 무엇을 접하고 무엇 을 하며 어떤 가치관을 형성하고 있는지 맞닥뜨려 보는 것을 주저하 는 듯하다. 두려운 심정으로 그냥 지켜만 보고 있는 것인지도 모른다. 문제는 메타버스의 세계에서도 규범과 최소한의 인간적인 도리나 예 의가 있어야 하는데, 그것을 뛰어넘는 일이 종종 발생한다는 점이다. 익명성으로 인한 도덕적 해이는 어제오늘의 일이 아님에도 불구하고 교육을 담당하는 교사로서 무엇을 어떻게 접근해야 하는지 아득한 상 황이다.

무엇보다 초등 저학년부터 이른바 '야한 동영상'을 접한다는 소문 이 심심치 않게 들려온다. 승준이와 윤상이도 3학년 때부터 포르노를 처음 보았고 지금도 가끔 본다고 했다. 아이들에게 그런 것은 보면 안 된다고 말하면 '또 잔소리 시작이군' 하며 마음을 닫을 것이다. 하지 만 잔소리의 핵심인 옳은 말을 하지 않을 수 없었다.

"사람은 누구나 성에 관심이 있고, 또 그런 관심이 있다는 것은 건강하다는 증거야. 너희들이 6학년을 앞두고 있으니 충분히 관심이 갈 거야. 그런 관심이 나쁜 것은 결코 아니지."

아이들은 비난받지 않는 것에 다소 안심이 된다는 듯이 고개를 끄덕였다.

"하지만 친구는 나와 같은 사람이고 당연히 존중해야 해. 그 동영상에 나오는 장면은 서로 존중하는 관계도 아니고 그저 욕망을 채우는 상황이야. 실제 남녀 간의 정상적인 관계에서는 하지 않는 장면들이 많아. 그런 것을 자주 보게 되면 그것이 진실이라고 생각하고 너희들은 이상한 성 관념을 갖거나 성적 행동을 할 수 있어. 너희들이 말하는 '변태' 말이야."

변태라는 말에 아이들은 이가 드러나게 웃었다. 이런 별거 아닌 말에도 귀엽게 웃는 아이들이 성인 포르노를 보면서 어떤 생각을 했을까 가슴이 답답해져 왔다.

"그리고 이미 너희들은 그 영상을 보며 주변 여자아이들에게 상처 주는 말을 했지? 이미 영향을 받았다는 거야. 너희들이 여학생들한테 그런 말을 들으면 어떻겠니? 엉덩이가 어떻다, 거시기가 어떻다…"

여자들의 가슴을 운운하듯 남성들의 신체 부위를 구체적으로 말하고 싶은 것을 꾹 참았다. 이 정도만 말해도 알아듣지 않을까 싶었다.

"불쾌하고 화가 나겠지요."

"좋아, 그런 말을 들은 가원이나 다른 친구들이 우식이에게 한 것처럼 학교폭력으로 신고하지 않았으니 선생님이 일을 크게 하고 싶지는 않아. 단, 너희들이 이후로 그런 섹드립이나 패드립을 하지 않겠다는 다짐이 우선이야. 학폭을 열어야 하는데, 선생님이 학교 선생님들이 랑 좀 더 의논해 봐야 할 것 같아. 가원이에게 물어서 사과받고 싶다고 하면 또 자리를 마련해야 할 것이고."

아이들은 자신이 아무렇지 않게 사용했던 말들을 교사가 심각하게 말하는 것에 대해 당황하는 듯했다. 그만큼 사이버 세계에서 아이들은 무례함을 넘어 범죄가 되는 말들을 아무렇지도 않게 하는 상황이다.

사람을 그리워하는 사이버 공간 속 아이들

사이버 공간에서 일어난 사건을 조사하는 과정에서 알게 된 것은 아이들이 단순히 재미만을 위해서 그 공간에 머무는 것이 아니라는 사실이다. 시간을 딱히 보낼 곳이 없어서, 심심해서, 할 일이 없어서도 있지만, 게임을 잘함으로써 학교에서 경험할 수 없는 인정과 추종, 거기서 오는 우월감이나 성취감을 만끽한다. 사회적 상호작용이 제한적이다 보니 사이버 공간에서 게임하며 이야기하는 것 자체도 즐겁거니와 함께 어울려서 레벨업을 하고 아이템을 얻는 과정도 짜릿하기 이를 데 없을 것이다. 하지만 현실의 생활이 극도로 게을러지고 자신을 돌보지 않으며, 학업을 등한시하고 언어 및 성적 폭력을 가하기도 하는 등, 다양한 부정적인 결과들이 우려스러운 것은 어쩔 수 없다.

아이들을 만나 중재를 하면서, 일종의 '현실요법Reality Theory'으로 현재 목표 행동을 잡고 함께 전략을 세우는 것에 초점을 둔다. 그럼으로써 아이들이 원하는 자신의 모습이나 상황을 인식하고, 이것을 위해 효과적인 방법을 스스로 선택하고 계획, 실천하면서 자신의 행동과 생활에 대한 책임감을 기를 수 있다.

- 현실요법의 〈WDEP 모형〉

    Want(욕구 탐색) : "원하는 것이 무엇이니?"

    Doing & Direction(현재 행동 탐색) : "그것을 위해 너는 무엇을 하고 있니?"

    Evaluation(자기 행동 평가): "너의 행동이 네가 원하는 것을 얻는 데 도움이 되니?"

    Planning(책임 있는 행동 계획): "네가 원하는 것을 이루기 위해 오늘 할 수 있는 한 가지 행동이 있다면 무엇일까?"

상담과 중재를 하는 과정에서 단순히 교육적 입장에서 훈계하고 가르치는 것도 중요하지만 아이들의 숨겨진 욕구를 일깨워주는 것도 매우 중요하다. 여학생인 가원이에게는 게임을 하면서 '타인과 상호작용과 소통'의 욕구를 채우는 것이 중요했다. 온전하지 못한 대면 관계에 대한 불만과 결핍으로 인해, 가원이처럼 게임에 빠지거나 새로운 메타버스 공간에 푹 빠져 있는 사례는 많다. 단순히 인터넷 중독이나 게임중독, 채팅중독, 음란물 중독으로 규정하고 상담을 진행할 수도 있지만, 내가 상담하면서 느낀 것은 아이들은 사람을 그리워하고 있다는 사실이다.

형태는 좀 다르지만 내가 대학교 때는 천리안, 하이텔, 나우누리, 유니텔 등 PC통신이 유행해 낯선 사람들과 이런저런 인생 이야기를 즐겁고 재미있게 나누곤 했다. 물론 정말 이상한 사람을 만나 글로 성희롱을 당하기도 했지만, 대부분은 서로 존중하면서 대화했던 것으로 기억한다. 영상도 사진도 없이 문자로만 대화를 나누다 보니 더 많은 상상과 환상을 품기도 했다. 고민을 이야기하면서 위로나 조언을 받았던 따뜻한 기억은 어쩌면 가원이와 크게 다르지 않다는 것을 상담하면서 느꼈다. 시대는 다르지만, 인터넷 공간에서 아이들은 현실에서 충족되지 못하는 사람과의 상호작용을 위해 노력하고 있는지도 모른다.

2021년 10년 넘게 운영해 왔던 '마음별두드림 도덕인성연구회'에서 내가 근무하는 시의 초등생들을 대상으로 '디지털 사용 실태'를 조사해 보았다. 초등 4~6학년 815명을 대상으로 조사하면서, 일부러 학교급을 경제적 수준에 따라 세 개 층으로 나누어서 표집하여 설문조사를 했다. 2021년 여름, 아이들의 디지털 기기 사용 용도는 예상대로 유튜브 시청(67.4%)이 가장 높았다. 이외에 게임 53.6%, 정보검색 35.8%, SNS(카톡, 페북, 인스타그램, 트윗 등) 27.4%, 웹툰 20.1%, 가상현실체험 11.9%, 컨텐츠 제작 8.5%로 조사되었다. 특히 메타버스라는 가상현실활동이 11.9%로 온라인 속에서의 새로운 세상에 대한 탐험이 적극적으로 이루어지고 있음을 알 수 있다.

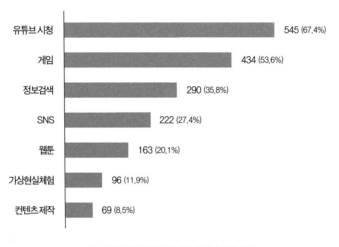

유튜브 시청	545 (67.4%)
게임	434 (53.6%)
정보검색	290 (35.8%)
SNS	222 (27.4%)
웹툰	163 (20.1%)
가상현실체험	96 (11.9%)
컨텐츠 제작	69 (8.5%)

| 표9 | 고양시 초등학생들의 디지털 기기 사용 용도

여러 질문이 있었지만, 초등생들이 주로 사용하는 채팅이나 게시판 앱을 조사한 결과 우리가 익히 아는 카톡, 틱톡, 인스타그램, 페이스북, 트윗 이외에 디스코드, 텔레그램, 와츠앱, 밴드, 위버스, 브이로그 등도 꽤 응답했다. 지금은 더 많은 앱이 있고 하루게 다르게 발전하고 있는 상황이라 페북, 트윗도 옛날 것이 되고 있다.

걱정스럽게 질문했던 랜덤 채팅의 경우, 응답자 806명 중에서 '모르는 사람과 랜덤 채팅을 해 본 적이 있는가라는 질문'에 '그렇다'가 18.6%(150명), '아니다'가 81.4%(656명)으로 조사되었다. 랜덤 채팅 경험이 19%나 있다는 것은 그만큼 학생들이 낯선 사람과의 채팅 경험이 많다는 것으로 교육과 관심이 요구되는 상황임을 조사를 통해 알 수 있었다.

아울러 초등생들의 사이버 성추행 위험의 신호라고 할 수 있는 '채팅을 하면서 모르는 사람이 나에게 나의 사진을 요구한 일이 있는가' 라는 질문에 응답자 802명 중 97.6%인 783명은 아니라고 응답했지만, 2.4%인 19명이 이런 요구를 받은 경험을 보고했다. 적은 수이지만, 조사 대상자 중 19명이 낯선 사람으로부터의 사진 발송을 요구받았다는 점에서 관심과 교육이 필요하다고 할 수 있다.

'낯선 채팅 상대로부터 음란한 사진(선정적인 사진)을 받은 적이 있는가'라는 질문에 응답자 805명 중에서, 792명인 98.4%는 '아니다'라고 답했지만, 1.6%인 13명이 그런 사진을 받은 적이 있다는 것으로 조사가 되었다. 100명 중 1~2명이 이런 성적인 사진을 받고 있다는 점은 아이들의 랜덤 채팅의 위험성을 알 수 있는 조사 자료이다.

내가 근무하는 특례시는 다양한 집단의 아이들이 모여 있다. 일거수일투족 부모님의 지도 아래 학원을 뺑뺑이 도는 아이들도 있고, 우리가 생각하는 여느 초등학생들 같은 아이들도 있지만, 생활이 넉넉지 못한 아이들도 많고, 신도시 개발로 밀려온 아이들, 다문화 아이들, 북한 이탈주민 아이들 등 다양한 상황에 있는 아이들이 모여 있다. 공통적인 것은 사이버 세상에서 아이들은 다양한 경험을 하고 있고 어른들의 통제 밖에 있으며, 그 안에서 다양한 상처를 받고 자신도 모르게 범죄를 저지르거나 범죄의 대상이 되기도 한다는 사실이다.

인간은 누구나 긍정적인 성장의 욕구와 회복 탄력성을 갖고 있다. 나의 역할은 아이들을 열심히 가르치고 상담하면서 그러한 욕구와 가능성을 최대한 펼치도록 돕는 것이다. 가끔 그 과정에서 누군가는 날개를 다치거나 날개가 젖어 마를 때까지 기다려야 하는 상황도 있을 것이다. 그 세계를 어른들이 속속들이 알 수는 없겠지만, 아이들의 마음과 날개를 튼튼히 만들고 무장하도록 돕는 것이 어른의 책무가 아닐까. 그 날개는 말의 씨실과 날실로 짜인다.

2부

**갈등의 실타래,
비폭력대화로
풀다**

진심을 전하는 대화

인간은 기본적으로 소통을 원하는 존재이다. 현 인류는 '호모 사피엔스'의 후손들로, 이스라엘의 역사가인 유발 하라리에 따르면, 현 인류는 호모 솔로엔시스, 호모 데니소바, 네안데르탈인 등 다른 종족들을 모두 죽이고 배신을 통해 살아남은 잔인한 종족이라고 한다. 인류의 역사를 보더라도 피부색, 언어, 종교 등의 차이로 홀로코스트는 자행되어 왔다. 하라리는 우리 인류가 오늘날까지 살아남은 것은 호모 사피엔스 자체의 상상력을 포함한 인지혁명과 잔인함 때문이라고까지 말한다. 관용은 사피엔스의 특징이 아니다. 그래서일까? 인류는 지금도 전쟁과 테러를 하고 혐오과 폭력, 복수의 사이클을 돌며, 편을 가르고 뒷담화로 서로 뭉치고, 갈등을 부추긴다.

대화가 필요한 인류

사람의 학습은 타인이 하는 행동과 상황을 관찰하고 모방함으로써 이루어진다. 이러한 사회학습이론^{social learning theory}을 주창한 앨버트 반두라^{Albert Bandura}의 1961년 보보인형 실험은 유명하다. 이 실험을 EBS에서 재연했는데, 인형을 공격하는 모습, 인형을 보살피는 모습, 인형을 외면하는 모습을 보여주고 이후 아이들의 행동을 관찰한다. 공격 행동을 배운 아이들은 동일하게 인형을 공격하고, 친절한 행동을 본 아이들은 동일하게 인형을 안아 준다. 그리고 무관심한 것을 본 아이들은 인형에게 무관심하다. '인간은 보는 대로 인지하고 배운다'는, 오늘날 너무나 당연하게 생각하는 관찰학습의 중요성을 아울러 알려주는 실험이다.

하지만 반두라의 이론에서 인상적으로 느낀 것은, 학습을 일으키는 모델의 특징이다. 우선 가장 영향을 많이 받는 모델은 실제모델 〉 영상모델 〉 만화모델 〉 모델 없음 〉 비공격적 모델 순이다. 그리고 나와 유사한 모델, 높은 능력과 사회적 지위를 갖고 있는 모델, 현실 가능성이 있는 모델의 행동을 더 잘 따라 한다는 연구 결과이다. 여기서 아이들이 가장 관심 없어 하는 모델은 '비공격적인 모델'이다.

아이들은 때리고 부수고 싸우는 행동을 따라 하는 확률이 2배 이상인 반면, 상냥하고 비폭력적인 행동을 따라 하는 확률은 공격적인 자극을 주는 모델보다 그리 높지 않다. 어쩌면 우리 인간은 비폭력보다는 폭력에 민감하다는 점에서 '호모 사피엔스'라는 DNA를 가지고 있는지 모르겠다.

천성적으로 "관용은 사피엔스의 특징이 아니다"는 유발 하라리의 말, "비폭력적인 모델에는 가장 관심이 없다"는 반두라의 연구 결과는 결국 우리 인류의 어두운 그림자를 각자의 영역에서 표현하고 있는 것이다. 이런 이유로 우리는 무관용과 잔인성을 누르고 발달된 대뇌피질의 힘으로 대화하는 방법을 가르쳐야 한다는 것을 새삼 인식하게 된다.

하지만 호모 사피엔스의 특징인 상상과 뒷담화의 힘을 비틀어서 생각하면, 이야기를 만들어 내고 그것을 주변 사람들에게 전달하는 힘이 있음을 의미하기도 한다. 이 과정에서 다양한 소통이 오가며, 말을 통해 자신의 감정과 생각을 전하는 존재가 결국 오늘날 우리 인류이다. 하지만, 이마저도 위기의 상황에 봉착한 상황이다. 스토리 중독 사회가 되어 자기애적인 스토리를 생산하고 일방적으로 게시하는 것에 빠져들면서 서로 간의 진정한 소통 대신 소비적이고 일차원적인 접촉이 이루어지는 상황이다.

디지털된 후기 근대에 우리는 끊임없이 게시하고, '좋아요'를 누르고 공유하면서 벌거벗은, 공허해진 삶의 의미를 모르는 척한다. 소통 소음과 정보 소음은 삶의 불안한 공허를 드러내지 못하게 만든다. 오늘날의 위기는 '사느냐, 이야기하느냐'가 아닌 '사느냐, 게시하느냐'가 된 데 있다. 셀카 중독마저도 나르시시즘 때문이 아니다. 내면의 공허가 셀카 중독으로 이어진 것이다.

··· 내면의 공허에 직면한 '나'는 스스로를 영구히 생산해 낸다. 셀카는 텅 빈 자기 복제이다.

■ 한병철, 《서사의 위기》(최지수 옮김, 다산초당, 2023), 64~65쪽

    호모 사피엔스의 특징답게 상상력을 통해 완결과 통일성, 맥락과 이해의 특징을 담아 서로의 상상력이 이어져 삶의 의미를 깊이 있게 논하는 아름다운 에로스적인 대화와 달리, 부분적이고 불완전하며 파편적이고 투명하기 그지없는 적나라한 포르노처럼 정보를 찍어내고 게시하는 상상과 소통의 단절의 시대가 왔다.

    아주 쉬운 예로, 사람들이 친구들이랑 걷다가 아름다운 꽃을 발견했을 때, "와, 이것 봐 정말 아름답다. 이 하얀 꽃, 우리 할머니 옛날 하얀 모시 적삼 저고리가 생각나. 화려하지 않지만, 참 소박하고 고상하다. 그렇지?"라는 대화는 이미 실종되었다. 대신 "와!"와 더불어 옆에 친구의 존재는 잊어버린 듯 사진을 찍느라 바쁘다. 나중에 기억도 안 날, 지워버릴 가능성이 높은 사진 찍기를 하느라 꽃을 보면서 느끼는 감흥을 나누는 것은 잊어버린다. 스마트폰이라는 화면에 시선은 갇혀버렸고, 한병철의 말처럼 '타자의 추방을 가속화하는 스마트폰'에 묶여 있다.

    역설적이게도 현대의 우리를 고립시키는 것은 늘어나는 디지털 연결성이다. 네트워킹되어 있다는 것은 연결되어 있다는 뜻이 아니다. 네트워킹이 연결이고 소통이라고 착각해서는 안 된다. 우리의 과도한 디

지털 소통 즉, 게시하기, 공유하기, 링크 걸기는 오히려 우리의 '탈공동체성'을 부추기고 있다. 이는 결국 '관계의 단절'과도 연결이 된다.

고립·은둔 청년: 잊혀진 존재

사람과 관계를 맺지 않거나 집 밖으로 나오지 않는 고립·은둔 청년이 전국 54만 명, 청년 인구의 5%에 달한다는 조사 결과가 나왔다. … 보건복지부는 7~8월 전국 단위 고립·은둔 청년만을 타깃으로 한 실태조사를 진행해 13일 결과를 발표했다. 전국 19~39세 청년을 대상으로 온라인 심층 조사를 시도해 2만 1360명이 응답했다. 실태조사에 따르면, 청년들의 61.1%는 사회로부터 단절된 지 1년이 넘었다. 고립된 지 10년이 넘었다는 응답자도 6.1%였다… 고립·은둔 청년 문제는 특정 계층·성별 이슈라기보다는 사회 전반에 걸친 문제라는 게 이번 조사에서 드러났다. 대학을 졸업한 뒤 사회생활을 시작할 20대 후반~30대 초반에 고립된 이들이 약 70%로 가장 많았다. …

고립·은둔 청년 4명 중 3명(75.4%)이 자살 생각을 한 적 있다는 사실도 이번 실태조사를 통해 드러났다. 고립·은둔 기간이 길어질수록 자살에 대한 생각도 커졌다. 고립 기간이 3개월 미만인 경우 자살 생각률이 64.3%였지만, 고립 기간이 10년이 넘은 청년들은 89.5%가 자살을 생각하고 있었다. 실제 자살 시도까지 이어진 경우도 4명 중 1명(26.7%)꼴이었다 … 이번 실태조사를 맡은 책임연구원 김성아 보건사회연구원 부연구위원은 "주관식 응답에 '제발 살려 달라'고 적은 청년들도 있었다"며…

▪ "하루종일 한 말은 '담배 주세요' 뿐…이런 청년 54만명", 〈중앙일보〉(2023. 12. 16)

마음이 먹먹해지고 안타까운 기사이다. 우리나라는 청소년 자살률이 아닌, 고령자 자살률이 세계 1위이며, 이제는 사회의 동력이며 활력인 청년들의 자살률도 못지않게 높다. 여기서의 자살은 물리적인 자살뿐만 아니라 사회적인 관계를 끊고 철수하는 '심리적인 자살'도 아울러 생각해야 할 것이다.

이런 사회적 관계의 단절은, 서로 교류할 필요를 느끼지 못하도록 하는 고도화된 디지털 네트워킹 때문일 수 있고, 세계 및 우리나라 청년 실업 문제와도 연결해서 생각할 수도 있지만, 기본적으로 가정에서의 대화 단절이 시작이지 않을까 생각된다. 정보를 제공하거나 설득을 위한 대화가 아닌, 서로의 마음과 욕구를 이해하려는 경청과 타협을 찾으려는 진정한 대화가 끊어진 가정에서 아이들과 청년의 고립은 발생한다. 결국 관계의 단절을 연결로 바꾸기 위해서는 단절의 시작이 된 가정, 그런 가정을 대화하는 장소로 만들도록 권유하는 학교, 그런 학교를 지지하고 지원하는 사회 등 모두의 힘이 필요하다.

마스크의 숨겨진 의미

감기, 독감, 코로나, 폐렴… 2023년 연말, 코로나 못지않게 아이들이 이 네 가지 중 하나에 걸려 학교를 못 나오는 날이 많았다. 그럼에도 강제적으로 마스크를 써야만 했던 그 시절로 돌아가고 싶지 않은지 크게 개의치 않는 사회적 분위기이다. 어쩌면 3년의 코로나 시기,

마스크를 쓰며 겪었던 그 불편함을 다시 겪고 싶지 않기 때문일 것이다. 다만 기침이 심한 경우 스스로 마스크를 써서 주변 사람들에게 폐를 끼치지 않으려는 아이도 있고, 학급에 호흡기 질병이 만연하여 전염될까 두려워 마스크를 쓰는 경우는 있다.

코로나 전에도 미세먼지가 극성을 부려 봄만 되면 마스크를 쓰기 바빴다. 코로나 초기에는 마스크 공급의 부족으로 우리는 극심한 불안에 빠지기도 하면서 코로나로부터 살아남기 위해 마스크를 쓰며 버텨왔다. 코로나 시절 마스크는 우리에게는 '생존'의 의미였다.

그러나 팬데믹 종결이 선언된 이후, 자율적인 마스크 착용을 넘어 이제는 마스크를 쓰지 않아도 이상하지 않은 세상이 되었는데도, 그 답답한 마스크를 여전히 쓰고 다니는 사람들이 있다. '저렇게 마스크를 쓰고 달린다고? 이 더운 여름에?'라고 생각하며 진기하게 바라볼 수밖에 없는 사람들이 있다. 급식을 먹는 순간에도 마스크를 벗지 않고 마스크 사이로 음식을 넣어서 먹는 기괴한 행동을 하는 아이들도 있다.

아침맞이를 하면서 아이들과 인사를 나누며 얼굴을 살핀다. "이제 마스크를 벗을 때도 된 것 같은데… 언제 벗을 거야?" "반 아이들이 모두 벗으면요." "반 이상은 벗고 다니는 것 같은데? 이렇게 더워서 땀을 뻘뻘 흘리면서…마스크를 벗지 못하는 이유가 있니?" "그냥 어색해요." 자율이고 선택이니 뭐라고 강요하지는 않지만, 자신의 얼굴을 보여주기를 꺼리는 아이들이 여전히 꽤 보인다. 또 마스크 없이 다니다가도 친구들과 몰려다니는 것을 그러지 못하도록 교육했더니, 내 앞에서는 표정을 감추려는 듯, 마스크를 다시 쓰고 교문을 통과하는 아이들도 있다.

생각해 보면, 코로나 전에도 마스크를, 그것도 검은 옷에 검은 마스크를 쓰는 사춘기 극치의 녀석들이 교실에 한두 명씩 있기는 했다. 그 아이들의 행동이 불편했던 이유는, 표정을 가리는 그 행위가 '당신과는 소통하고 싶지 않아요'라는 관계의 거부를 온몸으로 전하는 것임을 본능적으로 느꼈기 때문일 것이다. 일본의 시인 사이하테 타히가 〈마스크의 시〉에서 쓴 것처럼, 그 아이들은 자신을 가리고 자신을 세상에서 조금이나마 없애고 싶은 것이다.

분명 있는데, 없다는 느낌이 드는. 입을 가리고, 코를 가리고, 세상에서 내가 보이지 않을 만큼만 간단한 자살을 하자.

사람들이 나에게 집중하지 않기를, 나를 없는 사람처럼 여기며 신경 쓰지 않기를, 이 공간에서 눈에 띄지 않기를 바라는 심정에서 마스크를 쓴다. 어쩌면 마스크는 '사회적 자살', '관계의 거부'를 상징한다. '이봐요, 나와 당신 사이의 선을 넘지 마시죠'라는 일종의 경고, 그것이 마스크일 수 있다.

아이들에게 마스크를 벗지 않는 이유를 물으니, "마기꾼이라는 말 들을까 봐요." "마스크가 옷 같아서, 벗으면 오히려 어색해요"라는 말을 조용하게 소근거린다. 마음속에 '상상 속 청중'이 있는 청소년기 아이들은, 사회적 상호작용의 두려움을 마스크로 표현하는 것일 수도 있다. 진정한 상호작용을 하려면 나의 모습을 있는 그대로 노출하고 때로는 나의 단점을 보이는 것도 인간다운 것일 텐데, 이마저도 두려워서 코와 입을 답답하게 가리고 숨고 있다.

코로나19 전에, 초등 고학년부터 여학생 사이에서 화장이 유행했다. 가부키 배우처럼 얼굴에 어설픈 분칠을 한 아이들을 보며 웃지도 못하고 어이가 없이 쳐다보기 일쑤였다. 화장한 얼굴을 교문 앞에서 조금 나무라며 얼굴을 좀 만졌다고 인권 침해라면서 학생과 그 학부모가 고소했다는 괴담이 돌기도 했다. 갑자기 휩쓸기 시작한 학생들의 화장을 그냥 아이들의 개성 존중이라는 억지 합리화로 답답하게 바라보는 시기도 있었다(물론 그다음 해에는 학칙에 반영하기도 했지만, 학칙은 어기라고 있는 것인지 아이들은 요지부동이었다). 그런 학생들을 불러서 상담하며, 슬쩍 "재능도 많고 똑똑한 너가 이렇게까지 화장하는 이유가 뭘까? 그냥 맨얼굴이 훨씬 자연스럽고 예쁜데" 하고 물으니, 자신은 얼굴이 크고 개성이 없어서 그렇다며 새벽에 집에서 나와 공원에서 친구들과 화장하고 학교에 온다는 것을 겸연쩍게 말한다. 어쩌면 아이들의 화장이 자신의 낮은 자존감을 가리려는 몸부림이라는 생각도 들었다.

화장도 마스크도 자신이 못생겼다는 생각에, 따라서 자신을 가리고 싶은 마음의 표현이라는 점에서 비슷하며, 자신에 대한 당당함, 자신감이 높지 않다는 것을 드러낸다는 점에서도 비슷하다.

호흡기 질환에 대한 염려 때문이 아니라 자신을 드러내지 않기 위해서 마스크를 쓰고 등교하는 아이들을 교문 앞에서 맞이할 때면 한 번 더 보게 된다. 무엇이 저 아이를 저렇게 자신 없게 만들었을까? 물론 나도 '나에게 말 걸지 마세요' '나는 지금 말하고 싶지 않아요'를 그렇게 한 장의 마스크로 대변하며 코와 입을 가리고 소통을 버거워한 적이 있기에 아직 마스크를 벗지 않거나 못하는 아이들을 이해하려고 노력한다. 그러다 보니, 교문 앞에서 아침맞이를 할 때 마스크를 벗고 오는 학생들이 보이면, 최선을 다해서 격려하려고 노력한다. "아니, 얼굴이 이렇게 예뻤는데 그동안 마스크에 가려졌었네"라거나 "마스크 벗으니 속 시원하지?" 하며 이야기를 나누면 아이들 얼굴에 수줍은 미소가 지어진다.

마스크를 벗는다는 것은 어쩌면 코로나 시기를 겪으며 '사람은 언제 어디서든 바이러스를 퍼뜨리는 존재'로 경계 대상이고, 가끔은 살아 있는 것을 죄스럽게 느끼도록 했던 사회적 분위기를 깨는 것이지 않을까? 내 생존을 위협할 수도 있다는 이유로 코로나 환자들의 동선을 낱낱이 공개하며 비난했던, 불신의 늪에서 여전히 헤어 나오지 못하는 우리를 서로 구출하기 위한 시작일 수도 있다. 우리 주변을 떠도는 심리적인 마스크를 벗고 소통을 위해 다가가야 할 때이다.

두껍습니다

이 밤은 유독

…

우리는 일상을 회복하고 싶다고 말합니다

우리가 그리워하는 일상은

폭력 없이 평화로웠나요?

차별 없이 따뜻했나요?

…

우리 손으로 미래를 목 조르고 있지는 않나요?

…

• 김선우, 〈마스크에 쓴 시 4〉에서

아슬아슬한 교육

교육의 발달 과정을 보면, 교육의 시작도 그 끝도 결국 상호작용이
다. 그리고 이 상호작용은 끊임없는 대화로 이루어진다. 교사로서 나
는 영화 〈죽은 시인의 사회〉에 나오는 키팅 선생님이 가장 부럽다. 인
문학의 정수라고 할 수 있는 문학, 특히 시의 아름다움을 가르치는 장
면은 볼 때마다 감동적이다. 과거의 가문을 위해, 미래의 출세를 위해
현재를 희생하며 꾸역꾸역 하기 싫은 공부를 참아가며 하는 아이들에
게 '카르페 디엠Carpe diem'을 가르치는, 근엄한 사람들이 보기에는 매
우 위험한 교사였지만, 그의 말은 아이들의 마음에 파문을 그린다. 아

이들과 끝없이 상호작용하는 그의 행동들은 인기 영합이 아니다. 그는 선생으로서 아이들의 내면에 닿아 아이들이 자기 자신과 하고 싶은 영역을 찾고, 용기 있게 매진하도록 하는 진정한 멘토였다. 가령 시를 가르치는 장면에서 한 학생이 자신이 지은 시를 발표하며 교사를 도발한다.

"고양이가… 매트 위에… 앉았네(아이들 웃음)"

하지만 교사 키팅의 대답은 유머러스하면서도 진지하다.

"축하한다, 홉킨스! 프릿차드식 채점 방식에 첫 마이너스 점수 획득자가 되었어. 우리는 자넬 비웃은 게 아니라 자네와 함께 비웃은 거야. 주제가 간단하더라도 난 문제될 거 없다고 본다. 때론, 가장 아름다운 시란 주제가 단순한 데서 나온단다. 고양이나 꽃, 아니면 비… 시는 계시를 지니고, 어디서든 우러나오지. 다만, 평범하게 쓰지는 말거라."

화를 내는 대신 유머로 학생을 부드럽게 나무라고 도발적인 행동에 대해서 비난하거나 꾸중하는 대신, 간단한 시도 가치가 있을 수 있음을 알리며 시를 어려워하거나 얕보려는 아이의 행동을 스스로 부끄러워하도록 이끄는 말이다.

수업 중에 가끔 교사인 나를 떠보려는 듯 말하는 아이들이 있다. 교사의 실력을 보려는 못된 아이들도 있고, 교사를 눌러서 자신을 돋보이려는 아이들도 있다. 그래도 이것은 수업 내용에 대해서 몰두하고 있는 것이니 애교로 봐줄 수 있다. 하지만 수업 자체를 와해시키려는 목적으로 교사의 화를 돋우어 화를 내는 그 모습을 보며 '그래, 당신도 그렇고 그런 어른일 뿐이야. 바보 같은 어른'이라며 비웃음의 대상으로 삼기 위해 교사를 괴롭히는 아이들을 만날 때면 마음속에 '참을 인'을 몇 개씩 새겨야 한다. 이럴 때, 아이의 의도를 알아차리고 그 의도에 휩쓸리지 않고, 수업의 주제에 전념하도록 이끄는 '키팅' 선생님의 말은 아이의 마음을 움직인다. 이렇게 말할 수 있는 힘은 교사 자신의 시에 대한 사랑, 아이들에 대한 믿음에서 나온다. 이런 가치관으로부터 넘쳐흐르는 여유와 아이들의 마음에 닿는 마법도 생겨날 것이다.

키팅 선생님처럼 아름답고 고상한 수업을 하고 싶건만, 요즘은 나의 가치관을 스스로 검열해야 할 만큼 가치관의 혼동이 올 때가 많다. 특히, 성이나 이성교제 등 민감한 사안을 이야기할 때 많이 주저하게 된다.

4학년 두 개 반 여학생을 모아 놓고 1시간씩 이틀에 걸쳐 성교육과 따돌림 예방 교육을 한 적이 있다. 아침맞이를 하던 어느 날, 4학년 여학생 15명 남짓한 아이들이 한꺼번에 우르르 들어왔다. 처음에는 네 다섯 명이더니 점점 늘어났고, 그 무리에서 떨구어지지 않으려는 듯 헐레벌떡 무리에 섞여 교문을 통과하는 모습이 안쓰럽게 느껴졌다. 두 학급 여학생들이 이렇게 떼로 몰려다니는 것이 영 못마땅한 것은, 분명 따돌림 사건이 일어날 것이고, 그 따돌림은 왕따 놀이처럼 진행되면서 서로의 마음에 상처를 줄 것이 확실하기 때문이었다.

4학년 부장님과 대화를 나누어 보니, 안 그래도 이 일로 걱정 중이고, 실제 이렇게 몰려다니며 바깥 도로에서 술래잡기하다가 사고가 날 뻔한 일이 있었다는 것도 알게 되었다. 4학년 선생님들의 허락을 얻어 여학생들을 모아서 성교육 및 친구 관계를 주제로 교육했다.

첫날은 생리의 시작이 의미하는 것을 이야기해 주면서, 생리대를 하나씩 주고 사용하는 법, 처리하는 방법을 가르쳤다. 아이들은 촉감이 이상하다며 조금 부끄러워했지만, 그럴 필요가 없다는 것을 알리며 "휴지를 사용하면서 부끄럽다고 느껴요? 생리대도 그런 건데요" 하니 아이들이 씩 웃는다. 오히려 바르게 처리하지 못하는 것이 부끄러운 행동이라고 말했다. 학교에서 청소를 담당하시는 분이 여학생들이 사용한 생리대를 제대로 처리하지 않는다고 하소연하여 교육하는 의도도 있었다. 돌돌 말아서 새 생리대의 포장지로 감싸면 된다는 것을 알리자 아이들이 '아하!' 하는 표정으로 나를 바라보았다. 아이들을 보며 첫 생리를 시작한 딸아이의 얼굴이 떠올랐고, 지금 내 앞에 있는 아이들도 내 딸이려니 생각하니 가르치기에도 마음이 편했다.

그리고 아이들에게 따돌림과 관련된 말을 꺼냈다. 아무 준비도 없이 말을 하라고 하면 당황하고 말도 나오지 않기 때문에 우선 질문이 담긴 쪽지를 건넸다.

1. 우리 4학년 여학생들 중에서 집단 그룹이 있습니까?(○, ×)

2. 그 그룹에 들어가고 싶습니까?(○, ×)

3. 그 그룹에 들어가고 싶다면 이유는 무엇입니까?

4. 그 그룹에 들어가고 싶지 않다면 그 이유는 무엇입니까?

5. 친구들에게 바라는 점을 자유롭게 써 봅시다.

아이들이 진지하게 쓴 글을 읽으면서 어떤 상황인지 흐름이 잡혔다. 독립적으로 생활하고 있는 아이들도 있었고, 커다란 주 집단에 들어가지 못하거나 들어가지 않고 지내는 아이들, 또 다른 소수 그룹으로 나뉘어 다니는 아이들도 머릿속에 그려졌다. 그중에는 내일 내가 읽을 것을 알고, 전체적으로 누군가를 비난하며 자신을 합리화하는 아이들도 있었다.

다음 날 아이들은 어제보다 긴장이 풀린 듯, 재재거리며 수선스러웠다. 많은 고민을 하다가 이성 관계에 대해 이야기했다. 최근 중학생들 사이에서도 심심찮게 성관계를 맺는 학생들이 늘고 있다는 소식도 듣고, 우려스러운 소문들이 많아서였다. 초 4학년에서 더 나아가 고학년, 중학생이 되면 나 같은 어른들의 말이 별로 귀에 들어오지 않을 수도 있기에 지금이 적기라는 생각도 들었다. 1학기 때 수업을 한 경험이 있어 어느 정도 친밀감도 있고, 서로 간의 성향도 알기에 왜곡하지 않고 들어주리라 믿었다.

"남자 친구 있는 사람?" 아이들은 까르르 웃으며 좋아한다. 한두 명 손을 들고, 어떤 아이는 최근 헤어졌다고 한다. 문득 아침 맞이할 때 늘 밝던 아이가 시무룩해서 다른 선생님께 물었더니 여친과 헤어져서 그런다는 말을 들었던 기억이 있어서 "네가 그 ○○와 사귀었던 거니?" 하니 어찌 알았냐며 토끼 눈을 뜬다. 이렇게 가볍게 시작한 이야기는 어느덧 성관계에 대한 이야기까지 하게 되었다. 어디까지 설명해야 하나 싶으면서 내 마음이 불편해지는 것을 느꼈다.

"얘들아, 선생님이 이런 말까지 해야 하나 걱정이 되네. 하지만, 너희가 내 딸들이라면 이런 말을 해야 한다고 생각해서 하는 것이니, 오해 말고 들었으면 해." 아이들이 괜찮다며 진지하게 듣는다.

길을 가다가 수줍게 손을 잡고 거리를 걷는 초등 고학년생들의 모습, 으슥한 아파트 벤치에서 서로 부둥켜안고 있는 모습을 목격한 것들을 이야기했다. 그리고 최근 높아지고 있는 중학생들의 성관계 이야기까지 하며, 사귀다 보면 손도 잡고 안기도 하고 뽀뽀도 하겠지만, 남자 친구가 더한 것을 요구할 때 거절해야 하는 이유, 거절하는 방법을 이야기 나누었다.

"선생님이 너무 옛날 사람인지는 모르겠지만, 음… 남자들에 비해 우리 여자들은 뜻하지 않는 임신을 할 수가 있어요. 임신해서 아이를 낳고 키우는 것은 자연스러운 일이지만, 내가 책임지지 못하는 나이인데 임신해서 아이를 낳게 되면 어떻게 될까요? '고딩엄빠'라는 방송 본 적 있어요?"

아이들이 의외로 이 프로그램을 잘 알고 있었다.

"솔직히, 고등학교 시절 엄마 아빠가 된 그 사람들이 행복해 보이지는 않았어요. 물론 행복한 사람들도 있겠지만, 공부하고 나의 꿈과 관련된 직업을 위해 고민해야 하는 때에, 생계를 위해 아르바이트를 하고 장시간 노동을 하다 보니 정작 아이 육아에 대한 책임이 덜해지고 자신이 바라는 꿈에서 멀어질 수도 있구요… 그 프로그램에서 아이를 낳으면 함께 책임지겠다고 하던 남자아이가 사라져 버린 일도 몇 번 보았고, 솔직히 엄마가 된 학생 혼자 감당하기 어렵지요. 여러분은 어떻게 생각해요?"

그러자 어떤 아이가 놀라운 말을 한다.

"임신이 안 되게 콘돔을 할 수도 있잖아요."

4학년이 콘돔을 안다는 것도 놀랍고, 콘돔이 무엇이냐며 물어보는 천진난만한 아이도 있어 더 놀랐다. "콘돔은 정자가 난자와 만나지 못하도록 고무장갑처럼 보호하는 역할을 해"라고 말하니 이해하는 듯했다. 하지만 콘돔이 찢어질 수도 있고, 본의 아니게 임신을 할 수도 있는데, 내가 경제적으로 독립하지도 못했고, 학업도 아직 끝나지 않은 상황에서 아이를 낳아 기른다는 것은 어렵다, 이성 친구는 사귈 수 있지만, 성관계에서는 현명해야 한다고 마무리를 했다.

"얘들아, 남자 친구는 사귈 수 있어. 하지만 남자아이들은 친밀감을 갖고 싶은 여자들과 달리 성관계 자체만을 원하는 경우도 있어요. 관계를 원하는 경우 '아직은 아니다, 더 나이가 들어서도 사랑의 마음이 여전하면 그때 생각하자'며 거절하는 것이 좋겠어요. 그래도 강요하면 그것은 여러분들을 진정으로 사랑하거나 위하는 것이 아니니 '바이바이' 하는 것이 낫겠지? 여러분들이 매 순간 자신의 몸을 소중하게 생각하고 현명하게 행동했으면 좋겠어요. 선생님이 별말을 다 한다. 그치? 선생님이 한 말이 많이 불편했니?" 하니 아이들이 재미있어 하며 알아야 할 것을 알려주어서 고마웠다고까지 말한다. 그래도 학부모에게 전화가 오면 뭐라고 말할까, 며칠간 좀 마음이 쓰였던 것은 사실이다. 그리고 나서 아이들이 쓴 '평화 대화모임 사전 조사록'을 문항별로 쭉 읽어주었다. 인신공격적인 말들은 한두 개 뺐다. 빼면서 그 이유를 짧고 단호하게 말하니 아무 불만이 없었다.

"여러분이 그룹에 들어가고 싶은 이유와 아닌 이유를 들었을 때, 특히 두 번째가 선생님이 걱정하는 부분이에요. 모이게 되면 떨궈지는 친구들이 있고, 또 사람이 많다 보면 돌아가면서 소외를 시키는데, 놀이나 게임이 아닌 이 과정은 그야말로 마음의 상처를 입을 수 있어요. 따돌림도 명백한 학교폭력이에요. 집단 속에 속하려고 하지 말아야 할 것을 하기도 하는데, 그러면서 따돌리거나 뒷담화하거나 괴롭히는 일이 많은 것 같아 염려가 됩니다. 여러분이 몰려다니는 것을 뭐라고 할 수는 없어요. 하지만 선생님은 좀 위협적으로 느껴지고 편 가르기도 보여요. 분명 상처가 됩니다. 의도적으로라도 좀 나눠서 다니길 바랍니다. 몰려다니지 않도록 부탁합니다."

아이들의 눈빛은 잘 알 수가 없었지만, 몇몇은 동의의 고개짓을 했고 이 정도만 되어도 학교 선생님들의 의견 전달로 충분하다는 생각이 들었다.

혹시나 학부모들에게 성교육 및 따돌림 예방 교육과 관련해서 민원이 들어올까 걱정은 되었지만, 내가 아이들을 일부러 불러 용기 내어 말한 나의 진심을 아이들은 이해해 주려니 생각했다. 다행히 4학년 선생님이 교육이 끝나고 나서 아이들이 너무 좋은 기회, 도움이 되는 시간이었다고 했다니 안심이 되었다.

20회기의 인성수업 프로그램 진행보다 2학기에 갑자기 만난 두 시간이 아이들에게는 더욱 의미 깊었나 보다. 남학생만 빼고 여학생들끼리 모여 할 이야기를 했다는 연대감도 생긴 듯하다. 남학생들이 지나가면서 무슨 말을 한 거냐며 궁금하다는 듯 묻기도 한다. 아침맞이를 하거나 복도를 지날 때 여학생들은 예전과 다른 따뜻하고 반가움이 담긴 눈빛으로 나를 보며 웃는다. 그리고 속상한 일이 있으면 수석교사실로 내려와서 하소연을 하기도 한다. 내가 수석교사가 되고자 했던 것은, 이렇게 아이들의 마음을 좀 더 편하게 들어주고 교사와 학생 이상의 인생 선배로서 들려주고 싶은 말들을 편하게 하고 싶었던 깊은 바람이 있었음을 생각하게 된다.

성과 따돌림이라는 민감한 문제를 이야기하는 과정에서 들었던 염려에도 불구하고 아이들이 실제적이고 도움이 되었다고 생각해 준 덕분에 진심이 통했구나 싶어 뿌듯하기도 했다. 가르치다 보면, 말하기 민감한 것들이 있다. 그럴 때 내 마음의 소리에 귀를 기울이고 진정 도움이 되려고 하는 말인가를 다시 한번 곱씹어 보고 이야기하게 된다.

그런 고민 끝에 용기 내어 이야기하는 과정에서 나의 진심을 담아 전달하면, 그 진심을 믿어주는 경우가 대부분이다. 하지만 상대가 준비가 안 된 경우에는 불편함을 느낄 수도 있다. 내용이 민감할수록 진실을 말하고 진심을 전달하는 것이 중요하다. 진실이란 차가운 사실이 아니라, 상대를 배려하는 정의로운 마음의 따뜻한 한 조각이다. 그 한 조각이면 족하다.

이러한 정의롭고 따뜻한 마음 한 조각에, 서로 마음으로 주고받는 관계를 이루기 위해서 우리에게 필요한 것은 무엇일까? 공감과 연민의 대화를 연구하는 NVC에서는 "있는 그대로 관찰하라, 그 관찰에 대한 느낌을 표현하라, 그 느낌을 일으키는 욕구를 찾아내라, 원하는 구체적인 행동을 부탁해라" 등 네 가지 요소로 '솔직하게 말하기'와 '공감하며 듣기'를 제시한다.

판단하지 않고
있는 그대로 관찰하기

NVC의 첫 번째 요소는 평가와 관찰을 분리하는 것이다. 관찰에 평가를 섞으면 듣는 사람은 이것을 비판으로 받아들이고 우리가 하는 말에 저항감을 갖기 쉽다. NVC는 고정적인 일반화를 피하고 진행하고 있는 변화를 반영하는 언어이다. 관찰을 표현하는 말은 때와 맥락에 맞게 구체적이어야 한다. 예를 들어 "그는 시간개념이 없다"가 아니라, "그는 지난 세 번의 약속에서 모두 30분이 지난 후에 왔다"라고 하면 관찰에 따른 표현이 된다.

▪마셜 B, 로젠버그,《비폭력대화》에서

관찰, 따뜻하면서도 예민한 침묵이 필요

로마 시대의 정치가이자 사상가인 키케로는 "예술은 자연을 관찰하고 탐구하는 데서 온다"고 말한다. 예술가들은 자신의 신념과 시각으로 주변을 주의 깊게 관찰하고 범인들이 보지 못하는 것을 발견하여 창의적으로 표현하는 사람들이다. 이들의 작품을 주의 깊게 관찰하여 그 의도를 알아내려면 그와 관련된 지식이나 '안목'이 필요할 수도 있다. "아는 만큼 보인다"는 말처럼 아는 게 있어야 관찰을 통해 발견할 수 있고 깨달을 수 있으니 말이다.

하지만 가끔은 아이들의 순수한 직관이 작가의 영혼을 담은 작품의 본질을, 관찰을 통해서 단번에 찾아내는 것 같기도 하다. 가끔 같이 미술 작품을 관람하는 어린아이들이 어른들이 미처 몰랐던 것을 발견하는 놀라운 순간을 종종 경험할 때가 있다. 지식보다도 있는 그대로 편견 없이 작품을 보면서 더 큰 진실을 발견하는 것을 목격한다. 아는 만큼 보일 수도 있겠지만, 너무 알아서 안 보일 수도 있지 않을까. 배경지식이 있어서 숨겨진 의미를 찾을 수 있고, 그 발견 속에서 기쁨을 느끼기도 하지만 너무 많이 알면 선입견과 편견이 작용하여 있는 그대로 보지 못하고 왜곡된 시선으로 볼 수도 있다.

따라서 배경지식을 쌓는 데 게을리하지 않으면서도 그 배경지식이 편견으로 작용하지 않도록 스스로 경계하는 자세가 최선이 아닐까 생각한다. 올바른 관찰은 때로는 깊은 지식과 함께 순수한 아이의 마음을 요구한다.

발견의 기쁨과 감동을 주는 미술 감상 내지는 관찰처럼, 우리 일상에서 나도 모르게 감동이나 충만함을 느끼는 순간이 있다. 바로 내 주변 사람들과의 진실한 상호작용을 할 때이다. 누군가와 만나서 뭔가 새로운 배움과 지혜를 얻은 느낌에 가슴이 뛰기도 하고, 격려나 도움의 조언을 받으면 깊은 고마움을 느낀다.

한편 성인이 되고 나이를 먹을수록, 내가 뭔가 도움을 주거나 격려, 칭찬, 조언하는 일이 부쩍 많아진다. 나의 행복, 나의 성장뿐만 아니라 타인의 성장과 배움, 행복도 챙겨야 하는 나이에 이른 것이다. 이것을 정신분석학자 에릭 에릭슨Erik Erikson은 '생산성 대 침체감'의 단계라고 했다. 사람은 중년에 들어서면서 부모로서 또는 선배로서 자녀나 후배들을 위해 기술이나 노하우, 삶에 대한 작은 지혜를 전수하거나 가르치는 일을 통해 유용성과 성취감을 얻으며 사회구성원으로서 생산적인 삶을 경험한다. 그렇지 않으면 침체적인 삶을 살아간다는 것이 에릭슨의 견해이다. 교사로서 아이들을 가르치고 있으니 부모 역할까지 감안하면, 나처럼 활발하게 생산성의 발달 과업을 완수하고 있는 직업도 없겠다.

그러나 중년의 나이가 되어 어른다운 어른으로서 우선 배워야 하는 것은 '입을 닫고 귀를 더 쫑긋 여는 일'일 텐데, 그 반대가 되는 순간에 스스로 당황스러울 때가 있다. 이른바 자기 말만 하는 피곤한 '꼰대'가 되지 않도록 스스로 경계해야 하는데, 나이에서 오는 삶에 대한 오만함이 그 경계를 지키는 '예민함'을 막는 것 같다.

예민함은 대화할 때 상대를 관찰하는 태도로 이어진다. 내 말에 도취되어 상대의 상황을 인식하지 못하는 안타까운 상황에 놓이지 않도록 나의 말을 줄이거나 침묵을 통해 상대를 바라본다. 침묵하는 나 대신 말하는 상대를 바라보며 말을 듣고 표정을 읽고 더 깊은 생각과 느낌을 발견한다. 상대방 마음의 문지방을 넘고 그 마음에 들어서면 비로소 소통을 경험한다. 진정한 소통이 이루어지는 순간, 상대뿐만 아니라 내 자신도 충만함을 느낀다. 그냥 들어주는 것만으로도 말의 흐름과 맥락 속에서 사실과 상황, 진실을 알게 되고 더 나아가 상담자로서도 묻기 어려운 것까지 듣게 된다. 하지만 잘 듣는다는 것이 그렇게 쉬운 일일까.

안녕하세요, 선생님. 제가 아까부터 기다렸어요. 그 전에 상담받는 아이도 5학년이죠? 걔가 나올 때 보니 얼굴이 편안해 보이더라구요. 그러니까 선생님과 상담받게 된 것이 좋기는 한데… 선생님, 이게 제 핸드폰이거든요? 핸드폰이 좀 옛날 것인데 공기계예요. 아빠가 쓰던 건데, 그래도 뭐 핸드폰이 있는 것처럼 보이니까요. 아이들에게 핸드폰도 없는 아이라는 말은 듣지 않겠죠? 제가 끝나면 우리 동생 보러 가야 해요. 동생을 돌봐서 학원을 못 다니지만 언니는 좀 다녀요. 언니는 저보다 예뻐서 할머니가 예뻐하고 저는 '못난이'라고 해서 동생이나 돌보래요. 엄마는 한국말을 잘못해요. 새엄마가 베트남 사람이거든요. 우리 원래 엄마는 아빠가 사업하다 망하고 지금은 세탁소 하는데… 이혼했고, 지금 엄마와 6년 전에 결혼해서 동생 둘을 낳았거든요. 그래서 제가 동생 보느라 좀 오후에 바빠요. 친구들과 놀 시간도 없고 핸드폰도 이렇고….

기초부진아 대상 정서 상담 지원단으로 기초수급자가 가장 많다고 소문난 학교에 가서 만난 5학년 조은이는 첫 만남부터 쉼 없이 이야기했다. 만나자마자 아이가 20분을 혼자서 이야기하니 괴이하기까지 했다. 상담자로서의 역할을 잠시 뒤로 하고 우선 들어보니 아이의 말과 태도, 표정, 행동 속에서 여러 감정의 흐름을 느낄 수 있었다. 무엇보다 침묵을 지키며 최선을 다해 듣다 보니 아이에 대한 많은 것을 알수 있었다. 쉼 없이 말하는 것은 자신의 불안함을 표현하는 것이리라. 눈빛은 계속 흔들렸고 눈맞춤이 많지 않았다.

"조은이라고 했지? 선생님은 이보경이라고 해. 말을 스스로 해 주어서 고맙네. 그런데 시간은 많으니까 천천히 말해도 될 것 같아. 이 자리가 불편하니?"

"처음엔 그랬는데 지금은 좋아요. 오늘로만 끝나는 건 아니죠? 선생님, 그런데요…"

이번에는 친구 이야기를 장황하게 늘어놓았다. 친구 이야기라기보다는 학급에서 겪고 있는, 여학생들 간의 알력, 자신을 험담하고 무시하는 아이들에 대한 분노, 그것을 알아주지 않는 담임교사에 대한 원망, 이런 자신의 상황을 전혀 알지도, 알려고도 하지 않는 무심한 할머니, 아빠, 한국말이 어눌한 엄마에 대한 미움 등을 아이의 말에서 관찰할 수 있었다. 아이의 심리 상태가 불안해 보인다는 것, 아이는 많은 말을 털어놓고 싶어 하는데 그동안 그럴 기회가 없었다는 것, 할머니의 부정적인 메시지에 아이의 자존감이 더욱 낮아졌다는 것, 방임 상태에서 기초부진이 올 수밖에 없었다는 것, 친구 관계가 위태롭다는 것까지 말이다.

상담 후 담임선생님에게 50분 상담 중에 조은이가 40분을 이야기했다고 하니 학교에서는 전혀 말하지 않는다며 믿기지 않아 했다. 조은이가 가끔 중요하지도 않은 물건들을 훔치는데 그것이 아이들에 대한 일종의 복수라는 것을 담임교사가 통찰하기까지 했다. 엄마가 친엄마가 아니라는 점 등 집안 사정에 대해서도 처음 알았다면서 안타까워했다.

침묵으로 정성을 들여 들어주니 50분 동안 많은 것을 발견하게 된다. 나는 조은이가 4학년 때 6개월간 양극성 정동장애로 치료를 받았다는 것을 나중에 알았다. 나와 만나는 순간은 조증 상태였을 가능성도 배제할 수 없었다. 조은이는 다른 아이가 상담하는 과정이나 다른 아이의 표정을 관찰하면서 상담에 대한 기대감을 가졌던 것일까. 그 기대감에 그동안 억눌린 응어리가 폭발하여 무엇이든 말하고 싶은 것은 아니었을까.

침묵으로 상대를 따뜻하고 예민하게 관찰하는 것이 중요함을 절감하면서도 상대에 대한 불만 내지는 분노가 잠재되어 있을 때, 따뜻함 대신 예민함만 남아 대화가 어려워지기도 한다.

"제가 처음에 말했잖아요? 학교에 보내고 싶지 않다구요. 그래도 학교에 잘 다니길래 좋아진 줄 알았는데…. 뭐 그게 아니라고 담임선생님이 말씀하시니 할 말이 없네요. 이제 학교 안 보내면 되는 거잖아요?"

심한 학교폭력으로 강제 전학을 온 민원이 엄마의 말은 저녁 시간에 열린 마지막 위기관리위원회에 참석한 나를 비롯한 다른 교사들을 불편하게 하기에 충분했다. 불편한 것이 아니라 분노가 일어났다. 첫 위기관리위원회에서부터 "나는 공교육을 믿지 않아요"라는 말로 시작해 학교에 대한 불신과 경계를 내비친 엄마는 한 학기가 지나도 변하지 않았다. 한 학기 동안 학교에서 쏟아부은 시간과 노고를 깡그리 무시하는 듯한 발언을 너무나 당당하게 쏟아냈다.

그 어머니의 당당한 안하무인에 화가 나서 순간 나도 모르게 폭발하기 직전까지 갔다. 교감 선생님은 나의 이글이글 타는 눈빛과 격정적인 마음을 눈치채고 분위기를 부드럽게 만들려고 애를 쓰셨다.

"이렇게 민원이가 장점도 많고 예술적인 재능도 있어요. 요리도 잘하구요. 엄마 걱정도 많이 하는데, 감정의 기복이 너무 심해서 학교에서 감당이 안 되고 걱정이 많습니다. 담임선생님이 말한 것처럼 최근 너무 심각한 상황입니다. 병원은 가셨다고 들었는데, 재검사 결과가 어떻게 나왔는지도 알고 싶습니다. 학교 상담 이상의 전문적 치료가 필요합니다. 학교에서는 할 일을 다 한 것 같아요. 어머님도 민원이에게 좀 더 전문적인 치료의 기회를 받을 수 있도록 해 주셔야 합니다!"

엄마는 역시나 검사 결과에 대해서는 숨겼다. 나 역시도 양가감정을 숨겼다. 아이가 정말 걱정이 된다, 학교는 최선을 다했으니 알아다오, 좀 더 전문적인 치료를 받도록 했으면 좋겠다는 선한 의도가 있었는가 하면, 당신은 학교에 고마워해야 한다, 학교가 노력하는 동안 당신도 부모로서 무엇인가 해야 한다, 당신의 아이는 상담교사를 가위로 위협하고 갖가지 자살 가능성을 내비치며 사람을 불안에 떨게 하며 조종한다, 당신의 힘든 상황은 알지만, 부모로서 최선을 좀 더 해야 하지 않겠는가라는 비난의 감정이 있었음을 고백한다. 엄마가 나의 말에 다소 반발하는 듯한 표정들을 보인 것은 내 감정의 모순을 읽었기 때문인지도 모른다.

지금 다시 한번 그 상황을 반추해 본다면 나는 조용히 침묵을 지켰어야 했다. 조용한 침묵은 방관이 아니다. 좀 더 섬세하게 그 엄마를 관찰하고 내 감정의 흐름을 관찰하는 것이다. 이해가 안 될 때는 따지고 비난하는 대신, 조용히 침묵하며 상황을 보고 학부모가 왜 저런 반응을 보일까, 나는 왜 이런 감정이 드는 것일까 생각하며 마음을 환기해야 한다. 이런 환기가 될 때, 어머니에 대한 연민의 감정이 회복될 수 있기 때문이다.

'얼마나 힘들겠어. 혼자서 아이 셋을 키우는데 얼마나 지치고 피곤하겠어. 둘째 아이가 법원으로, 정신과 병원으로. 강제 전학 때문에 교육청으로 불려 다니면 얼마나 실망이 크고 부끄럽겠어. 저렇게 마음이 드라이하게 느껴지는 이유는 많은 일들을 겪으며 감당할 수 없으니 슬픔에 젖지 않으려고 마음을 아예 빠짝 말린 것일 텐데. 엄마도 나름 최선을 다했을 거야. 내가 민원이 엄마라면 살기 힘들었을까. 그런데도 이렇게 버티고 아이들 먹여 살리려고 일하고 또 일하니, 얼마

나 힘들까.'

여기서 연민은 같은 인간으로서 또 자식 키우는 부모 입장에서 그 고단함과 힘듦을 조금이라도 이해하고 공감하려는 수용의 태도이다.

다행히 졸업식 날 민원이와 부모님이 학교에 왔다. 식이 끝나기 전에 식장을 나가는 아이를 출입문에서 만났다. 엄마가 "선생님에게 인사해야지. 선생님, 그동안 감사했어요" 한다. 난 민원이의 눈을 바라보며 나도 모르게 "한번 안자"라며 연민과 위로와 축복이 담긴 진심의 포옹을 했다. 신경학적인 호르몬의 영향으로 이렇게까지 이른 민원이가 특유의 그 영리함을 바탕으로 내적인 평정과 성숙에 이르기를 진심으로 기원했다. "어머님도 그동안 고생 많으셨습니다. 건강하세요."

나에게 예민한 침묵과 따뜻한 관찰에 대한 배움을 준 민원이와 부모님을 보내며 모든 사람은 나에게 여러 의미로 선생임을 깨닫는다.

관찰, 평가를 내려놓고 마음의 돋보기로 바라보는 것

이처럼 진실한 대화를 위해 가장 중요한 단계는 관찰이다. 관찰을 해야 느낌을 제대로 이해하고 욕구를 파악할 수 있다. 관찰은 어쩌면 모든 대화의 기본이자 시작이며 마무리일 수 있다.

하지만 평가를 섞지 않고 '있는 그대로 보는' 관찰은 쉽지 않다. 왜 이렇게 어려운 것일까? 관찰하는 사람의 판단이 작용하기 때문이다. 무엇인가를 보고 그것을 있는 그대로 인식한다는 것은 사실 불가능하다. 내가 세상을 알아간다는 것은 내 경험을 바탕으로 판단하면서 나의 인지를 구성해 온, 지극히 주관적인 것이다. 남들이 안다고 하는 그 지식도 나에게는 다른 사람과 다르게 개념화되어 있을 가능성이 크다.

여기서 말하는 개념은 사전적 정의를 말하는 것이 아니다. '엄마'라는 사전적 정의는 간단할 수 있지만, 각자 생각하는 엄마라는 개념의 (정서가 버무려진) 정의는 개인마다 다양하다. 낳아 준 엄마, 길러 준 엄마, 낳아 주었지만 고통을 준 엄마, 사랑을 준 엄마, 따뜻한 존재, 차가운 존재 등 엄마에 대한 정의는 사람마다 다르다. '놀이공원'도 누구에게는 놀이기구를 타는 즐거운 곳이거나 첫사랑과 첫 데이트를 한 아련한 추억의 장소이지만, 누군가에게는 부모님을 잃어버린 아픔의 기억이 있는 혼란스러운 곳일 수 있다.

이렇게 상대방이 느끼고 이해하는 그대로 안다는 것은 불가능하다. 다만 적극적으로 나의 인식을 동원해서 최선을 다해 알려는 성실함의 과정이 중요하다. 편견과 선입견이라는 색안경을 내려놓고 그 사람의 마음속으로 헤엄치며 스며들려고 노력하는 과정, 그 사람의 입장에서 그 사람의 시각으로 보는 세상이 어떠한지 알아채기 위해 마음의 돋보기를 끼는 일, 나를 드러내려는 허영심을 뒤로 보내고 영혼의 침묵 속에서 온전히 받아들이고 이해하려는 과정을 '관찰'이라고 정의할 수 있지 않을까.

이 관찰의 대척점에 있는 태도가 '평가'의 태도이다. 나의 선입견으로 재단하며 이러니저러니 마음속으로 판단하는 태도 말이다. 크리슈나무르티는 "평가가 들어가지 않은 관찰은 인간 지성의 최고 형태"라고 말했다. 관찰에 평가를 섞으면 듣는 사람은 내가 비판하고 있다고 받아들이면서 저항감을 갖는다.

(평가) 그는 절약 정신이 없다.
(관찰) 그는 한 달 치 용돈을 1주일 만에 써 버렸다. 이것이 3달째 반복되고 있다.

(평가) 그는 학업에 게으르다.
(관찰) 그는 열 번의 과제에서 아홉 번을 해 오지 않았다.

'절약 정신이 없다', '게으르다', '공부를 제대로 안 하는 것 같다'와 같은 평가적인 말을 누가 반기겠는가? 이런 평가의 말을 들으면 자연스레 반발심이 생긴다. 그에 비해 관찰한 것을 전달하면 마음은 조금 불편하지만, 사실을 구체적으로 전달하기 때문에 집중하며 생각하게 된다. 여기서 전달은 때와 맥락에 맞는 구체적인 말이 동반되어야 한다.

결국 관찰은 내가 판단해서 전달하는 것이 아니라, 있는 그대로 상황을 제시하는 것이다. 그 내용을 판단하는 사람은 전달하는 사람이 아닌, 듣는 사람이어야 한다. 비난하지 않고 따뜻하게 포용적인 태도로 관찰한 사실을 전달한다는 것은 쉽지 않기에 부단한 연습이 필요하다.

'회의'와 '비판적 사고'로 편견과 선입견을 넘어야

'관찰'하면 과학자를 연상한다. 자연현상을 관찰하고 원리와 법칙을 찾아내는 과학자는 우리가 생각하기에 가장 대표적인 '최고의 지성'에 속한다고 생각한다. 하지만 이런 과학자들의 연구 결과가 오히려 우리에게 세상에 대한 편견을 갖게 할 수도 있음을 경계해야 한다.

룰루 밀러의 《물고기는 존재하지 않는다》(곰출판, 2021)라는 책은 1980년대 분류학자들이 "어류는 존재하지 않는다"는 놀라운 사실을 깨달았음을 전해준다. 그냥 단순히 물속에 산다는 사실 하나로 '어류'로 묶으면서 오히려 진화상 우리보다 더 앞서거나 혁신적인 그들의 진화를 무시하거나 인식하지 못한다는 것이다. 인간은 자신을 제일 윗자리에 놓기 위한 우월의식으로 모든 생물의 가치를 무시하고 '어류'라는 이름으로 물속에 사는 그 모든 존재를 깎아버렸다. 저자 룰루 밀러는 우리가 육지에 사는 동물을 모두 '육류'라고 하지 않듯이 '어류'는 존재하지 않으며 우리의 망상이라고까지 말한다.

그런가 하면 《물고기는 알고 있다》(에이도스, 2017)를 쓴 조너선 벨컴에 따르면 물고기는 우리보다 더 많은 색을 보며 특정한 기억과제에서 우리보다 더 나은 실력을 보이고 도구를 사용한다. 심지어 바흐 음악을 알아듣고 블루스를 출 줄 알며 고통을 느끼는 종들도 매우 많다고 한다. 세계적인 영장류학자인 프란스 드 발은 '어류'라는 말 자체가 '언어적인 거세'라고 말한다. 즉 언어를 사용해 동물의 중요성을 박탈하고, 우리 인간이 정상의 자리에 머무르기 위해 단어들을 발명

해 왔다는 것이다. 따라서 그에 따르면 '물고기'라는 말을 놓아줄 때, 우리는 비로소 사고의 코페르니쿠스적 전환을 가져올 수 있다. 이 책을 통해 내가 가장 강렬하게 배운 것은 '회의', '비판적 사고'이다.

> 우리는 전에도 틀렸고, 앞으로도 틀리리라는 것, 진보로 나아가는 진정한 길은 확실성이 아니라 회의로, '수정 가능성이 열려 있는' 회의로 닦인다.
>
> ▪ 룰루 밀러, 《물고기는 존재하지 않는다》에서

누구나 다 그러하다고 하니까, 권위 있는 누군가가 그렇다고 하니까 그것이 진리라고 생각하며 세상을 판단하고 내가 아는 사람들을 판단한다. 이런 판단을 아무 의심 없이, 비판적인 관찰 없이 그냥 따랐을 때, 우리는 편견과 선입견을 넘어 타인을 공격하는 만행을 저지를 수도 있다.

1883년 프랜시스 골턴, 루이 아가시, 조던 홀에 의해 진행된 '우생학'은 우성의 유전자를 지킨다는 신념하에 마음에 안 드는 사람들 집단을 말살시키는 기술로 맹위를 떨쳤다. 민주주의 국가라고 알려진 미국에서 1933~1968년 사이 푸에르토리코 출신 여성 중 1/3이 미국 정부에 의해서 강제 불임화 수술을 받은 충격적인 사건은, 있는 그대로 관찰하지 못하고 과대망상에 젖어버린 학자들이 위세를 떨었던 시대의 그림자이다. 우월의식에 젖어 상대의 가치를 있는 그대로 보지 못하는 천재들의 오류는 이렇게 많은 생명을 앗아갈 수 있는 것이다.

최근 〈괴물〉이라는 영화를 인상 깊게 보았다. 이 영화를 통해 진짜 '괴물'이 누구일까를 생각해 보았다. 아이에 대한 사랑으로 아이의 다른 면을 보지 않으려는 맹목적인 모성애가 괴물일까? 자신의 아이를 돼지의 뇌라고 하며 학대를 일삼는 아버지가 진짜 괴물일까? 아이들 입장에서는, 자신들이 한부모 가정에서 키워지고 있다는 선입견으로 자신들의 행동을 깊이 있게 바라보지 못하는, 착하지만 쑥맥 같은 교사의 시선도 괴물일 수 있다. 어쩌면 세상이 부서져 버려 자신들이 다시 태어나기를 바라며 자신들을 괴물로 생각하는 아이들이 괴물일 수도 있다. 하지만 이 영화를 보며 감독이 보여주는 장면에 따라 인물들 하나하나를 편견의 시선으로 바라보는 내 자신도 괴물의 한 명이라는 것을 깨닫게 된다. 영화는 교권 추락, 학교폭력, 아동학대, 동성애 등 우리 사회가 안고 있는 다양한 고민의 뒤편에 숨은 우리의 편견과 선입견의 괴물을 너무나 담담하게 그리고 있어 더 많은 생각을 하게 한다.

우리는 다양한 환경과 문화, 상황과 맥락 속에서 살아오면서 다양한 가치와 신념을 형성해 왔다. 아니, 형성되어 왔다. 자신이 어떤 문화 속에서 살아왔고, 내 시각이 어떤 선입견을 갖고 있는지, 그런 선입견이 상황을 관찰하는 데 얼마나 사실을 왜곡하는지, 진실을 그냥 스쳐버릴 정도로 얼마나 아둔한지 깨닫지 못한다. 내 시각과 입장에서만 상대를 바라보는 줄도 모르고, 나의 관점이 '상식'이자 '정의'라고 생각하고 상대를 비난하고 거부한다.

이러한 내 자신에 대한 '긍정적인 착각'과 더 나아가 '과대망상'을 항상 조심해야 함을 새삼 인식하게 된다. 이런 다짐에도 불구하고 나 또한 선입견과 편견에 의한 평가적인 태도로 아이들을 바라보았던 순간들이 종종 있었음을 고백한다.

생각이 아닌
느낌을 전달하기

자신을 표현하는 데 필요한 두 번째 요소는 느낌이다. 자신의 느낌을 명확하고 구체적으로 표현할 수 있는 어휘를 늘리면 우리는 좀 더 쉽게 서로 연결될 수 있다. 그리고 우리의 느낌을 표현함으로써 자신의 솔직한 내면을 인정하는 것이 갈등을 해결하는 데 도움이 될 수 있다. NVC에서는 느낌을 표현하는 말과 생각·평가·해석을 나타내는 말을 구별한다.

▪ 마셜 B. 로젠버그, 《비폭력대화》에서

감정 전달이 서툰 우리 사회

비폭력대화가 우리나라에 소개될 때 이 대화의 놀라운 힘을 이해하고 같이 만났던 팀원들이 연습하는 과정에서 가장 어려웠던 부분은 감정의 표현이었다. 비폭력대화를 열심히 듣고 생활 속에서도 실천하기 위해 노력했던 동료 교사가 하소연을 늘어놓았다.

"'지금 느낌이 어떠세요?'라는 질문을 받고 나의 감정을 말하는 것이 쑥스럽더라구요. 갈수록 고통스럽기까지 해서… 무엇보다 간신히 내 감정을 말하면, 사람들이 과하게 '아, 그렇군요' 하고 공감하는데, 실험용 쥐가 된 느낌?"

상담을 전공하고 정서지능의 중요성을 누구보다 잘 아는 동료인데, 감정 표현을 적극적으로 해야 하는 상황이 영 힘들었던 것 같다. 무엇보다 나의 힘든 상황이나 현재 나의 감정과 욕구를 표현하는 것이 인위적인 느낌이고 대화를 연습하기 위해 서로를 활용하는 것에 껄끄러움을 느낀 것 같았다. 연습을 통해 비폭력대화를 빨리 내면화해야겠다는 강박이 있었던 것은 아니었을까 싶다.

"지금 기분이 어떠냐고 물으면, 그냥 '기분 좋다' 하는데, 기분 좋다는 것은 평가적인 반응이니까 좋고 나쁨이 아닌, 감정의 단어로 표현하라고 하니까 더 힘드네요. '좋은 감정'을 행복하냐, 즐겁냐, 기쁘냐 등으로 구체화하는 게 쉽지 않아요."

대부분의 우리나라 사람들은 '기분 좋아', '기분 나빠' 정도로 감정을 표현해도 이심전심으로 대강 어떤 감정인지 이해하는 문화적 분위기가 있다. 우리나라는 감정이나 정서를 외부로 표현하는 것을 금기시하는 경향이 있다. 감정을 말로 드러내는 것뿐만 아니라 얼굴에 드러내는 것조차 어른스럽지 못하다며 핀잔을 주기 일쑤다. 심지어 상대의 감정을 느끼면서도 그 감정을 모르는 척하는 것이 예의인 양 교육받으며 감정 표현에 대해 지독하게도 금기시하는 모습을 보였다.

그런데 어느 때부터 감정을 표현하는 것이 매우 자연스럽게 이루어지고 있다. '감정코칭', 'I-메시지', '아이의 감정을 읽어주세요' 등 정서교육과 더불어 감정을 인식하고 이해하며 표현하는 교육도 많아졌다. 자신의 감정을 제대로 인식하고 사회적 소통 과정에서 자연스럽게 표현하는 것이라면 다행일 텐데, 안타깝게도 지금 우리들의 감정 표현에는 분명 문제가 있다. 즉각적이고 솔직한 것 같지만, 부정적인 감정의 경우 모든 것이 '짜증난다', '화난다'라는 표현으로 단순화된다. 감정 표현이 섬세하지 못하다 보니 고함을 지르고 듣도 보도 못한 욕을 하며 상대방에게 상처가 되는 말을 아무렇지 않게, 감정 분화가 덜 된 아이처럼 표현한다.

폴 맥클린Paul MacLean에 의하면 인간의 뇌는 파충류의 뇌(생존을 담당하는 뇌간), 포유류의 뇌(본능적인 감정, 학습과 기억을 담당하는 변연계), 인간의 뇌(고등 사고를 담당하는 대뇌피질)라는 3층 구조로 나뉘어 있다. 특히 변연계는 우리 자신을 보호하기 위해 위기의 상황에서 공포와 불안이라는 본능적인 감정을 유발하는 영역이다. 위험스럽게 보이는 대상을 공격하거나 회피, 도피하는 것은 모두 변연계 덕분이다. 반면에 이런 감정이 왜 일어나고 나에게 도움이 되도록 어떻게 통제하거나 활용할 것인가를 판단하는 것은 대뇌피질이다. 감정 또는 정서를 인식하고 통제하는 것은 변연계가 아닌 고등 사고를 담당하는 대뇌피질인 셈이다. 따라서 자신의 감정 인식과 표현이 서툰 사람은 부정적인 감정을 처리하는 기능이 부족하다는 것을 의미할 것이다.

익명성을 띤 사이버 세계의 발달로 아이들의 감정은 더욱 원초적으로 표출되고 있다. 사이버 공간에서는 나의 말에 상대가 어떤 반응을 하는지 표정에 대한 피드백이 없어 자신의 생각과 감정을 여과 없이 쏟아 버린다. 더구나 익명성이 더해지면서 도덕적 해이가 일어나고 솔직함이라는 미명하에 거침없이 상처를 준다. 이는 소통이 아니라 일방적인 느낌과 욕구의 배설일 뿐이다.

이런 쏟아냄 속에서 사람들은 '수그리 모드'로 스마트폰 속에서 더 외로움을 느낀다. 집단이 모여 말은 하지만 서로 다른 주제로 각자 자기 말만 하는, 자기 중심성에서 벗어나지 못하는 집단 독백을 하고 있는 것이다. 아무런 예고 없이 갑자기 폭발하듯 표현하는 사람도 늘어나니, 감정 표현에 적신호가 드리워진 것은 확실하다. 왜 그럴까. 내 나름의 결론은 '정서 인식'의 불균형이다.

친화력의 기본인 '정서 인식' 능력은 우리나라 사람들의 경우 뛰어날 수도 있고 아닐 수도 있다는 생각이 든다. 뛰어난 부분은 타인의 감정을 파악하는 능력, 이른바 '눈치'가 발달되어 있다. 부모님이 어떤 기분인지, 선생님, 친구, 상사, 배우자 등 주변 사람들이 어떤 감정 상태인지를 감 잡는 능력은 탁월하다. 이른바 날벼락을 맞지 않기 위해 눈치를 발휘한다. "절간에 가서도 눈치가 있어야 백하(새우) 젓국 얻어먹는다"는 속담처럼 눈치가 빨라야 원하는 것을 얻을 수 있다는 속담이 괜히 있는 것이 아니다.

하지만 상대의 감정을 금방 알아채는 놀라울 정도의 예민함에 비해, '자기 자신'에 대한 감정 인식은 그에 따르지 못하며 부족한 것 같다. 자신의 감정에 대한 인식이 익숙하지 않다 보니, 참는 것이 미덕이라는 문화적 분위기 속에서 '정서 표현'도 미숙해져 버린다. 내 감정이 무엇인지 모르는데, 어떻게 효과적으로 감정을 표현할 수 있겠는가?

감정을 제대로 표현하지 못한다는 것은 그에 대한 억압으로 이어질 수 있다. 이러한 억압은 겉으로 보기에 조신하고 고상해 보이지만, 마음은 부글부글 끓어오른다. 이러한 '감정 구겨 넣기' 내지는 '감정 누르기'로 인해, 세계도 인정한 한국인의 '화병Hwabyeong'이라는 마음의 병이 생겨난 것이다.

화는 2차 감정이다. 화가 나는 이유에는 슬픔, 질투, 서운함, 당황스러움 등 다양한 1차 감정이 숨어 있을 수 있다. 이런 감정을 인식하지 못하면, '그냥 화가 나고' '그냥 짜증이 나면서' 주변도 자신도 감정을 주체하지 못하는 지경에 이르게 된다. 자신의 감정에 대한 이해와 인식이 안 되니 표현도 안 되고, 그 화를 지닌 채 걸어 다니는 압력밥솥이 되어 언제 감정이 터질지 모르는 과도한 '순응 자아(억압 자아)'를 키워간다. 그러다 보면 예상치 못한 장소에서 애먼 사람에게 감정을 투사하는 것이다. 원망이나 분노의 감정이 드는데도 불구하고 '좋은 게 좋은 거야'라며 참고 또 참다가 집에 가서 별일 하지도 않은 내 아이들에게 무섭게 화를 내는 상황이 대표적인 감정 억압의 비극적 상황이다.

안타까운 것은 이런 부정적인 감정을 느끼는 것 자체에 대한 거부뿐만 아니라, 기쁨을 느끼는 것에도 인색하다. 충분히 기뻐할 일인데도, 지나치게 기뻐하는 것은 예의가 아니라는 관습에 의해 그냥 한 번 웃고 마는, 그러다 보니 기쁨을 있는 그대로 느끼지 못하는 상황도 많다.

행복은 '아이답게 순수한 마음'으로 '지금 이 순간을 충분히 느낄 때' 가능하다. 그래서인지 주변 사람 중에 기쁜 일이 있을 때 있는 그대로 기뻐하고 행복해하는 사람을 보면, 부럽기도 하다. 다행인 것은 좋은 일이 생기거나 뭔가 만족스러울 때, 그 기분을 표현하는 말을 의도적으로라도 자주 하니 기쁨이라는 감정을 마음에 들이는 것이 가능해지는 것 같다. 이렇게 내 감정을 이해하고 인식한다면, '지금-여기' 현재를 충실하게 사는 내 자신에 대한 이해도 높아지고 나의 마음을 관리하고 챙길 수 있는 힘이 된다. 그리고 이런 인식의 힘은 타인에 대한 깊은 이해 내지는 공감과 더불어, 그것을 나누며 상호작용하는 따뜻한 친밀감과 유대감의 기본이 된다.

상대의 언어, 비언어(표정, 제스처와 같은 시각적 요소), 반언어적 표현(음성, 강약, 고저와 같은 청각적 요소)으로 느껴지는 감정은 기막히게 잘 알아채면서, 내 자신의 감정 상태를 파악하는 것에는 인색하다. 이제는 침묵으로, 밖의 감정뿐만 아니라 내 안의 감정을 고요하게 들여다보고 성찰하는 시간을 가져야 할 때이다.

다정한 것이 살아남는다

'정서 인식'은 나와 타인의 정서를 정확하게 파악하고 마음에서 일어나는 감정 상태를 적절하게 이해하는 능력이다. 이러한 능력은 환경에 대해 보다 적절하게 반응하고 대처하는 힘이 된다. 이것은 학습이라기보다는 본능이 아닐까 싶다.

거울 속 자신의 모습을 자신으로 파악하지 못하는 1년 6개월 미만의 아이들도 거울 속에서 샐쭉하니 웃는 모습을 보고 거울 속 타인(실제는 자신이지만)에게 친근감을 표현하는 미소를 짓는다. 엄마가 웃으며 얼러주면 온 세상을 다 가진 듯 해맑게 웃다가도 엄마가 무표정한 얼굴로 바라보면 불편해하면서 울음을 터뜨리는 모습도 쉽게 관찰할 수 있다. '거울 뉴런 체계'가 있어 주변 사람들의 움직임을 관찰하면서 따라 하고, 타인의 의도를 짐작하고 공감하는 것이 가능하다는 연구 결과들도 결국 인간의 정서 인식은 본능적인 것임을 의미한다.

사실 정서 인식은 능력 이전에 인간의 생존 본능이자 생존을 위한 필수 능력이라고 할 수 있다. 《다정한 것이 살아남는다》(브라이언 헤어, 버네사 우즈, 이민아 옮김, 디플롯, 2021)라는 책은 생물의 생존을 적자생존으로만 알고 있던 우리에게 다윈의 새로운 주장을 제시한다.

진화라는 게임에서 승리하는 방법은 '협력을 꽃피울 수 있게 친화력을 극대화하는 것'이라는 주장에 귀를 기울여야 한다. … 네안데르탈인과 호모 사피엔스는 친화력과 협력을 기반으로 생존에 유리하게 진화했다. … 진화의 승자는 최적자가 아니라 '다정한 자'이다.

결국 인간이 이제까지 생존해 왔던 것은 친화력을 통한 서로 간의 연대였다. 물론 이 연대가 배제와 혐오를 가져오기는 하지만 서로 마음과 감정을 나누며 친해지고 협동하면서 나약한 인류가 자연계에서 살아남을 수 있었다. 이 책에서 재미있는 것은 강아지의 진화에 대한 사실이다. 원래 회색 늑대의 후손이었던 개가 지금의 다양한 종류의 애완견으로 변화되어 왔는데, 이 과정에서 인간과 보다 친밀감을 형성하기 위해 더욱 귀여운 존재로 보이기 위한 모습으로 진화해 왔다는 것이다. 귀는 더 커지고, 눈의 공막(눈의 흰자위)이 발달하여 표정을 읽을 수 있도록 바뀌었다는 내용을 보면 참 흥미롭다. 장난이 심해 악마견으로 유명한, 스누피의 모델인 '비글'을 떠올려 보라. 펄럭거리는 귀와 특히, 사람처럼 표정이 느껴지는 눈이 유난히 매력적이다. 개도 이럴진대 사람은 어떨까?

친화력은 이렇듯 눈을 마주치며 서로의 이야기를 들으면서 '다정한 관계'를 맺기 위해 노력하는 과정에서 얻어진다. 기본적으로 가장 중요한 교류는 '감정' 내지는 '정서'이다. 상대가 어떤 마음 상태인가를 이해하는 것에서 친화력은 시작되기 때문이다.

재연이는 우리 학교 특수학급 통합반 학생으로 자폐 스펙트럼을 앓고 있는 학생이다. 아침맞이를 하면서 처음에는 아는 체도 하지 않고, 인사를 해도 "선생님에게 혼나, 늦으면 혼나요"라고 중얼거리며 지나

가기 일쑤였다. 2학기가 되어 인성 수업을 하면서 자주 만났고 학기 초에 비해 대하는 태도가 부드러워진 느낌이었다.

가을바람이 부는 어느 날 아침, 다른 아이들에 비해 표정이 단조로움에도 불구하고 보자마자 피곤함과 슬픔이 확 느껴졌다. "재연이가 속상하구나!" 그러자 갑자기 나와 눈을 마주치더니 더 슬픈 눈빛으로 눈물이 그렁그렁하더니 "재연이 혼났어요. 문제집 안 풀어서 많이 혼났어요." 한다. 짧은 그 눈빛이 다시금 무표정함으로 씻겨나가긴 했지만, 자폐 스펙트럼을 앓고 있는 아이에게서 처음 보는 생생한 표정이라 잊히지 않았다.

이후로 재연이는 특수학급 공개수업에 컨설팅을 위해 참관한 나를 돌아보더니 "곰 선생님이다, 곰 선생님" 하며 나를 비롯한 주변을 당황케 했다. 특수학급 선생님이 그렇게 말하면 안 된다며 주의를 주지만, 연재가 나에 대한 친밀감을 보이기 시작했다는 생각에 오히려 반가웠다. 어느 날 교문에서 만난 재연이는 또 "곰 선생님, 곰 선생님이다!" 하길래, 나는 눈을 마주 보고 또박또박 크게 말해주었다. "재연아, 따라 해 보세요. 예, 쁜, 곰 선생님!" 그 이후로 만날 때면 "곰 선생님" 하다가도 내가 웃으면서 고개를 저으면, "아, 예쁜 곰 선생님이다, 곰 선생님" 하고 씩 웃으며 '예쁜'을 넣어준다.

재연이의 표정을 읽으며 재연이의 감정을 알아주었던 한순간의 교감이 재연이와 친해지는 계기가 되었고, 그럼으로써 재연이의 다양한 감정을 서서히 느끼게 되었다는 것은 얼마나 다행스러운 일이었던가.

사회성과 정서 지체라고 일컫는 자폐 스펙트럼을 앓고 있는 아이들도 충분히 친화력 형성이 가능함을 재연이를 통해서 알 수 있게 된 것에 감사하다.

타인과의 공감을 거부하는 행위, 악의 공모가 될 수 있어

느낌을 전달하기 위해서는 우선 공감을 할 수 있어야 한다. 진정한 공감을 위해서는 경험을 통해 상대방의 마음이 어떤 종류의 마음이고 어떤 상황인지 이해하는 '인지적인 공감'과 마음으로 느끼고 공명하는 '정서적인 공감'이 모두 필요하다.

우리나라는 2016년 '세월호 사건', 2022년 '이태원 참사'를 겪었다. 세월호 사건이 있던 날, 나는 부천의 모 초등학교에서 강의 중이었다. 강의를 듣던 선생님들이 강의 중에 웅성거리다가 사고 소식을 잠깐 언급했지만, 쉬는 시간에 어떤 분이 큰 소리로 "아휴, 다행이다. 전원 구출이 되었대요"라고 알려주어서 다행이라고 생각하며 강의를 이어갔다. 하지만 강의가 끝나고 차 안에서 라디오를 틀었을 때, 상황은 최악이었음을 알았다. 차가운 물 속에서 두려움에 떨며 죽음을 맞이했을 학생들을 생각하니 눈물이 주체할 수 없을 만큼 쉼 없이 흘러나왔고 마음이 아려왔다. 그다음에는 분노가 밀려왔다. '어떻게 그 많은 사람이, 그 많은 아이들이 한꺼번에 빠졌지? 왜 구출을 못 하는 거야? 아이들이 얼마나 고통스럽겠어!'

이태원 핼러윈 참사가 있던 날에도, 아침에 일어나 스마트폰을 열어 뉴스를 보다가 믿기 힘든 기사를 확인하고는 놀라서 "어떻게…"라는 말이 새어 나오며 눈물이 나기 시작했다. 아마 우리나라 사람들 대부분이 정도는 조금씩 다르지만 나와 같은 감정으로 한동안 일이 손에 안 잡히고 많이 힘들었을 것이다.

극적으로 살아난 사람들은 외상후 스트레스 장애와 알 수 없는 죄책감과 후회, 우울, 불안 등으로 고통을 받는다. 2022년 12월에 이 참사의 생존자인 한 고등학생이 심리적 괴로움에 스스로 목숨을 끊은 사건이 발생했다. 이에 대해서 국무총리는 "본인 생각이 좀 더 굳건하고 치료를 받겠다는 생각이 더 강했으면 좋지 않았을까 생각한다"고 말했다는 기사가 떴다. 외상후 스트레스 장애로 고통받다가 견디지 못해 죽은 학생에 대해 '의지 문제'라고 말하는 권력자라니! '침묵'으로 애도를 표하는 것만도 못하지 않은가.

마음을 느낀다는 것, 상대의 감정에 공명한다는 것, 상대가 겪는 처지와 그에 따른 감정을 미루어 짐작한다는 것은 매우 중요한 인간의 특성 중 하나이다. 2008년, '해리포터'의 저자인 조앤 롤링의 하버드대 졸업 축사는 인간의 '상상력'을 공감의 입장에서 이야기하고 있다.

지구상의 다른 생물들과 달리 인간은 직접 경험하지 않은 것을 배우고 이해하는 능력이 있습니다. 인간에게는 타인의 마음을 읽고 타인의 처지에 자신을 놓아 이해할 능력이 있습니다.… 마법의 힘과 마찬가지로 이는 도덕적으로 중립성을 띤 능력입니다. 어떤 이는 이러한 능력을 다른 사람을 이해하거나 공감하는 데 쓰기보다는 다른 사람을 제 마음대로 통제, 조종하는 데 쓸지도 모릅니다… 많은 사람이 자신이 가진 이러한 상상력을 전혀 사용하지 않고 사는 편을 택합니다… 타인과의 공감을 거부하는 행위는 진짜 괴물들이 힘을 휘두를 능력을 갖게 만듭니다. 우리가 스스로 악을 행하지는 않아도 악이 행해지는 상황을 외면하면 악의 공모자나 다를 바 없습니다.

■ 조앤 롤링, "하버드대 졸업 축사"에서

조앤 롤링의 연설은 단순히 인간에게는 상상력이 있어 공감이 가능하다는 것만을 말하지 않는다. 공감을 통해 세상의 정의로움을 실현하도록 하자는 '연대'와 '실천'을 말하고 있다. 공감은 단순히 타인의 감정을 이해하는 말랑말랑한 마음 한 덩이가 아니라, 세상의 폭력에 신음하는 사람들의 고통에 귀를 기울이고 작은 힘이나마 보태고 사회적 정의로움으로까지 나아가는 데 필요한 '인간의 조건'인 것이다. '친구의 기분을 내 기분처럼 여겨 함께 좋아하거나 같이 속상해하는 것', '타인의 괴로움을 보고 안타까워하며 도와주려는 마음이 생기는 것'이 공감의 정의로운 힘이다.

공감은 타고 나는 사람들도 있으나 대부분 부모와의 상호작용 속에서 또래, 교사, 사회인들과의 상호작용 속에서 배운다. 내가 겪었던 일일 때 가장 잘 이해하고 느낄 수 있지만, 상대방을 배려하고 존중하는 기본이 되는 이 공감은 훈련과 교육, 경험으로 길러진다. 캐나다와 미국에서 진행되었던 '공감의 뿌리' 교육은 이 점에서 사람들의 공감력을 끌어내어 활성화하기 위한 좋은 프로그램이다.

캐나다 교육학자 메리 고든은 갓난아기와의 상호작용을 통해 학생들의 공감 능력을 활성화하고자 했다. 유치원, 초등학교와 중등학교 아이들에게 1년 동안 갓난아기의 성장 과정을 지켜보도록 하는데, 특히 아기의 감정을 관찰하면서 아기의 감정을 느끼고 이해하는 능력을 키우도록 했다. 이는 타인의 시선에서 세상을 바라보는 법, 진정으로 이해할 수 있는 마음의 눈을 갖는 과정이다. 이를 통해 순수한 아이를 대하면서 자신이 정화되는 것을 느끼고, 욕구 표현이 어려운 아기들을 위해 마음을 쓰면서 있는 그대로 어떤 조건이나 벽 없이 만나게 되는 경험을 통해 공감을 체험하는 과정이다. 이 공감 훈련을 통해 아이들의 정서뿐만 아니라 학습력도 향상되었다고 한다.

공감은 단순히 상대의 감정을 느끼는 것이 아니라 상대의 감정과 더불어 상대의 말과 행동, 생각을 읽는 것이고 이것은 경청으로 가능하다. 경청은 단순히 귀로 듣는 것이 아니다. 상대의 말을 들을 때, 언어적 표현뿐만 아니라 비언어적 표현(시각적 요소)과 반언어적 표현(청각적 표현)을 모두 '관찰'하고 들어야 하는 것이다. 즉, 섬세하게 집중해서 들을 뿐만 아니라 표정과 안색, 더 나아가 '그 마음을 보는 것'을 의미한다.

상대의 마음을 듣는다는 것

경청은 단순히 귀로 듣는 것이 아니다. '청聽'이라는 글자를 보면,

좌변에 '귀 이耳'와 '임금 왕王'이 보인다. 임금처럼 받들어서 존중하며 들으라는 의미이다. 임금의 말은 누구나 다 집중해서 듣는 것처럼, 최선을 다해 들으라는 뜻이다. 그리고 ''열 십十'에 '눈 목目'은 열 개의 눈으로 보라는 의미인데, 단순히 언어적인 표현뿐만 아니라 비언어, 반언어적인 것까지 들으라는 뜻이다.

'매러비안의 법칙'에서도 의사소통에서는 말의 내용인 언어적인 요소(7%)보다 음색, 억양, 고저와 같은 청각적 요소(38%)와 표정, 제스처와 같은 시각적 요소(55%)가 훨씬 중요함을 말하고 있다. 상대의 말을 들을 때, 언어적 표현뿐만 아니라 비언어적 표현(시각적 요소)과 반언어적 표현(청각적 표현)을 모두 '관찰'하고 들어야 하는 것이다. 즉, 섬세하게 집중해서 들을 뿐만 아니라 표정과 안색, 더 나아가 '그 마음을 보는 것'을 의미한다. 마지막으로 '한 일一'과 '마음 심心'은 침묵으로 집중해서 들어야 한다는 뜻이다. 다른 생각을 내려놓고 한마음으로 곧게 듣는 것이다.

상대와 대화하면서 그 사람의 기분을 알고 싶을 때가 있다. 가끔은 의도치 않았는데 편안한 마음으로 듣다 보니, 그 마음이 저절로 전해지는 순간도 있다. 젊을 때 한창 상담 공부할 때는 '이 사람의 진짜 마음은 뭘까?'를 생각하며 마음의 동굴을 탐험하듯 이해하기 위해 애를 썼다.

하지만 나름 상담 자격증을 딸 정도로 수련도 하고 노력도 했건만, 나이를 먹으며 얻어진 경험들이 오히려 선입견으로 작용하며 온전한 듣기를 방해하는 것을 새삼 깨닫는다. 상대의 말을 다 듣기도 전에 그 마음을 짐작한답시고 '걱정스럽다는 것이군요'라고 말하며, 작게 으스대는 내 마음이 느껴져 놀랄 때도 있다. 확고해진 가치만큼 세상을 사는 자신감은 생겼지만, 마음과 감정의 유연함이 떨어지고 상대의 말을 끊고 내 경험에 빗대어 '그런 감정이라는 것이지요?'라며 넘겨짚는 달인이 된 듯하다. 대화할 때, 마치 현을 고르는 연주자처럼 그 현의 음에 공명하고 싶은데, 난 나의 현을 들이대며 상대방의 음파에 간섭을 일으키고 마는 것이다. 나이가 들어 아는 것이 많아지고 경험이 많아지면서 오히려 진정한 공감은 쉽지 않음을 깨닫는다.

작가 미하일 엔데Michael Ende의 《모모》(한미희 옮김, 비룡소, 1999)는 진정한 소통의 기본이 되는 공감의 가장 쉬우면서도 가장 어려운 방법을 알려준다. 바로 회색 신사들에게 시간을 저당 잡힌 채, 효율성과 성취의 망상에 매달리지 않고 현재의 시간을 들여 지금 이 순간 '경청'하는 것이다.

모모는 뭔가를 말하거나 질문함으로써 사람들을 그러한 생각으로 이끄는 것이 아니다. 그저 앞에 앉아 경청만 한다. 모든 사려와 공감을 다해. 그와 동시에 모모는 자신의 크고 짙은 눈으로 상대를 가만히 바라보고, 문제를 풀어야 하는(지금 한창 말하고 있는) 그 상대는 이미 자기 안에 있었지만 한 번도 알아채지 못했던 생각이 갑자기 떠오르는 걸 느끼는 것이다.

진심을 다해, 따뜻한 시선으로, 침묵을 지키며 들어주는 것만으로 말하는 사람이 스스로 자신의 마음과 닿고, 통찰을 얻도록 한다니 정말로 '이상적인 상담자'이다. 한병철은 경청에 대해서 이렇게 말한다.

경청은 상대에게 이야기할 영감을 주고 이야기하는 사람 스스로 자신이 소중하다고 느끼고, 자신의 목소리를 듣고, 심지어 사랑받는다고까지 느끼는 공명의 공간을 연다(《서사의 위기》, 최지수 옮김, 다산북스, 2023).

'마음을 다해 경청하는 재능의 소유자'인 모모를 통해 상대의 마음을 듣는다는 것, 그 마음에 들어간다는 것이 무엇인지 다시금 생각하게 된다. 그냥 최선을 다해 따뜻한 마음으로 들어주는 것이 말하는 타자 스스로 깨달음에 도달하도록 하는 열쇠일 뿐만 아니라 사랑받는다는 감정까지 느끼게 한다니, 새삼 나의 말을 잘 들어주었던 내 인생의 몇 안 되는 선배들이 떠오른다.

나는 다소 차가운 부모님 밑에서 자랐지만, 다행히 있는 그대로 사랑을 주신 할머니 덕분에 유년 시절의 대부분을 지내며 따뜻함을 느낄 수 있었다. 교사가 되어서는 오히려 좋은 동료, 선배들을 많이 만나며 온전히 내 이야기를 들어주는 분들 속에서 추운 마음을 덥혀갈 수 있었던 것에 감사함을 느낀다. 그분들의 우호적이고 따뜻한 시선, 시간을 내어 서두르지 않고 나의 이야기를 들어주는 다채로운 표정의 얼굴을 만난다는 것은 요즘 같은 각박한 시대에는 쉬운 일이 아님을 알기에 나에게는 감사한 기회였음을 새삼 깨닫는다. 그리고 이제는 내가 따뜻한 경청자의 역할을 다른 이들을 위해 진심으로 실천해야 함을 각성하게 된다.

강요가 아닌
욕구를 말하기

NVC의 세 번째 요소는 우리 느낌의 근원인 욕구를 의식하는 것이다. 다른 사람의 말과 행동은 우리 느낌을 일으키는 자극이 될 수는 있어도 원인은 아니다. 우리가 느끼는 것은, 그 순간 내 자신의 필요와 기대에 따른 것이기도 하지만 다른 사람의 말과 행동을 어떻게 받아들이기로 선택했는가에도 달려 있다. 우리는 NVC의 세 번째 요소인 욕구를 이해함으로써 어떻게 느낌을 일으키는지에 대한 책임을 받아들이게 된다. 타인이 나에게 부정적인 메시지를 주었을 때, 자신을 탓하거나, 다른 사람을 탓할 수도 있지만, 내 자신의 느낌과 욕구를 인식하고, 상대방의 부정적인 말 속에 숨어 있는 상대방의 느낌과 욕구를 인식하는 네 가지 선택지가 있다.

▪ 마셜 B, 로젠버그, 《비폭력대화》에서

언론인 이규태에 따르면 구한말 우리나라에서 근무한 알렌 공사를 비롯한 여러 외국인은 우리나라 사람들의 특징을 아래와 같은 단어로 표현했다고 한다.(이규태,《한국인의 의식구조》, 신원문화사, 2000 참조)

formal(형식적), reserved(쌀쌀한, 마음을 털어놓지 않는), silent(침묵하는),

cautious(신중한), erasive(회피적인, 종잡을 수 없는), dependent(의존적인),

distant(냉담한), indifferent(무관심한), tense(긴장한), responsive(쉽게 응하는)

이처럼 서양 사람에 비해 은폐성이 강한 우리 한국인은 소수의 사람과 선택적으로 접촉하고, 정보전달을 할 때 그 표현 방법을 최소화하고 애매하게 하며, 자신의 주관적 견해를 가급적 남에게 표현하지 않는다. 알렌은 이렇게까지 말한다.

"한국인과 말하고 나면 그것이 아무리 길더라도 알맹이가 없고 무의미하며 시간 낭비임을 알게 된다. 형식적이고 회피적이며 유예와 침묵이 잦은데다 결단이 불확실하다. 그들에게 진짜 의도를 말하게 하려면 부모 형제만큼 친밀해지지 않으면 안 된다."

이규태의 《한국인의 의식구조》라는 책을 보면, 불과 100여 년 전의 일이지만, 우리나라 사람들이 정서적 표현을 매우 터부시했음을 알 수 있다. 책에 따르면 우리 어머니들은 시집갈 때 눈에는 꿀을 바르고, 입에는 대추씨를 물리며, 귀는 솜으로 틀어막았다고 한다. 한국 여성들은 자기무화自己無化 즉, 자기를 숨겨야 한다는 세뇌를 받아왔다.

또한 선비들도 말로 하는 의사 표현뿐만 아니라 손짓, 눈매, 몸짓, 웃음, 표정 등 비언어적인 메시지를 전달하는 것까지도 목석화木石化하는 것이 우리의 문화였다. 이미 고인이 되신 내 아버지의 옛날 평상시 모습이 떠오르면서 고개가 끄덕여졌다. 그 원인은 서양의 '인간주의 문화'와 다른 우리나라의 '인격주의 문화'의 차이에서 찾을 수 있다.

이규태는 이에 대해서 다음과 같이 제시했다. 서양은 '인간주의 문화'로 개인의 개성과 권리, 욕구를 중요시하고 그런 욕구를 충분히 즐기며 행복을 찾는 것을 당연한 인간의 삶의 목표로 생각한다. 서양의 식사 시간이 길고 미식가들이 당당히 인정받는 것은 모두 이런 인간 개인의 느낌과 욕구를 중시하기 때문이다. 반면, 우리나라는 본능과 욕구를 극소화하는 '인격주의 문화'로 의식주, 성생활 등 인간의 욕구와 관련된 것을 드러내거나 만족스러움을 나타내는 것을 부끄러워한다. 그래서 밥도 국이나 물에 말아서 빨리 먹는 것을 암암리에 가르치면서 극단적으로는 즐기면서 먹는 사람을 욕구에 탐닉하는 게으른, 부적응자로 보기까지 한다. 재산 축적을 공공연히 자랑하는 사람들을 상놈이라고 흉을 보는 것도 이런 '인격주의 문화'의 소산일 것이다.

다행인지 불행인지 모르겠으나 오늘날 우리가 대하는 아이들은 예전과 다르다. 감정 표현에 막힘이 없고 솔직할 뿐만 아니라 자신의 욕구에 충실하다. 이러한 변화는 어떻게 일어난 것일까? 아마도 대중매체나 인터넷을 통한 정보의 영향이 가장 클 것이다. 돈이 있음을 드러내는 일은 상것들이나 하는 천박한 일이라고 생각하던 우리 사회는 돈이 없는 것은 능력이 없는 것이 되었다. 돈이 곧 힘이라는 말, '대박 나세요', '부자 되세요'라는 말을 거침없이 쏟아낸다. 이런 현상이 불과 몇십 년 사이에 일어난 것은, 그동안 감정과 욕구 표현을 눌러왔던 사회적 분위기에 대한 '반동 작용'은 아닐까.

곰처럼 아이들만 잘 가르치면 뭐 해?

근 30년째 교사 생활을 하고 있다. 초기에 나는 선배 교사들과의 회식 분위기에 적응하기가 어려웠다. 20대 중반, 발령받은 첫 학교는 모든 교사가 가고 싶어 하는 곳이었다. '열린교육' 시범학교에 교생실습 학교이고, 교통이 좋은데다 승진 점수 따기에 유리한 학교였다. 회식 참석은 선배 교사들과의 화합을 위해 어쩔 수 없이 가야만 하는 의무였다.

다만 회식도 내가 좋아하는 음식이면 모를까, 보신탕집으로 향하는 선배 교사들을 따라가야 할 때면 '에휴! 또 감자나 먹고 있어야 하네' 하며 속으로 못마땅한 것을 참아야 했다. 심지어 선배들이 역 근처 성인 나이트에 가면서 왜 나를 꼭 끼워 가는지 화가 나기도 했다. 선배들이 춤을 추면 나는 그냥 선배들의 가방을 지키고 앉아서 하염없이 기다렸다.

퇴근길에 검도장에 들러 수련하며 나를 들여다보고 인내하는 그 시간이 유일한 낙이었던 시절이었다. 하루는 삼십 대 후반의 선배 교사가 표정을 잘 숨기지 못하는 나를 불러 한바탕 사회관계에 대한 일장

연설을 했다.

"이 선생, 선배님들을 깎듯이 모셔야지, 마음에 안 들어도 그렇게 인상 찌푸리고 그러면 안 돼. 사회생활이라는 게 결국 직장생활에서 도움을 받기 위해 참아야 할 일도 있고 하는 거잖아. 싫어도 내색하지 말고 항상 웃는 얼굴로 말이야. 같이 발령받은 박 선생은 얼마나 여우같이 잘하는데, 뒤에서 지금 비교들을 하고 있다고. 곰처럼 아이들만 잘 가르치면 뭐 해? 선배들이 나중에 다 끌어주고 할 텐데 선배들에게도 잘해야 승진도 할 거고, 아니야?"

출근해서 교무실에 들러 교감님께 인사를 하고, 종이컵 20개 이상을 늘어놓고 커피를 탔다. 교감 선생님의 건강을 위해서 감자를 갈았으며 은행 심부름도 했다. 은행원이 행정직원이냐고 하길래 대답을 못하고 얼굴을 붉히기도 했으며 심지어 장학사를 지원하는 선배의 논문 타이핑을 하기도 했다. 운동회에서 5, 6학년 여학생들의 운동회 무용을 서로 안 맡겠다 싸우더니 발령받은 지 몇 달도 안 된 나에게 방학 동안 안무 짜고 연습해서 준비하라며 일을 떠맡기기도 했다. 지금은 있을 수도 없는 일을 그리 많이 했는데 선배들 비위를 못 맞추는 것이 거슬렸는지, 웃고 다니라는 조언을 들으면서 우울하기까지 했다.

다행히 곰 같은 내가 진국이라며 격려해주는 좋은 선배들도 있었다. 특히 교육장을 두 번이나 하신 교장 선생님은 레스토랑에서 점심을 사주시며, 내 마음에 숨어 있던 '공부'에 대한 열망을 끌어내셨다. 덕분에 여기저기 열린 교육과 학급경영 관련 연수를 들으러 다녔고,

교육과정 재구성과 수업 연구, 수업 공개 등을 하며 교사로서의 긍지를 찾았다.

"이 선생, 대표 수업 공개 좀 하지?"

"예, 알겠습니다." 기다렸다는 듯 대답하며 아이디어를 떠올리고 구체화하면서, 그 아이디어가 수업에서 실현되는 것이 즐거웠다. 인간의 여러 욕구 중에, 나는 의미와 보람, 자율성의 욕구와 그에 따른 성취감을 갈구했던 것 같다.

"네가 나를 존중해 주길 바라"

사회적으로 내가 속한 세대는 사회적 시스템에 조금 반기를 드는 'X세대'라고 했다. 나와 나이가 같은 '서태지와 아이들'이 나왔을 때, 그 당시 유명했던 기성세대 가수가 그것도 노래냐며 비난했던 영상이 잊히지 않는다. 지금은 '90년생이 온다'라는 책에서 '2000년생이 온다'는 책까지 나오고 있다.

'M세대, 밀레니얼 세대'는 1981년에서 1996년 사이에 출생한 사람들을 말하며 융통성을 추구하는 세대이다. 한편 'Z세대'는 '초합리, 초개인, 초자율의 탈회사형 AI 인간'으로 정의한다. 더 나아가 '알파세대'에 대한 이야기도 등장했다. 미국의 미래학자 마크 맥크린들이 처음으로 쓰기 시작한 신조어라고 하는데, 2010년 초반부터 2020년 중반에 태어난 세대를 가리키는 말이다. 어릴 때부터 스마트폰 등 디지털 기기가 생활화되어 있는 세대로, 개방적인 짧은 동영상 플랫폼 사용, 메타버스라는 확장된 세계를 살아가는 세대이다.

하지만 각 세대의 특징들을 보면 재미있는 것이 발견된다. 모든 세대가 비슷한 욕구들을 추구한다는 것이다. 자신의 꿈, 목표, 가치관을 선택하고 방법을 행할 수 있는 자율, 개별성을 존중받고 싶은 온전함, 웃음과 재미를 느끼고 싶은 놀이, 자유와 휴식, 자기 보호를 위한 신체적 돌봄 등 모든 욕구는 세대를 관통한다. 어떤 시대를 사는 어떤 세대이든, 우리는 모두 '인간'이기 때문에 공통된 욕구를 갖는다.

학교에서 아이들과 사례를 갖고 느낌과 욕구를 분석하고 찾아가는 과정에서, "어, 욕구는 모두 비슷해요", "욕구는 모두 긍정적인 느낌이에요"라는 소중한 결론을 얻은 경험이 있다. 이 욕구가 충족되거나 좌절될 때 다양한 감정이 일어난다는 것을 아이들과 이야기하면서, 나의 욕구가 무엇인지 알고 그것을 부드럽게 표현하는 것이 중요하다는 것을 아이들과 연습했다.

"내가 아이들과 장난치다가 억울해서 눈물을 좀 보이면, '너 우니? 눈물 흘리는 거야?'라며 큰 소리로 말할 때마다 나는 당황스럽고 속상해. 심지어 모욕감도 느껴져. 아이들이 나를 쳐다보며 같이 놀릴까 봐 두렵기도 하고. 내가 눈물이 좀 많기는 하지만 친구들에게 약한 아이로 보이고 싶지 않아. 네가 나를 존중해 주길 바라고, 내가 표정이 안 좋으면 그냥 모른 척, 배려해 줬으면 좋겠어."

얼마 전 5학년 아이들과 비폭력대화 관련 지도를 하면서 한 남학생이 같은 반 여학생에게 공개적으로 용기를 내어 부탁한 내용이다. 여학생은 그 말에 당황하면서도 미안하다고 사과했다. 다른 사람이 감추고 싶은 감정을 들추어내어 재밋거리로 삼는 것이 다른 사람의 인격을 무시하는 행위임을 직접 가르칠 수도 있지만, 이렇게 당사자를 통해서 들으면 실제 반성과 함께 행동의 변화가 일어날 가능성이 더 크다. 욕구와 진실한 마음을 전하는 대화에는 용기가 필요하다. 그러나 일단 마음으로 전해지면 커다란 효과를 발휘한다.

어느 경찰 공무원의 비폭력대화

상투적이거나 의뢰적인 대화는 오히려 마음을 외롭게 한다. 아무 감정 없이 형식적으로 이루어지는, 차갑고 배타적인 대화는 우리의 마음을 상하게 하기 십상이다. 형식적인 말투는 상대의 상황이나 바람을 전혀 고려하지 않겠다는 교묘한 무시이다.

마음이 상하거나 개인적으로 절박하고 위급한 상황에서 부탁하는데, 그것을 공감하면서 거절하는 것이 아니라 상투적인 말로, "고객님, 규정상 안 됩니다"라며 무표정하게 침묵을 지키는 그 순간, 얼마나 차갑고 소외감을 느끼는지 누구나 한두 번의 경험이 있지 않을까.

"고객님, 규정상 안 됩니다"라며 무표정한 얼굴로 앵무새처럼 반복하는 아르바이트생이 있는가 하면, "고객님, 규정상 안 된다고 교육을 받았어요. 그래도 한 번 알아보겠습니다. 잠시만요(매니저와 통화 후). 고객님, 매니저님께 여쭤보았는데, 이러이러해서 어렵다고 하네요. 어쩌지요. 부탁을 들어드리지 못해서 죄송합니다"라는 말을 하는 또 다른 아르바이트생도 있다. 같은 거절이지만, 거절에 대한 느낌은 다르며 그에 따른 우리의 반응도 달라진다.

어느 날 '교통 위반 범칙금 고지서'가 도착했다. 속도위반이었다. 60킬로의 규정 속도를 18킬로 이상 초과했다. '무슨 바쁜 일이 있었나?' 시간은 05시 40분으로 되어 있었고, 집 방향이 아닌 인근 다른 지역이라서 회식 자리에 바쁘게 참석하느라 그랬나 싶었다. 아들이 보더니 "엄마, 속도위반이야? 여기가 어디야? 음…" 하는데, 아이에게 조금 부끄럽기도 하고, 연말이라 마음이 바빠 얼른 해결하고픈 조바심에 바로 범칙금을 온라인으로 납부해버렸다. 남편이 퇴근하고 돌아와서 고지서를 보더니 "아직 안 냈지?" 하길래 천연덕스럽게 냈다고 하니, 대뜸 화를 내는 것이었다.

"아니. 이날 얘가 새벽에 배가 아프다고 해서 당신이 응급실에 간 날이잖아. 119 기다리느니 그냥 바로 데리고 가는 게 낫겠다며, 나 출근하고 바로 데리고 간 날이잖아."

05시는 그야말로 새벽이었고, 퇴근 시간인 17시와 헷갈린 것이다. 응급 상황이 증명될 경우 고지가 철회될 가능성이 있었을 텐데, 좀 억울한 상황이었다. 배가 아프다고 데굴데굴 구르며 병원에 데려가 달라는 아이를 태우고 텅텅 빈 도로를 유유자적 갈 수는 없지 않은가. 남편은 나의 조급함을 나무라며 며칠 후 경찰과의 전화 대화 내용을 알려주었다.

"경찰관이 뭐래?"

"내가 조곤조곤 따졌는데⋯경찰이 '너무 안타깝네요. 납부만 안 하셨으면 응급 상황이 분명하니 정상참작이 될 수도 있었을 텐데, 그런데, 이미 납부하셔서 취소철회 하기가 어려워요. 위반 내역이 사라져서요. 정말, 안타깝고 아깝네요' 하더라구."

그냥 원칙상 안 된다고 하면, 응급 상황이었음을 증명할 수 있다고 주장했을 텐데, '정말, 안타깝네요'라고 진심으로 말하니 남편도 그냥 넘어갔다. 그런 민원을 받으면, "납부하셨으니 본인이 인정한 것인데요? 철회를 어떻게 합니까? 못하지요"라고 말하는 것이 일반적일 것이다. 만약 그 경찰관이 이렇게 원칙을 주장하며 말했다면, 남편도 원칙을 주장하며 계속 물고 늘어졌을 것이다. 핵심어는 내 남편의 속상한 마음을 읽고 공감해 준 '정말 안타깝네요'라는 말이었다. 좀 더 들여다보면, 관공서라서 딱딱하게 대응했을 텐데, 조바심으로 납부해 버린 아내의 실수를 같이 위로해 주며, 아깝고 속상한 마음을 이해받고 싶은 남편의 공감에 대한 욕구를 읽어준, 경찰관의 지혜가 아닌가 싶다.

"그 경찰관 비폭력대화 배웠나 봐. 대단하네, 당신을 설득시키고."

그 경찰관이 어떤 사람인지는 모르겠지만, 민원인의 마음을 읽어주는 그 힘을 잘 이해하고 실천하는 사람인 것만은 분명한 것 같다.

내가 대접받고 싶은 만큼 상대를 대접하라

'맘카페'에 대한 말들이 많았다. 나와 함께 근무한 동료 교사는 한 학부모의 글로 인해 표적이 되었고 결국 어디 하소연도 못 하고 힘들어하다 정신적 충격을 겪으며 휴직에 들어갔다. 맘까페에 게시되는 글들은 대부분 글쓴이의 주관적인 시각에서 쓴 글이다. 상황을 모르는 입장에서 글만 보고 어떤 대상을 비난하다 보면, 마녀사냥식으로 그 대상이 호도되는 경우가 많다. 학교에 소속된 사람들뿐만 아니라, 어린이집, 유치원, 식당, 병원, 약국 등 우리가 사용하는 지역의 다양한 장소나 사람들이 모두 그 대상이 된다. 요즘은 까페 운영진이 자정을 위해 여러 활동을 하며 많이 순화가 되었지만 말이다.

인터넷에서 읽었던 사연이다. 고층에 사는 어떤 엄마가 청소년인 자녀가 하교하는 시간에 맞춰 배달을 시켰다. 그런데 배달 기사가 도착했을 때 엘리베이터가 고장이 나서 주문한 엄마에게 연락을 했으나 받지 않았다. 어쩔 수 없이 29층까지 계단으로 걸어가서, 음식을 배달하고 초인종을 누른 후 내려오는 중 14층에서야 주문자에게 전화가 왔다. "너무 음식이 붙어 있을 것 같아 취소한다"는 문자를 보고 배달 기사는 다시 계단으로 올라가 음식을 회수해 왔다.

더운 날씨에 총 44층의 계단을 오르내린 배달 기사는 여자분이었다. 식당 주인은 땀으로 범벅이 되어 회수된 음식을 가져 온 배달 기사에 대한 미안함과 계속적으로 전화를 걸어 환불을 요구하는 주문자로 인한 스트레스로 이틀간 가게 문을 닫았다고 한다. 화가 난 주인은 환불을 해 줄 수 없다고 했고, 이에 주문자는 별점 1점과 소비자보호원에 피해 요청을 하겠다고 하며 주인을 압박하는 글을 올렸다. 하지만 진상 고객으로 언론에 소개되자 억울함을 느낀 주문자는 까페에 글을 올리면서 언론사들을 대상으로 구제 요청을 하겠다는 글을 올리며 또다시 문제가 된 사건이었다.

요즘은 무엇이든 배달이 되는 시대이다. 배달에 대한 적정한 돈을 지불하니 마음에 안 들면 언제든지 취소해도 된다는 생각에는 '돈이면 무엇이든 가능하다'는 생각이 깔려 있는 것은 아닐까. 배려의 마음을 잃어버린 우리의 모습을 반영하는 것은 아닌가 씁쓸해진다.

맘까페의 글을 읽다 보면, 참으로 다양한 사람들이 있고 다양한 욕구들이 있다는 생각이 든다. 하지만 가장 근원적인 욕구는 자신의 존재를 드러내는 것, 인정과 공감을 받고 싶어 하는 것, 유대감을 느끼고 싶은 것으로 요약이 되는 것 같다. 그런데 그 욕구가 과도하게 드러나며 다른 사람의 상황을 헤아리지 못하고, 자기중심성에서 벗어나지 못하면서 이기적인 행동으로 스며 나오는 것이다. '내가 저 사람이라면 어떨까?' '저 사람이 바라는 것이 무엇일까?' 잠시라도 생각해 본다면 인터넷에서 심심찮게 나오는 첨예한 갈등, 갑질의 상황이 많이 줄어들 것이라는 생각이 든다. "내가 대접받고 싶은 만큼 상대를 대접하라"는 황금율이 새삼 귀한 말씀으로 다가온다.

숨겨진 욕구를 이해한다는 것

"이 선생님, 미안한데… 지금 수업 끝났지요? 지금 5학년 혜수 어머님이 오셨는데, 와서 얘기 좀 해 주세요."

학교폭력 담당자로 내려간 교무실에는 여전히 눈물을 훔치고 있는 혜수 어머니가 있었다. 첫째를 임신 중이라 배가 불룩 나와 있는 상태의 나를 흘낏 보기는 했지만, 어머니는 자기 감정에서 여전히 헤어 나오지 못하는 듯 앉자마자 나를 흘겨보며 화난 감정을 비언어적으로 표현했다. 자리에 앉아서 학교폭력 담당 교사라며 정중하게 인사를 했다. 업무수첩과 필기구를 내려놓고 들을 준비를 하며 어머니의 말을 경청하려고 노력했다.

"수업 중이라서 쉬는 시간에 대강 들었습니다. 혜수가 청소 시간에 영호라는 아이와 무슨 일이 있었다구요?"

"예, 정말 어이없고 화나는 일이지요, 정말, 학교에서는 뭘 한 건지. 그런 아이를 그냥 내버려 두나요? 당장 퇴학시켜야지요."

앉자마자 거칠게 말하며 불가능한 요구사항을 말하기 시작했다. '초등학교에서 퇴학은 없어요'라고 사무적으로 사실을 말하는 것은 아무 도움이 되지 않기에 혜수 입장에서 이야기를 자세히 들었다. 과학실에서 청소하다가 혜수가 청소도 안 하고 쓰레받기로 다른 아이와 장난치는 영호를 보며, '여기 청소 안 할 거면 내가 할 거니까 비켜 줘' 하며 살짝 밀었단다. 서로 실랑이를 하다가 안 좋은 말이 나왔는데, 그때 화를 참지 못한 영호가 혜수의 허벅지와 배를 발로 찼다고 한다. 울면서 곧장 집으로 간 아이를 보자 놀란 엄마는 담임선생님과 통화가 안 되니 학교로 직접 찾아왔고, 교감 선생님에게 한바탕 감정을 쏟아낸 것 같았다. 당시는 아직 학교폭력대책자치위원회도 만들어지지 않은 초창기여서 학교의 대응은 부실할 수 밖에 없었다.

"저런, 어머님, 너무 속상하고 황당하셨겠어요. 혜수가 열심히 청소하다가 봉변을 당했네요."

"그럼요, 정말 아이가 울면서 오는데, 오늘 새 옷으로 연분홍 멜빵바지를 입고 갔어요. 그런데 그 멜빵바지에 그놈 발자국이 여기저기 있는 거예요. 그걸 보고 미치지 않을 엄마가 어디 있겠어요?"

"세상에, 혜수는 괜찮은가요? 어쩜 그런 녀석이 다 있대요?"

진심으로 어머님의 속상함이 공감이 되었고 혜수가 걱정되었다. 그런 마음으로 오랜 시간, 어머님의 감정을 들어주었다. 열심히 듣다 보니, 이야기가 계속 헛도는 느낌이었다. 혜수 엄마가 바라는 점이 무엇일지 문득 묻고 싶어졌다.

"어머님, 정말 혜수가 안 좋은 일을 당했어요. 다친 곳이 없는 것 같다고 하셨지만, 멍이 들 가능성도 있고 혹시 모르니 병원에 데려가 보는 게 어떠세요?"

혜수 어머니는 그러겠다고 하더니 또다시 자신의 감정을 쏟아냈다. 혜수 어머님이 원하는 것이 무엇인지 구체화하는 것이 필요하다는 생각에 조심스럽게 말을 꺼냈다.

"어머님의 속상한 마음 충분히 알겠어요. 어머님이 바라시는 점을 말씀해 주시면 최선을 다해서 혜수의 마음과 몸의 상처가 치유되도록 어머님과 함께 도울 수 있을 것 같아요."

혜수 어머님은 영호의 평상시 행실을 이야기하며 강제로 전학을 시키거나 반을 바꾸거나, 제대로 교육해 달라고 부탁했다. 또 그런 폭력적인 행동에 혜수가 피해를 볼까 불안하다고 했다. 그러면서 제대로 된 교육을 해 달라고 했다.

어머니가 분노한 이유를 생각해 보았다. 혜수가 설령 큰 부상을 입은 것은 아니더라도 맞으면서 느꼈을 모멸감과 추락한 자존감에 대한 보상을 받고 싶지 않을까 생각했다. 그래서 혜수의 자존감을 높일 수 있는 방법을 생각해 보았다. 그 전에 혜수의 안전에 대한 욕구를 채우는 것이 중요했다.

"어머님, 우선 긴급하게 위원회를 열어서 단 며칠이라도 영호의 출석을 정지시키도록 하겠습니다. 영호가 안 나오는 동안에는 혜수가 나와서 지내기도 괜찮을 것 같고 마음이 수습될 것 같아요. 또 아이들에게 이런 폭력은 용서받을 수 없다는 암묵적인 표시도 되겠구요. 제가 학교 상담실을 운영하고 있으니, 영호가 등교하면 전문 상담 선생님과 연결해서 재발이 안 되도록 교육하고 무엇보다, 영호 어머님을 불러서 사태의 심각성을 말하고 상담 교육을 잘 받도록 하겠습니다. 저도 영호를 수시로 불러서 그런 행동이 또 일어나지 않도록 막겠구요."

안전에 대한 욕구를 충족시켜주니 조금 누그러졌지만, 여전히 불편한 감정을 내 비쳤다. 순간 머릿속에서는 '치료비'도 떠올랐다. 아이가 일방적으로 당한 것도 억울한데, 병원 비용을 피해자 입장에서 부담한다면 억울하지 않겠는가.

"그리고 어머님, 오늘이나 내일 병원으로 가서 혜수 몸 상태에 대한 진단을 받으시고 상담실에서 상담도 받으세요. 치료비는 영호 어머님 께 말씀을 드려서 지불하도록 하겠습니다. 혜수도 상담을 받고 싶으 면, 좋은 상담사님 연결할 수도 있구요. 그리고 영호 어머님이 사과하 시고 그러실 텐데, 전화번호 알려드릴까요? 아니면 어머님께서 전화 를 받으시도록 할까요?"

치료비 등 보상 문제가 구체화 되자 분노의 눈빛이 많이 수그러든 느낌이었다.

"선생님, 적극적으로 대처해주시려고 해서 감사해요. 치료는 많이 들 것 같지는 않지만, 영호가 반성한다면 치료비를 내겠지요. 저기… 임신하신 것 같은데, 험한 일을 맡으셨네요. 죄송합니다."

영호 어머니에게 전화해서 자초지종을 말하니, 다행히 많이 미안해 하며 혜수 어머니에게 사과를 드리고 영호도 며칠간 학교를 보내지 않겠다고 했다. 학교에서 주선하는 상담도 받겠다고 했고, 혜수의 치 료비도 주겠다며 죄송하다는 말을 연신 했다. '우리 아이만 잘못한 것 은 아닌데요?' 하며 자신의 아이만을 보호하려는 비뚤어진 모성애를 보이지는 않아서 천만다행이었다.

서로의 요구, 특히 피해 학생의 입장에서 진정으로 바라는 것을 알 려고 노력하는 것이 학교의 가장 현명한 자세임을 늘 생각한다. 하지 만 지금은 피해 학생 측에서 너무 과한 것을 요구하고 그것이 관철이 안 되면 학교를 상대로 생활교육에 대한 고소 고발이 이루어진다. 아이를 조사하는 과정에서 배려를 안 했다든가 알면서도 적극적으로 조사하지 않았다면서 아동학대로 신고하겠다며 변호사를 대동하여 나타나기도 한다. 가해 학생 측도 아이가 져야 할 책임을 덜기 위해 학교의 지도 문제로 책임을 돌리며 역시 교육청과 신문고에 민원을 넣겠다는 둥, 조사 과정에서 부당함이 있었다는 둥 하면서 학교를 괴롭히는 상황이 늘어나고 있다.

학교에 대한 신뢰를 잃은 것인지 교사를 서비스직으로 여겨서인지는 학부모마다 생각이 다를 것이다. 분명한 것은, 내 아이에게는 한 점 오점도 없어야 한다는 '심리적 결벽증'으로 아이가 안 좋은 일로 주목받는 상황에서는 학교에 철저하고 완벽한 일처리를 요구하기 때문에 학교가 몸살을 앓고 있다는 점이다.

날로 힘들어지고 있는 학교폭력 업무에 대한 경감을 위해 교육부에서는 2024년 3월부터 '학교폭력전담조사관제'를 도입했다. 하지만 2024년 7월, 한국교총의 조사자료에 따르면 '학폭전담조사관제 도입이 학교 현장에 도움이 되느냐'는 질문에 42.5%가 그렇지 않다고 응답한 것으로 나타났다. '학폭업무가 줄었느냐'는 질문에도 53.2%가 아니라고 답했고, '민원이 줄었는가'에도 56.8%가 그렇지 않다고 반응했다.

학교폭력 조사의 과정에서 오는 부담감이나 민원, 업무량 때문에 고충이 많았던 상황이라 이를 해결해 줄 수 있을 것으로 기대했는데, 현재까지는 만족스럽지 못한 상황이다. 사안에 따라, 심지어 애초 취지와 달리 담당교사가 모든 조사과정에 동석한다는 응답이 69.1%나 되었고, 조사관의 사안 처리 기간이 너무 오래 걸린다는 의견도 62.4%나 되고 있다.

정책 도입의 초창기이기에 그렇겠거니 생각하면서도 초창기에 역할을 확실히 해야 하는데, 오히려 절차상 업무 과중으로 변질될까 우려가 된다. 학교가 바라는 것은, 가해 학생도 피해 학생도 모두 우리 학교 학생들이라 법적으로 시시비비를 가리는 일은 사법부나 행정부에서 해 주기를, 학교는 교육이라는 고유한 업무에만 집중하도록 도와주길 바라는 것이다. 물론 이 업무에는 아이들의 깨어진 관계를 회복하려는 교육적 노력도 포함된다.

상냥하지만
단호하게 부탁하기

NVC의 네 번째 요소는 '우리가 각자 삶을 풍요롭게 하기 위해서 서로에게 무엇을 부탁하기 원하는가'의 문제를 다루고 있다. 이것은 막연함, 추상적, 모호한 말을 피하고 원하지 않는 것보다 우리가 원하는 것을 말하여 '긍정적인 행동 언어'를 사용하는 것을 기억하는 일이다.

우리는 말할 때, 상대방에게 어떤 응답을 바라는지 분명히 할수록 우리가 원하는 것을 얻을 가능성이 더 높아진다. 내가 전하고자 하는 것이 전달되었는지 확인하고, 내가 상대방에게 바라는 반응을 명확하게 인식해야 한다. 우리의 부탁에 상대방이 응하지 않을 때 그들이 비난과 처벌을 받을 거라고 생각한다면, 이는 부탁이 강요로 받아들여진 것이다.

NVC의 목적은 자신이 원하는 것을 갖기 위해 다른 사람의 행동을 바꾸려는 것이 아니다. 솔직함과 공감에 바탕을 둔 인간관계를 형성하여 결국에는 모든 사람의 욕구가 충족되도록 하는 것이다.

▪ 마셜 B. 로젠버그, 《비폭력대화》에서

강요를 숨긴 부탁은 위험해요

그리 많은 홍보를 하지 않았는데 비폭력대화에 관심을 갖는 사람들이 많다는 말을 들었다. 나 또한 상담심리를 박사과정까지 배우고 수련 과정까지 밟았는데도 불구하고, 결혼생활을 하고 아이 둘을 키우고 교사로 아이들을 가르치면서 비폭력대화의 필요성을 느껴 일부러 워크숍에 참석하기도 했다.

워크숍에 참석하는 사람들은 매우 다양했다. 나와 같은 교사도 있었지만, 수녀님, 상담센터 상담사뿐만 아니라 가족들과의 불화로 찾아온 사람, 심지어는 너무 조용하고 감정 표현이 부족하다고 승진 전에 이 과정을 밟아야 한다는 팀장의 추천으로 오게 된 비트코인 회사 대리도 있었다.

생활 속에서 불편함을 느껴서, 스스로 또는 타인의 권유로 오기도 했지만, 삶을 그냥 되는 대로, 내키는 대로 살기보다는 결국 행복하게 살고 싶어서 온 사람들이다. 타인과 제대로 소통하며 행복하게 살려는 내적 성장에 대한 욕구가 강한, 정신적인 에너지가 높은 분들이라는 인상을 받았다. 좀 더 세밀하게 본다면, 저마다 제시하는 이슈는 나와 갈등 상황에 있는 사람들에게 '제대로 부탁'하는 것을 배우고 싶어서 온 것이었다.

수녀님은 공동체에서 같이 생활하는 다른 수녀님들과, 상담센터 직원들은 이해할 수 없는 행동을 하는 센터 동료나 상사와, 회사원은 직장 동료와, 그리고 나를 비롯한 대부분은 가족들과 잘 지내고 싶은 마음에서 스스로 비용을 들여 참여했다. 갈등의 원인을 남 탓이 아닌 내 탓으로 성찰하고 나로부터 변화를 이끌려는 마음의 목소리를 따라 교육에 참여한 선한 사람들이라는 생각도 들었다. 상황과 입장은 다르지만, '타인과의 갈등을 건전하고 안전하게 해결하고 싶은' 열쇠를 얻고 싶어서 참여한 사람들이다. 함께 같은 방향을 보고 이야기를 나눈다는 것 자체로 마음이 충만해지는 것 같았다.

교육을 받으면서 그 '열쇠'가 결국 '부탁'이라는 것을 깨닫게 된다. 워크숍이 끝나면 의기양양, 행복한 마음으로 집으로 가지만, 얼마 안 가서 '교육은 교육일 뿐인가?' 좌절감을 느끼게 된다. 비폭력대화를 배운 한 선생님이 나에게 고백한 내용이다.

"제가 배우고 온 것을 실천하려고 아이한테 우선은 상냥하고 부드럽게 말했어요. 편견을 갖지 않고 관찰한 것을 그대로 말하면서 내 솔직한 느낌을 말하고 나의 바람을 부탁했더니, 아이 말이 '엄마, 그런 거 배워서 나한테 적용하지 마. 평소대로 해. 오글거리고 힘들어' 하잖아요. 아, 정말! 마음을 다스리며 부탁하고 싶은 것을 상냥하게 말하는데 왜 그러는 거죠?"

많은 사람이 야심 찬 기대에 부풀어 비폭력대화를 적용하는 과정에서 주변 사람들이 당황하고 경계하며 심지어 거부하는 반응을 보여

오히려 상처를 입는다는 이야기도 듣는다. 나 또한 그러한 과정을 겪었다. 나의 말에 상대방이 변화할 것이라는 오만한 희망을 안고 상대를 부드럽게 설득시키고자 노력하지만 결국 돌아오는 건 거부였고 좌절을 겪기 일쑤였다.

내가 젊고 자유로워 상상력의 한계가 없을 때,
나는 세상을 변화시키겠다는 꿈을 가졌었다.
좀 더 나이가 들고 지혜를 얻었을 때, 나는 세상이 변하지 않으리라는 것을
알았다.
그래서 시야를 약간 좁혀서 내가 살고 있는 나라를 변화시키겠다고 결심
했다.
그러나 그것 역시 불가능한 일이었다.

황혼의 나이가 되었을 때 나는 마지막 시도로,
나와 가까운 내 가족을 변화시키겠다고 마음을 먹었다.
그러나 아무도 달라지지 않았다.
이제 죽음을 맞이하기 위해 누운 자리에서 나는 깨닫는다.
만일 내 자신을 먼저 변화시켰다면, 그것을 보고 내 가족이 변화되었을
것을…

또한 그것에 용기를 얻어 내 나라를 더 좋은 곳으로 바꿀 수 있었을 것을…

그리고 누가 아는가. 세상까지도 변화되었을 지도…

(웨스트민스터 대성당의 지하 묘지에 있는 한 영국 성공회 주교의 무덤 앞에 적혀 있는 글)

결국 세상을 바꾼다는 것은 '나를 바꾸는 것'이라는 이 말은 독선적인 태도를 바꾸어 상냥하게 말하는 것이 왜 통하지 않는지를 깨닫게 한다. 교육을 받은 덕분에 상냥함과 친절함만 장착했지 여전히 '너는 나의 요구를 들어주어야 해'라는 '강요'가 숨어 있었던 것이다. 아무리 비폭력대화에서 배운 바대로 말을 해도, 상대방은 교언영색^{巧言令色} 뒤에 숨겨져 있는 '강요'를 알아채고 오히려 더 거부하고 싫어하는 것은 아니었을까. 마셜 로젠버그는 이렇게 말한다.

진심으로 부탁하고 있다는 사실을 알리는 가장 확실한 방법은, 상대방이 우리의 부탁에 응하지 않았을 때 그 사람의 말에 공감해 주는 것이다.

남편이나 아이가 내 마음에서 몇 번을 살피고 빚어 만든 부탁의 말을 들어주지 않을 때, 당연히 나 자신 또한 당황스럽고 실망스럽다. 그럴 때, 위의 말대로 공감한다는 것은 사실 엄청난 내공이 필요하다. 이런 거절의 순간, 거절하는 상대의 마음을 챙기기는커녕 실망과 속상함이 끓는 내 마음을 챙기기도 어렵기 때문이다.

어쩌면 상대를 위한 진심 어린 부탁이라고 생각하고 말을 하는데 그 부탁을 들어주지 않고 거부할 때, 침묵을 지키며 한발 물러나는 것도 대안적인 태도일 것 같다. 나의 진심 어린 부탁을 들어주지 않을 때, 대부분은 '나를 무시하나?', '나를 중요하게 생각하지 않나?' 부정적인 감정이 떠오른다. '난 역시 안돼' 자신에게 자칼의 대화(자기 스스로를 공격하는 대화)를 하며 그 좌절감에, 오히려 상대를 공격적으로 대할 가능성도 크다. 자동으로 뻗어나가는 좌절감에 뒤따르는 화를 침묵으로 유예하는 연습이 더 필요하다. 침묵하면, 마음은 아직 김이 가득 차 힘들고 불편하지만, 곧 그 김이 빠지는 것을 스스로 느끼며 '왜, 나의 부탁을 받아들이지 않을까?' 생각할 수 있는 마음의 자리가 생기기 때문이다.

너에게 부탁한 말을 다시 한번 얘기해 줄래?

나를 비롯한 아이를 키우는 부모들이 한 번쯤 겪었을 법한 사례로 '부탁'의 특성을 생각해 보자.

"네가 공부하는 줄 알았는데, 이상하게 엄마가 간식 주려고 문을 열고 들어갈 때마다 게임을 하고 있었어. 이제 고2라 공부를 제대로 해야 하는데 어쩌나! 엄마는 네가 원하는 대학이나 과에 들어가서 하고 싶은 공부를 하면서 행복했으면 좋겠어. 컴퓨터 게임 시간을 줄이고. 사실 아예 안 했으면 좋겠는데 가끔 스트레스도 풀어야 하니 그럴 수는 없겠지… 하지만 시간은 분명 줄였으면 해. 그래서 문을 열고 공부하면 어떨까? 날도 더운데. 아니면… 컴퓨터를 당분간 치워 놓을까?"

"엄마, 그냥 '공부해'라고 말 한마디 하면 되잖아? 돌려서 말하니 더 짜증 나. 화가 난다고, 아이, 참."

이런 아이의 반응에 대부분의 부모는 이렇게 반응한다. "뭐라고, 이 녀석이?"(심지어 매를 들기도 한다) "이따 아빠 오면 다 이를 거야!" "공부 때려 쳐. 무슨 대학을 가겠어? 공부하는 척하는 거지. 고2 되는 아이 맞니? 그러고서는 어떻게 대학 가겠다는 거니?" "너 돌보는 건 대학 때까지야. 그 이후의 삶은 알아서 살아야지, 내가 이제까지 너 키운 것도 모자라 사지육신 멀쩡한 너를 늙어 죽을 때까지 수발을 들어야 하니?"

많은 부모는 누르고 참아왔던 서운함과 걱정의 감정을 한꺼번에 쏟아내면서 저주와 경고, 위협, 협박으로 가득한 말을 했을 것이다. 그리고 나서는 대부분 후회한다. 후회가 들면 대화의 자리를 마련해 사과하고 진심을 전하면 좋으련만, 아이의 눈치를 보며 아이와 더 멀어진 상황이 오면서 안타까움과 속상함에 힘들어한다.

하지만 '짜증난다'는 아이의 말을 듣는 순간, 감정의 폭발을 하는 대신, 비폭력대화에서 말하는 지혜를 생각하며 아무 말 없이 자리를 피하고 침묵으로 지켜본다. "그래? 엄마 말 듣고 짜증이 날 수도 있겠지. 우리 좀 더 생각해 보고, 이따 다시 말하자"라며 유예의 시간을 두자는 제안도 괜찮을 것이다. 내 감정도 수습하고 아이도 감정을 수습할 시간이 필요하기 때문이다. 놀라운 것은, 침묵이 일종의 후퇴일 수는 있지만, 나의 부탁에 대한 철회는 아니기 때문에 아이도 마음을 정리하고 나의 부탁을 곱씹을 기회를 줄 수 있다는 점이다. 이후 어떻게 받아들이는지, 아이의 마음이 가라앉은 후 대화를 시도한다.

"엄마, 아까는 제가 좀 죄송했어요. 제가 좀 짜증이 나서 급발진했어요. 요즘 좀 공부가 안돼 저도 속상해요. 게임을 좀 한 것 같은데, 저도 이제 열여덟 살이니 스스로 판단할 수 있는 나이인 것 같아요. 제가 알아서 하도록 좀 믿어주세요."

늘 화에 차 있는 아이가 스스로 이렇게 말을 먼저 꺼내니 아이가 많이 컸다는 것을, 한 인격체로서 존중해야 한다는 것을 다시금 깨닫게된다. 아울러 여기서 더 나아간다면, 이런 공감의 대화도 가능하다.

"그렇게 말해주니 고맙네. 짜증 나고 화난다는 것이 엄마 말을 잔소리로 듣고 그래서인가 생각도 했지만, 네가 '요즘 공부가 안되는' 상황을 엄마가 알아챈 것 같아서 더 그랬겠지, 하는 생각이 들었어."

"예, 엄마 말보다는 내 상황에 짜증이 난 것 같아요."

"그래, 그럼. 아까 엄마가 너에게 한 부탁의 말에서 무엇을 들었어?"라며 내가 말한 '부탁이 잘 전달이 되었는지 확인'을 한다. 같은 말을 해도 듣는 사람의 해석은 제각각이기 때문이다. 같은 사람이라도 상황에 따라 또 달리 듣기도 하기에 확인해야 한다.

"컴퓨터 게임을 하지 마라, 컴퓨터를 없애라, 그랬잖아요."

"음, 그렇게 들었구나. 하지만 최악의 경우, 네가 판단해서 컴퓨터를 치워 놓을 수는 있겠지만, 엄마 부탁은, 네가 고2가 되니 좀 더 집중해서 공부했으면 하는 거야. 집에서 안 되면 스터디 카페를 갈 수도 있고. 컴퓨터 게임은 시간 정해서 할 수도 있겠지만, 줄였으면 해. "

"스터디 카페는 괜히 돈만 들고… 컴퓨터 게임 시간은 제가 조정할 수 있어요. 생각보다 게임을 많이 하지는 않으니 걱정 마세요. 그리고 시험 기간에는 시간이 부족해서 할 생각도 전혀 안 들구요."

"그래, 그럼… 엄마가 도울 일이 있으면 꼭 말하고. 네가 후회 없이 공부했으면 좋겠어."

부탁했다고 해서, 또 정성스럽고 상냥하게 말했음에도 불구하고 수용되지 않는 경우가 대부분일 것이다. 심혈을 기울여 비폭력대화를 며칠 배우고 와도 마찬가지이다. 사실, 내가 부탁해도 상대방의 욕구와 충돌이 될 수 있기에 부탁은 받아들여지기 쉽지 않을 수 있다. 그런 줄 알면서, 나의 진심과 느낌, 바람을, 상대방을 존중하면서 나의 마음을 담아 전달한다. 그것을 들어줄지 말지는 상대에게 달린 것이다. 상대방의 반응까지도 내가 조종하려는 것은 '강요'이고 '폭력'이 될 수 있다. 내가 진심으로 부탁했는데도 받아들여지지 않는 경우, 아직 상대가 그것을 받아들일 준비가 안 되어 있거나 나에 대한 신뢰가 없어서일 수도 있다.

아울러, 상대방이 내 말을 여러 가지 이유로 곡해해서 들을 가능성도 크다. 예전에 《화성에서 온 남자, 금성에서 온 여자》라는 책이 베스트셀러가 된 적이 있다. 여자와 남자는 언어와 사고방식이 다르기 때문에, 상대를 자신에게 맞게 변화시키려고 애쓰거나 맞서는 대신 남녀의 차이를 편하게 수용하는 것이 중요하다는 메시지를 담았다. 충분히 공감되는 말이지만, 생활 속에서 적용하는 것이 쉽지 않다.

주변에 여러 남성이 있지만, 가장 가까운 이성인 남편과 아들은 지금도 이해가 안 되는 순간이 있다. 가장 답답한 상황은 내가 말한 내용에서 내가 전하고자 하는 핵심에 공감하고 이해하는 것이 아니라, 생각지도 못한 것에 꽂혀서 예상치 못한 반응을 하거나 화를 내는 순간이다. 하지만 그들 입장에서도 내 말을 들으며 답답했을 것이다. 그래서 내가 말을 하고 "당신, 내가 이 말을 한 이유를 알겠어요?"하고 되묻기도 한다. 내 말에서 무엇을 들었는지 확인하는 과정을 거치며 잘못 이해했구나 이해하려고 노력하며, 다시 한번 나의 바람을 전달하려고 하는 것이다.

부탁이 닿기 위해서는 신뢰가 필요

수석교사로서 학교에서 동료 교사들의 수업, 교육과정, 평가 등에 대한 컨설팅을 하다 보면 생활기록부에 들어갈 '행동 발달 및 종합의견'을 검토할 때가 있다. 글을 보면 동료 교사들의 글솜씨뿐만 아니라, 아이들을 바라보는 관점, 교육관까지 알 수 있다. 같은 동료 교사이기에 조심스럽게 보려고 노력하는데, 명료하고 구체적이면서도 깔끔한 평가문을 쓴 분들이 대부분이고 가끔 나도 배우고 싶을 만큼 잘 쓴 평가문들도 눈에 띈다.

경력이 짧은 선생님 한 분과 베테랑인 부장님 한 분의 글이 생활기록부 기술 원칙과 맞지 않음을 발견하고 고민을 한 적이 있다. 아이들의 앞날을 응원하고 사랑하는 선생님들의 마음은 충분히 이해되었지만, 공문서이기에 객관적으로 써야 하는 평가문이었다. 시간을 들여 그 선생님 두 분의 의도를 살려 수정으로 권할 만한 글을 옆에 첨삭 지도하듯 써 드렸다. 오랜 시간이 걸렸다.

두 분에게 따로 말씀드리면서 "수정을 권하게 되어서 기분 나쁘실 텐데 죄송하다, 이해 부탁드린다"는 말로 시작해 원칙을 말하고 평가문 수정을 요청했다. 나의 마음속에서 갈등이 일어났던 것은 평가에 대한 교사의 '자율권'과 나이스 기재 사항에 맞춰 작성해야 하는 공교육 교사로서의 '책무'가 마음속에서 충돌했기 때문이었다.

초임 경력 시절에 '열린 교육'과 함께 슈타이너 학교의 '발도르프 교육'에 매료된 적이 있었다. 한 담임교사가 8년간 아이를 맡아 성장 과정을 쭉 챙겨가며 기질별로 교육을 한다는 것도 신선했고, 무엇보다 점수를 매기지 않는 평가로, 긴 서술형 성적표가 매우 인상적이었다. 개별 아이들마다 담임교사가 시와 은유, 유머를 동원하여 정확하고 설득력 있는 문장으로 아이들의 결점마저도 사실에 입각하여 거짓없이 묘사한다는 것, 아이들에 대한 성원과 바람을 있는 그대로 표현한다는 것이 부러웠다. 슈타이너 학교에서의 평가는 매일매일의 기록이다. 과목별로 노트를 만들어 학습속도, 동기, 집중력, 이해력, 기억력, 특히 슈타이너 학교가 중시하는 노래와 그림, 어른들과의 협동, 동기들과의 협동, 자신감, 자존감 등등 매우 넓고 다양한 부분을 상세하게 기록한다.

하지만 현재 대한민국의 학교가 학생생활기록부에 쓰는 '행동 발달 및 종합의견'은 1년의 과정을 축약적으로 담아내야 한다. 있는 그대로 관찰한 것을 나열하는 것이 아니라 '친근감이 있으며' 등 가장 적절한 용어를 사용하여 추상적이면서도 아이의 특성이 담긴 모습을 기술해야 한다. 어느 정도 정리가 되어 두 선생님을 따로 만났다.

경력이 짧은 선생님은 "그냥 삭제해 버리겠다, 고칠 시간이 없다" 며 기분 나쁨을 드러냈다.

"선생님, 아이들을 생각하고 잘 되었으면 하는 응원의 마음을 표현하고 싶은 마음은 충분히 알겠어요. 삭제가 아니라 객관적이고 드라이한 용어로 고치면 될 것 같아요. 이런 글은 평생 남고, 이 아이를 가르친 선생님께서 대표로 작성하는 것이잖아요. 우리가 교육받은 바대로 형식을 갖춰 써야 할 것 같습니다."

우리는 대안학교의 교사가 아니라 '공교육 교사'이기에 공문 작성도 그 형식에 맞춰야 하듯이 아이들에 대한 평가문도 마찬가지임을 그 선생님이 이해해주길 바랐다. 젊은 선생님도 이렇게 기분 나빠하며 반발하는데, 고경력 부장님은 어떤 반응을 보일까 걱정이 되었다.

"부장님이 아이들을 생각하는 마음, 도움이 되는 말을 써주어야 한다는 생각과 칭찬의 말을 써주어야 하는 사이에서 갈등을 느끼는 것이 글에 나타나 얼마나 고심했는지 느껴져요. 그 고민으로 쓴 평가문일 텐데, 교사 개인의 주관적인 표현이 좀 들어가서 객관적인 용어로 고쳤으면 합니다" 하고 우선 말을 꺼냈다. 그런데 반응이 달랐다.

"이렇게 고쳐주시느라 얼마나 고생 많으셨어요. 제가 너무 죄송해요. 오히려 이렇게 봐 주셔서 감사해요. 잘 보고 바로 수정하겠습니다. 얼마 걸리지 않을 건데요, 뭐."

부장님은 오히려 미안해하고 나를 다독여주었다. 그 부장님 반에 상상을 초월하는 '금쪽이'가 있어서 위기관리위원회 개최 등 일이 많았던 탓에 이렇게 까다롭게 컨설팅을 하는 것이 내내 미안했는데, 긍정적으로 받아주니 더 미안해졌다.

두 경우 어떤 차이가 있는지 생각해 보았다. 두 선생님의 성향 차이, 경력에서 오는 여유의 차이를 불문하고 두 선생님의 극과 극의 반응은 나와의 '관계의 정도'에서 비롯된다는 것을 느꼈다. 다소 민감한 사항을 말할 때 가장 중요한 것은 상대와의 누적된 신뢰가 아닐까. 신뢰가 있어야 마음이 열리는 것은 상담뿐만 아니라 일상에서도 마찬가지이다.

부장님과는 정서 행동 장애가 있는 아이 일로 자주 만나고 선생님의 속상함을 들어주면서 어떻게 대처할지 의논하고 실제 도움을 주기 위해 많이 노력했었다. 그래서 서로 복도에서 만나면 괜찮냐, 힘드시겠다 위로하고 격려하며 사안이 발생하면 뛰어 올라가 돕기도 하면서 좋은 관계를 맺었다. 하지만 젊은 선생님은 개인적인 교류가 많지는 않은 편이었다. 속마음을 나눌 정도로 친하다고 보기는 어려운 상황이었다. 관계의 질, 신뢰의 정도가 다르기에 나의 컨설팅에 대한 반응도 달랐다.

수석교사는 관리자의 입장이기보다는 컨설턴트 및 코칭, 지원자의 입장이라 교사들과 실제적인 상호교류를 위해 라포(rapport, 서로의 마음이 연결된 상태) 형성이 매우 중요하다. 이 과정에서 꼭 지켜야 하는 원칙적인 것들을 이야기할 때, 관계의 질에 따라서 수용되기도 하고 거부되기도 한다. 예전처럼, '관리자이니까 수석교사이니까 선배이니까 받아들이고 좋은 가르침, 조언이라고 생각하자'는 후배들은 갈수록 줄어드는 상황이다. 이것은 '요즘 세대' 교사들의 특징이기보다는, 코로나 이후 급격히 줄어든 상호작용, 서로에 대한 관심, 우리는 같은 곳을 보고 함께 가는 교사 공동체라는 내적인 연결이 줄어들었기 때문이 아닐까.

구체적이고 명료한 부탁이 중요한 이유

딸아이가 6학년이었던 어느 날 저녁, 눈물을 흘리면서 씩씩대고 있었다.

"엄마, 나 너무 힘들어. 도대체 그게 무슨 말이야? 너무 기분 나쁘고 이상해."

아이의 말을 들어보니 말로 하는 성폭행과 다름없는 일이 벌어졌다. 그것도 같은 동성에게 말이다. 딸이 체육 시간에 줄 맞춰 운동장에 앉아 있었다. 그런데 친구들과 몰려다니고 남자 친구가 자주 바뀌는 성숙이가 딸에게 와서 충격적인 말을 했다.

"야, 너는 콘돔 끼고 하는 게 낫냐, 그냥 하는 게 낫냐?"

그 말을 하는 아이 옆에, 평소 딸아이에게 질투와 시기심을 보이는 몇몇 아이들이 킥킥대거나 무심하게 서서 팔짱을 끼고 딸아이를 관찰하고 있었다. 딸아이는 성관계를 정확히 알지는 못하지만, 콘돔이라는 말이 나오니 어떤 것인지 짐작하고는 당황했다. 하지만 그 아이들이 원하는 대로 주눅 드는 모습을 보이고 싶지 않다는 자존심에 아무렇지 않은 척, "그런 말 하면 안 돼" 하면서 같이 노려보았다. 그러자 "누가 모범생 아니랄까 봐" 하면서 킥킥대고 비웃으며 갔다는 것이다. 그리고 나서 그 반에 남녀 이란성 쌍둥이인 친구에게, "야, 너희 둘은 같이 자냐?" 하면서 또 성희롱적 발언을 하고 두 아이가 당황하자 킥킥 웃었다고 한다. 딸아이가 "야, 너희들 그만하지 못해!" 하고 순간 소리를 질렀고 상황이 종료된 것이다.

난 딸아이가 충격을 받은 것, 자존심이 상한 것과 더불어 그런 성적인 말로 순한 아이들을 골라서 당황시키며 사람의 마음을 가지고 노는 그 아이들에게 순간 분노가 일었다. 딸아이를 위로하고 선생님께 절차대로 처리해 달라고 부탁하기로 했다. 담임선생님에게 문자로 학교폭력에 해당하고 성 사안과도 관련이 있는데, 경찰서에까지 신고하고 싶지는 않지만, 학교폭력으로는 접수하고 싶다고 했다.

그런데 6학년 2학기로 졸업이 얼마 안 남아서 이 사안이 2월에나 마무리될 것 같아서 중학교까지 이 내용이 이월될까 걱정이라는 말을 들었다. 더 화가 나는 지점은, 가해 아이가 활달하고 싹싹한데, 좀 말을 가리지 못하는 경향이 있어서 실수했다는 식으로 말하는 것이었다. 눈치가 빠르고 활달한 성격이라 담임교사에게도 애교가 많고 살갑게 굴었을 것이다. 그에 비해 우리 아이는 원칙적이고 조용한 성격으로 아부할 줄을 모르는 무덤덤한 아이였다. 우리 아이가 예민하게 반응한 것으로 생각하는 것인지 의구심이 들었다. 더구나 가해를 한 아이가 진심으로 반성하고 있고, 부모님들도 놀래서 사과하고 싶어 한다는 말도 했다. 평소 시시비비를 잘 가리고, 아이들에게 화 한 번 안 내는 침착하고 조용한 담임선생님이신데, 하는 말마다 그 아이의 편을 들고, 그 아이 입장만 생각하는 듯해서 서운하고 속상한 마음에 화가 솟구치는 느낌이었다.

"선생님, 지금 피해자는 우리 아이입니다. 아이가 그런 성적인 말로 당황시키고, 반응을 관찰하고 비웃고 하는데, 그 과정에서 저희 아이 상처받은 마음은 생각하지 않으시나요? 그 아이 생활기록부에 기록이 될 것만 생각하시는 것은 그쪽 부모님이 하셔야 할 일이잖아요? 왜 선생님께서 나서서 그쪽 걱정을 하시는 거죠?"

오랫동안 학교폭력 관련 일을 해 왔고 강의도 하고 있으며, 책까지 썼다. 그리고 같은 동료 교사이니 중간에 얼마나 힘들지 알기에, 이성적이고 균형적인 사고를 하려고 했다. 하지만 피해 입은 아이에 대한 공감과 위로보다는 가해 아이의 입장에서 생각하고 일을 얼른 해결하려는 선생님의 의도가 보이니, 엄마로서 분노가 일어나는 것은 어쩔 수 없었다. 나의 말에 담임선생님도 당황하는 것 같았다. 좀 더 이야기를 나누다가 결국, 회복 중재 자리를 마련해 달라고 했고 진정한 사과를 받고 싶다고 했다.

긴장하는 딸아이에게 사과받으러 가는 것이니 긴장할 것 없고, 너의 마음을 이야기하도록 엄마가 돕겠다고 격려했다. 그런데 교실에 들어선 순간, 당황스러웠다. 그 아이의 아버지까지 와서 앉아 있는 것이었다.

2대 1로 싸우는 느낌이 들었고, 이런 상황을 담임교사가 주도했는가 의심도 들면서 불편한 마음이 들었다. 내 마음을 다독이며, 딸아이를 보니 상황이 이상하게 돌아가는 것 같았다. 그 아버지와 어머니가 돌아가면서 '미안하다', '용서해다오' 말을 하는데, 왠지 강제적으로라도 사과를 받으라는 느낌으로 다가왔다. 어른들 둘이 융단폭격으로 그렇게 이해해달라, 사과를 받아라 부탁(사과를 받으라는 강요였다)을 하니, 딸아이가 고개를 숙이고 등까지 굽어지며 몸 둘 바를 몰라 했다. 그에 비해 그런 성적인 말을 하며 아이들을 당황시켰던 성숙이는 생글생글 웃으며 고개를 꼿꼿이 들고 있었다. 선생님의 객관적인 중재를 바랄 상황이 아니었다.

"잠깐만요. 그만하십시오. 선생님, 제가 좀 하고 싶은 말이 있습니다."

나는 먼저 딸을 보고 말했다.

"네가 잘못한 거 없어. 왜 고개를 숙이고 그래? 고개 들어 봐. 괜찮아. 엄마가 먼저 말할 거니까, 너는 이따가 하고 싶은 말 정리하고 후회 없이 말하자. 알겠지? 너는 여기 반성하러 온 게 아니고 사과받으러 온 거야. 알았지?"

그러면서 딸아이에게 상처를 준 그 아이를 보았다. 아이는 생글생글 웃으며 나를 똑바로 바라보았다. 그 태도부터가 반성하고 있지 않다는 의미였다.

"성숙아, 네가 한 말이 어떤 말인지는 알고 있니? (침묵으로 그 아이를 보니 웃는 표정이 사라졌다) 우리 아이에게도 그랬지만, 쌍둥이인 친구들에게도 '같이 자냐'는 말을 했다고 들었어. 그것을 모욕이라고 해. 너에게 누군가 "너는 개랑 했냐? 콘돔 끼고 하는 게 좋아 그냥이 좋아?" 하면 너는 그 말이 그냥 농담이나 장난처럼 들리겠니?"

아이의 얼굴에서 웃음기가 사라졌다. 갑자기 아이의 부모님이 또 잘못했다는 말을 반복했다. 자기 자녀보다 내 딸이 많이 어려 보인다면서, 심한 말을 해서 미안하다며 엄마가 눈물을 보였다. 변명인지는 모르겠지만, 구성애 박사가 운영하는 연구소의 상담교사를 초빙해서 아이에게 성교육을 시켰는데, 그것이 너무 과해서 이리 된 것 같다며 거듭 사과했다.

"제가 당한 것이 아니고 저의 아이가 당한 것이라서, 제 딸아이의 마음이 풀어지기를 바라는데 무엇을 잘못했는지 말도 안 하고 이렇게 사과만 하시니 당황스럽네요."

딸아이에게 하고 싶은 말을 하도록 했지만, 아이는 엄마가 대신 말하기를 바라는 것 같았다. 어른 네 명이 자신을 보고 있고, 가해한 학생이 기세등등 앉아 있으니 쉽게 말이 나오는 것 같지 않았다. 딸 대신 내가 말 해 줄 수밖에 없었다.

"성숙이가 그런 말을 할 때, 너무 놀랐고 당황스러웠고… 기분이 너무 이상했다고 했어. 그리고 다른 친구들과 ○○의 반응을 살피는 것이 너무 기분 나쁘고 화가 났다고 했고. 맞지? (딸이 고개를 끄덕인다) 이런 성적인 말이나 욕, 이런 것은 하지 말아 줘. 너같이 그런 말을 자유롭게 할 아이들 하고 조용하게 농담이라고 생각하고 이야기하든지. 네가 진심으로 반성하는지는 모르겠지만, 다음에 또 이런 일이 있으면, 그때는 ○○도 아줌마도 참지 못할 것 같아."

집으로 돌아오는 길에 딸아이 얼굴을 보니 좀 편안해진 것 같았다. 나랑 손을 잡고 오면서, 내가 자기편이 되어 주어서 너무 힘이 났고, 자신이 잘못한 것인가 착각했는데 갑자기 엄마가 고개를 들라고 해서 자존심이 살아나는 느낌이었다고도 했다. 무엇보다 엄마인 내가 대신 말하기는 했지만 하고 싶은 말을 하고 와서 시원하다고 했다.

담임교사에게 전화상에서 다소 언성이 높아져 미안하다고 했다. 하지만 담임교사의 반응은 별로 크지 않았다. 여전히 담임교사가 무엇을 실수했는지 모르는 것 같아서 그냥 답답했다. 피해 학생의 학부모로서 느끼는 그 답답함 중에는, 중재의 과정에서 사람 수를 동등하게 맞추며 힘의 균형을 맞추어 주는 물리적인 환경 준비도 중요함을 알게 되었다.

우리는 보통, 이런 자리에서 가해 학부모가 모두 와서 사과하고 반성하는 모습을 보이면 더 잘 받아들여 줄 것이라고 생각한다. 하지만 그 반대라는 것을 잊지 말아야 한다. 내가 피해자이지만, 마음속 이야기를 다 하려면 분위기가 동등해야 한다. 사람 수에서 오는 압박감은 무시할 수 없다. 피해자 입장의 학생이 바로 신고하지 않고 가해자와 만남을 갖고자 하는 것은, 진정한 사과를 받고자 하는 마음도 있겠지만, 정말 바라는 점은 더 이상 그런 행동을 하지 말았으면 좋겠다는 부탁을 전하고자 하는 것이다.

상처를 주는 말과 행동을 하지 않았으면 하는 변화에 대한 바람을 명료하게 전달하는 것, 나를 존중하며 대해 주었으면 하는 욕구를 표현할 수 있는 안전한 공간과 시간이 필요하다. 따라서 피해 입은 학생이 이런 단호한 부탁을 하면서 자신의 무너진 자존심을 회복할 수 있도록 도와주는 것이 어른들의 진정한 배려일 것이다. 이 배려 속에는, 피해자의 입장을 공감하고 같이 편을 들어 말해 줄 수 있는 사람이 충분히 확보되도록 도와야 하고, 가해자 측과 최소 동등한 수가 되도록 사람 수를 동등하게 맞추는 세심함도 필요하다.

그리고 이 과정에서 추상적이고 두리뭉실하게 '존중해 주어야 한다', '그런 괴롭히는 행동, 비도덕적인 행동은 안 된다'가 아니라 구체적으로 존중하는 행동이 어떤 행동인지, 장난을 넘어서는 행동이 무엇인지, 나를 대하는 태도나 행동이 어떠했으면 좋겠는지 구체화하여 명료하게 부탁을 표현하도록 해야 한다.

"나에 대한 별명이 아니라 이름으로 나를 불러 줘."

"내가 다른 친구와 놀고 있을 때, 나를 치거나 건드리는 대신, '같이 놀자'라고 말로 해 줘."

"나의 말에 정말로 반박하거나 비판하고 싶을 때 1대 1로 말하거나, 반박을 위한 증거를 몇 가지라도 확인하고 이야기하면 좋겠어."

　이렇게 구체적이고 명료하게 부탁하는 것이 우리나라 문화에서는 따지기 좋아하고 까다롭다는 인상을 주기는 한다. 하지만 내 자신을 위해서, 또 상대방을 위해서도 필요한 태도이다. 우리가 쓰는 언어는 생각 이상으로 각자의 주관이 반영되어 전달되는 경우가 많다. 따라서 명확히 전달하고, 상대방이 어떻게 들었고 이해했는지 확인해야 오해가 없고 왜곡이 없다.

3부

**비폭력대화의 렌즈로
바라본
학교 상담 사례**

관찰의 렌즈:
집단 자해 사건의 주동자는 누구였나

있는 그대로 보는 '관찰'은 비폭력대화의 시작이자 완결이다. 내가 속한 사회의 문화, 나의 경험과 인식의 틀을 뛰어넘어 지금 마주한 상황이나 상대를 투명하게 볼 수 있다는 것은 결코 쉽지 않다. 비폭력대화를 배우며 얼마나 많은 선입견과 편견으로 상대를 판단하고 대해 왔는지 반성하면서, 평가의 말을 내뱉으려는 내 입을 침묵으로 묶어두는 현명함을 몸에 익히고 싶다는 소망을 가져왔다. 특히 아이들을 만나는 입장에서 아이들을 맑은 시선으로 보고 싶었다. 하지만, 자해 소동을 일으킨 혜선이와 그 친구들의 사건을 처리하는 과정에서 '관찰'이 얼마나 어려운 것인지 새삼 깨닫게 된다. 더 나아가 아이의 가정환경, 평소에 보이는 비협조적인 태도로 형성된 괘씸한 마음이 나를 포함한 다른 교사들의 '심리적인 집단 낙인'으로까지 이어질 수 있음에 모골이 송연해진다. 집단으로 일어난 사건을 조사할 때, 나의 편견과 선입견을 내려 놓고 있는 그대로 보는 '관찰'의 중요성을 가르쳐 준 사건이 었다.

"수석선생님, 아이들이 자해를 했어요! 왜 그랬는지… 도와주세요!"

5학년 선생님이 지친 듯한 목소리로 인터폰을 했다. 여학생 4명이 점심시간에 커터 칼을 들고 왕래가 뜸한 화장실에 가서 손목을 그은 사건이었다. 아이들의 신고로 그나마 두 명은 아직 손목을 긋기 전이었다. 피가 흐르는 손목을 잡고 나오는 두 명의 여학생을 보면서 선생님은 기겁했을 것이다.

담임선생님은 가장 주도적인 혜선이를 걱정스러워했다. 혜선이는 다문화 가정의 학생으로서 아버지는 동남아시아 지역 가이드를 한다며 집에 아예 안 오고, 마사지업으로 생계를 유지하는 필리핀인 엄마 대신 친할머니 집에서 지내고 있던 터라 조손가정이기도 했다. 더구나 '나 사춘기에요'라는 것을 드러내는 듯한 신체적 성숙함과 다소 어른스러운 옷, 한여름인데도 검은 마스크로 얼굴을 가리며 뒤에 앉아 있는 모습이 자주 눈에 띄었다. 주변의 말을 종합해 보면, 같이 어울리는 또래 집단에서 가끔 따돌림을 받는데, 이런 갈등에서 손목을 그었다면서 피 묻은 커터 칼을 촬영해서 유튜브에 올리고 친구들을 채널에 초대한다고 한다.

얼마 전에는 라이터로 손을 지지는 행동을 올렸다는 소문까지 났다. 영상에는 '친구들 때문에 힘들어' '친구들이 나를 힘들게 해' 등 따돌림을 받는 자신의 처지를 아이들에게 하소연하는 내용을 올렸다. 이 영상을 보고 아이들은 혜선이의 상황을 위로함과 동시에 혜선이와 갈등 관계에 있는 아이들을 알아내 그 아이들에게 단톡방 등 SNS에서 공격을 하며 분란을 일으키기도 했다. 다문화, 조모와의 생활, 자해, 유튜브, 아이들 선동… 혜선이를 이번 자해 사건의 주동자로 생각하면서 아이들을 만났다.

우선 상담을 시작하면서 아이들에게 동의를 구하고 손목부터 확인했다. 네 명의 아이는 쭈뼛거리며 손목을 보여주었다. 그런데 주동자인 혜선이에게는 아무 자국이 없었다. 화장실에서 자해를 시도할 때 먼저 한 아이는 지선, 다희였고, 혜선이를 비롯한 경아는 자국이 없었다. 다희와 지선이는 뚜렷했고, 특히 지선이의 팔이 예전 상처로 제일 많이 난자되어 있었다. 순서상 그렇다고 하더라도 유튜브에 올린다는 혜선이의 자해 흔적은 어디에 있는 것인가?

분명 손목이나 팔 등 어디에도 흔적이 없는데, 뭔가 다른 것이 숨겨져 있다는 생각에 혜선이와 따로 상담해야겠다는 생각이 들었다. 나중에 부모님을 불러 상황을 전달하며 협조를 구하는 과정에서 다희 엄마가 30분을 먼저 와서 이야기를 나누는데, 혜선이를 못마땅해하며 다희를 혜선이와 놀지 못하도록 해야겠다며 성토하기까지 했다. 혜선이에 대한 선입견은 여러 겹으로 쌓인 듯했다.

자해의 경계에서

아이들 사이에서도 '자해녀'로 낙인찍힌 혜선이를 만나 상담을 시작했다.

"혜선아, 지난번 모임 후에도 남학생들이 계속 괴롭히니?"

아이는 남학생들이 악의적인 말을 하거나 괴롭히는 행동이 줄었다고 말했다. 눈치를 보는 것 같기도 해서 좀 서먹하긴 하지만 함부로 대하지 않아서 좋다고 한다. 지난번 집단 자해를 한 아이들에게 학교생활의 어려움을 물으니, 자신들을 함부로 하는 몇몇 남학생들의 무시하는 말, 자존심을 건드리는 모진 말, 툭툭 치기, 뒤통수 때리기 등으로 너무 힘들어서 학교생활이 짜증 나서 그랬다고 해서 남학생들을 불러 상담을 한 후였다.

"그래 다행이다. 그런데 혜선아, 내가 알아보기로는 너가 유튜브에 자해 영상을 올린다고 들었어. 확인해 보지는 못했지만, 아이들 사이에서 너에 대한 소문이 그렇게 퍼져 있던데… 그런데 다행인 것은 너에게는 몸의 상처가 거의 없어. 어떻게 된 거야?"

혜선이는 무엇인가 말하려는 듯하다가 망설였다. 기다려주는 것이 필요했다.

"사실은… 저는 시늉만 했어요. 거의 하려고 할 뻔한 순간이 많았는데 할머니가 문을 벌컥 열고 들어와 못하기도 했고, 그냥 엄마 얼굴이 떠올라서 못했어요."

"그렇구나. 할머니랑 엄마 덕분에 다치지 않았던 거구나. 그런데 자해하는 시늉의 영상을 올린 이유가 있을까?"

"음, 아이들이 저를 따돌릴 것 같을 때 많이 불안해져요. 제가 4학년 때 전학을 왔거든요. 그 전 학교에서 왕따로 고생하다가 할머니 졸라서 여기로 왔어요. 한동안은 괜찮았는데, 어제까지 친하던 아이들이 갑자기 차갑게 대하고 자기들끼리만 속닥거릴 때 또 왕따당할까 봐 무서워요. 아이들과 더 놀고 싶은데 학원 갔다가 바로 마을버스 타고 집에 가야 해요. 친구들을 두고 저만 가야 할 때, 나 혼자 왕따가 될까 불안해요. 지선이나 다희가 쑥덕거리다가 내가 나타나면 그치고 차갑게 대하고 그러면 복수하고 싶어져요. 그래서 유튜브에 내 마음이 힘들다는 것을 자해 행동으로 올리고 아이들을 초대해요. 그러면 아이들이 제 편이 되어 주고 혼자 남아도 나랑 친해질 아이들이 생겨요."

친구들로부터 떨궈질까 봐 불안해하는 혜선이의 마음이 이해가 되었다. 4학년 때 전학을 온다는 것은, 실상 큰 모험이다. 이미 형성된 친구 관계에 합류하거나 관계를 새로 만든다는 것은 쉬운 일이 아니다. 친구 관계에 대한 불안은 사춘기의 시작과 더불어 더욱 커졌고 자해에 대한 시뮬레이션으로 불안을 달래고 싶었을 것이다.

"자해를 실제 하지 않았는데, '자해녀'라는 별명이 붙고 억울했겠네."

"예, 남자아이들이 자꾸 그러니까 '정말 자해를 해 버려?' 몇 번이나 생각했죠."

"지금은 어떠니? 마음이 힘들어지면 또 할 것 같니?"

"모르겠어요. 하지만 스트레스가 심해지면 또 어떻게 될지 몰라요. 제가 큰 상처는 없지만, 조금씩 그어보기는 했거든요."

친구 관계 이외에 다른 스트레스가 있는 듯했다. 아버지의 부재, 어머님도 생업으로 서울에 계셔서 할머니와 사는 혜선이 입장에서는 외로움도 있을 듯했다. 그것을 바로 물어보기는 어려웠다.

"혜선이는 가장 하고 싶은 게 뭐니? 요즘."

"저는 학원 가지 않고 친구들과 라페나 웨돔('라페스타'와 '웨스턴돔'은 고양특례시의 대표 복합문화공간이다)다니면서 놀고 싶어요. 제 꿈이 패션디자이너나 코디네이터이거든요. 예쁜 악세사리 사서 꾸미고 싶고, 그러려면 용돈이 필요한데 엄마를 만나야 받을 수 있어요. 할머니는 딱 마을버스비만큼만 줘요. 친구들이 토요일에 만나서 놀러 간다고 할 때, 저도 가고 싶은데 돈이 없어서 못 가요. 그리고 일요일에는 교회를 가야 할머니한테 간신히 용돈 받구요."

"예쁜 것을 많이 사고 싶은 때이지. 교회를 가야 할머니가 용돈을 주신다고?"

"사실 제가 정말 짜증 나고 폭발할 것 같을 때는, 할머니가 문을 벌컥 열고 들어오시는 거랑 걸핏하면 기도하자고, 기도해야 한다고 하실 때요. 저는 기도하고 싶지 않아요. 제가 하고 싶을 때 하는 것인데… 교회를 가야 마을버스 차비 주는 할머니가 정말 치사해요. 몸이 안 좋아서 안 간다고 하면 차비를 안 주세요. 학교를 걸어가라고 협박하세요."

학교에 있으면서 가끔 신심이 깊고 교회나 성당 활동을 많이 하시는 부모님 밑에서 자란 아이들 중에 비행을 저지르는 아이들이 있다. 권위에 대한 반항심이 그 아이들 마음에 숨어 있다. 종교 자체의 문제라기보다 종교를 믿으면서 강조되는 도덕적 행동이나 의식을 일방적으로 강요할 때 문제가 된다. 무엇보다 바르게 행동하기를 강요하며 엄격하기만 한 보호자는 아이들에게 심리적인 위축과 반항심을 부추길 수도 있다. 혜선이도 이런 상황이었다. 게다가 혜선이는 소식이 없는 아버지와 생계로 떨어져 있는 어머니로부터 버림받았다는 느낌이 있을 지도 모른다. 힘들게 키워주고 계시는 할머니 역시 돌봐 주는 대가로 교회를 다니고 늘 기도하도록 종용하는 '거래적 훈육'을 하는 것은 아닐까.

혜선이는 친구들과 놀고 예쁜 것을 사고 싶어 하는 평범한 아이이다. 그 평범함이 방임과 조건적 사랑 속에서 제대로 보장받지 못하고 있고, 허한 마음에 집착하게 되는 친구 관계 또한 위태롭다. 오죽하면 친구들과의 갈등에 대한 대처를 자해 영상으로 제작했을까.

"혜선아, 사실 선생님도 누군가 그렇게 강요한다는 것이 참 싫다. 나중에 너가 교회에 다닐 수도 있고, 그것은 너의 선택인데 그것을 강요받으니 혜선이가 많이 힘들었겠다. 혜선이가 웃는 얼굴로 할머니께 언젠가는 교회에 갈 거고, 할머니가 대신 기도 많이 해 달라고 농담도 좀 하고 그래."

"예… 하지만 할머니 목소리가 너무 커서 대꾸하기가 힘들어요. 할머니는 좋은 분이지만, 저는 좀 안 맞아요. 그래서 저는 엄마랑 살고 싶어요. 엄마가 서울에서 사는데 조금만 더 돈을 모아서 전세로 집을 살 거래요. 그러면 저를 데리고 간다고 하셨어요. 그날을 기다리며 참고 있어요."

엄마랑 살고 싶어 하는 혜선이의 마음이 이해되었다. 할머니와 어머니께서 혜선이 마음을 들을 준비가 되어 있으니 용기 있게 말을 해 보라고 했다.

"서울로 전학을 가면 지금 친구들하고는 헤어질 텐데 괜찮니?"

"선생님, 지금 친구들이요… 다들 서로를 속이고 왕따시키고 그래요. 다희는 공부를 잘하고 학원도 많이 다녀요. 지선이는 남자 친구들이 많구요. 저는 혼자 있으면 남자아이들이 흘낏거리며 저를 쳐다보고 말로 괴롭힐 때 너무 힘들어요. 그래서 쉴드를 치려고 다희, 지선이랑 다니는 거예요. 싫어도 걔네 비위를 맞추면서요."

"힘들었겠네… 혜선아, 선생님도 학교 다닐 때 인기 있는 친구들하고 있다 보면 마음이 힘들었어. 왜 그 은근한 질투와 무시 있잖아. 그래서 그냥 과감하게 그 아이들이랑 멀어지는 것을 선택했어. 무서웠고, 친구들이 자꾸 쳐다보는 것 같았지만, 용기를 내어 혼자 있어 보니 마음이 편했고 자유로웠지. 혜선이가 너를 힘들게 하는 친구들보다는, 조금 인기가 없지만 착하고 따뜻한 친구들을 사귀었으면 좋겠다. 주위를 돌아보면 그런 친구들이 있을 거야. 너는 소중한 아이인데, 그런 대우를 받으면 안 되지."

혜선이의 팔을 다시 확인하면서 당부했다. 짜증이 나고 불안한 마음이 몰려와도 '자해가 나를 구원해 주지 않아'를 마음속으로 외치며 자해를 대신 할 수 있는 방법, 이를테면 혜선이가 좋아하는 비즈공예나 낙서 등을 하면서 이겨내자고 말이다. 지금까지 자해를 망설인 것은, 혜선이가 용기가 없어서가 아니라 혜선이 마음속에 자신을 보호하려는 선한 마음이 작동했던 것임을 잊지 말라고도 말했다. 혜선이는 자해 사건의 주동자가 아니라 어릴 때부터 마음의 상처가 많은 사춘기 소녀임을 새삼 생각하게 되었다.

숨겨진 주동자

한편 다희와 상담을 하는 과정에서도 새로운 사실이 드러났다.

"그럼, 자해를 시작하게 된 계기가⋯ 혜선이에게 들으면서 시작한 거니?"

"혜선이요? 아닌데요? 저는 자해를 4학년 때부터 시작했고 혜선이도 그럴 걸요? 제가 자해를 시작한 것은⋯ 지선이가 3학년 겨울 때부터 자기가 자해한다고 하면서 가르쳐 주었어요. 저도 학원 숙제가 너무 많아서 울다가 친구들이 말하던 자해 이야기가 생각이 나서 한번 해 보자 해서 시작한 거예요. 혜선이는 우리를 따라 한 것 같은데⋯."

우리 학교에 전학을 온 후 좋지 않은 수업 태도로 인해 나를 비롯한 대부분의 교사가 혜선이를 주동자로 오해했다. 조손가정에다 다문화가정이라는 정보를 듣고 막연하게 문제가 있을 것이며 그 문제를 다른 아이들에게도 퍼뜨릴 것이라는 선입견과 편견으로 혜선이를 대한 것이다. 교사로서 이런 선입견을 경계해야 하는데 나는 아직 멀었다는 생각과 부끄러움이 밀려왔다.

"그럼 주동자가 혜선이가 아니었구나. 자해녀라는 별명이 있다고 해서 그렇게 생각했나 보다. 지선이가 가르쳐 주었다고? 지선이랑 많이 친한가 보네."

"지선이랑요? 아니에요. 엄마는 계속 혜선이랑 가까이하지 말라고 하지만 사실 저를 괴롭게 하고 자해하고 싶은 마음이 들게 하는 것은 지선이에요."

또 한 대 얻어맞은 느낌이었다. 상담자들은 상담하기 전에 여러 정보를 모아서 내담자의 문제 행동 및 상황에 대한 가설을 세운다. 나와 관련 교사들의 가설은 '혜선이가 주동자이고, 늘 얌전한 미소를 띠는 지선이와 상냥한 다희가 혜선이와 어울리면서 자해를 배우고 자해를 시도한 것'이었다.

"물론, 혜선이가 한번은 저랑 지선이가 왕따시킨다고 생각하고 화가 나서 피 묻은 칼을 사진 찍어서 유튜브에 올리고 그걸 저희 때문이라고 해서 좀 어이없고 화가 나기는 했어요. 저는 학원 시간 맞추어야 해서 혜선이랑 같이 있을 시간도 별로 없었는데, 왜 나를 공격하나 싶어서 짜증 났구요. 그것 때문에 따진 적은 있지만, 따돌리지는 않았어요. 놀 시간도 별로 없는데… 물론 카톡 등에서는 자주 만나지만요."

"그러니까, 혜선이가 너에게 더 서운하게 했다는 것은 아니구나."

"혜선이랑 저는 서로 오해를 한 것 같구요, 사실 지선이가 이상해요. 지선이는 제 앞에서 늘 웃기는 말도 잘하고 친하게 대해서 저도 친구라고 생각했는데, 최근 그 아이가 제가 친해지고 싶어 하는 남자아이를 가로챘어요. 한 번도 아니고, 여러 번 그래요."

지선이까지 만난 후, 이번 자해 사건의 주동자는 혜선이가 아닌 지선이임이 밝혀졌다. 화장실에 들어가 지선이가 먼저 시작했다는 말을 들었을 때도 혜선이에 대한 선입견으로 말미암아 지선이가 주동자일 수 있음을 알아차리지 못했다. 지선이가 늘 생글생글 웃고 다니는 특유의 눈웃음이 있는 상냥한 아이인지라 그 뒤에 어떤 모습이 숨겨져 있음을 전혀 알아차릴 수 없었다. 나와 학교 동료들의 편견이 혜선이를 사건의 주동자라 낙인찍은 것이다.

감정의 관찰과 균형잡기, 자해 치료의 시작

아이들이 보인 자해는 '비자살성 자해non-suicidal self-injury, NSSI'로 진단할 수 있다. 고통스러운 삶을 끝내기 위한 것이 자살이라면, 자해는 삶을 끝내려는 것이 아니라 심리적 고통에서 도피하려는, '살고자 하는' 시도이다. 문제는 한번 시작되면 빈도가 잦고 만성적이라는 데 있다. 감정적인 소용돌이에서 벗어나 살고자 하는 시도이지만 반복되면서 중독이 되고, 결국 자살로 이어질 수 있다. 비자살적 자해를 하는 이유는 여러 가지이다. 내가 만난 아이들은 학업 스트레스, 대인관계에서의 스트레스, 사랑받고 싶은 욕구에 대한 좌절감, 애착의 문제 등 다양했다. 심지어는 학교폭력을 당한 후, 공황장애에 빠지며 자해가 같이 오는 아이들도 있었다.

극심한 스트레스에 놓인 사람이 날카로운 도구로 몸에 상처를 내는 자해 행위를 반복하는 현상 중 가장 많이 하는 자해의 형태는 손목에 긋는 '리스트 컷 증후군wrist-cut syndrome'이다. 학교에서 가끔 분노를 추스르지 못해 자기 머리를 때리거나 뺨을 때리는 아이들이 있고, 벽을 손으로 치거나 심지어 학교 창문을 주먹으로 깨는 아이들도 있다. 자신의 감정을 추스르지 못하는, 심리적이고 감정적인 고통에 대한 무언의 표출이다. 결국 '자해 바이러스'가 몸에 침투하여 자해 행동을 일으키는 것이 아니라 감정이 너무 극에 달해서, 또는 너무 공허해서 아니면 너무 큰 죄책감에 자신을 벌하기 위해서 자해한다.

요즘은 자신의 감정을 매우 솔직하게 표출하는 시대이다. 대중문화는 감정을 과도하게 표출하는 것이 트렌드인 양 조장하기도 한다. 안타까운 것은 사춘기가 점점 빨라지고 있다는 것인데, 자신의 가치관이나 신념, 생각이 자라기 전에 감정을 마음대로 쏟아내고 격정적인 감정을 경험한다.

내가 만난 혜선이 다희, 지선이가 훗날 이런 일들에 너무 수치심을 느끼지 않았으면 좋겠다. 아울러, 이런 상황에 놓인 친구들을 빨리 알아채고, 최소한 어떤 태도와 자세로 아이들을 맞이해야 하고 함께 가야 하는지 이해하려는 노력이 필요하다. 상처를 내는 순간의 아픔과 고통보다 더 큰 마음 속 소용돌이와 절망이 무엇인지 공감하고 이해하는 작업, 이것이 자해로 고통받는 아이들을 대하는 첫 단계일 것이다. 자해하는 이유를 정리하면 다음과 같다.

우선 자해는 부정적이거나 폭발하는 감정의 소용돌이에서 벗어날 수 있는 임시방편의 하나이다. "그어진 자리에서 피가 나면 안정되고 시원하기도 해요. 그리고 그곳이 아프니까 힘들었던 감정이 사라지는 것 같아요"라고 말하는 아이들이 이런 경우이다. 둘째, 자해를 통해 원하지 않는 사회적 상황이나 책임을 회피할 수 있다("이렇게 하면 아무도 나를 탓하지 못해요"). 자해의 세 번째 기능은 원하는 자극, 내가 살아 있다는 느낌이 들면서 트라우마와 같은 다른 정신적인 고통을 느끼지 않고 불안한 감정에서 벗어날 수 있어서 좋다는 것이다. 마지막으로 자해를 통해 관심을 얻거나 도움을 받을 수도 있고, 심지어 관계를 조종하기 위해 자해하기도 한다. 학교에 가기 싫어서, 언니보다 나를 더 챙겨줄 것 같아서, 좋아하는 그 사람이 나를 봐줄 것 같아서, 나를 떠나려는 그 사람을 잡기 위해서 극단의 선택을 시늉하는 것일 수도 있다. 하지만 단순한 시늉이 아니라 그 당시에는 절박한 일이다.

특히 마지막의 경우는 '경계선적 성격장애'와도 연결이 된다. 불안정한 대인관계, 반복되는 자해, 불안정한 기분, 폭발적인 분노 표출, 종잡을 수 없는 감정의 동요 등을 나타내는 경계선적 성격장애는 어린 시절 부모와 같은 주요 인물과의 유대감 형성인 애착 단계에서 문제가 있는 경우로, 감정의 폭발과 타인을 조종하기 위해 자해를 많이 한다는 연구 결과가 있다. 대인관계에서의 소통이 안 되니 자신의 감정과의 소통도 안 되는 것이다.

이런 비자살적 자해를 해결하기 위해 현재 여러 가지 치료가 진행 중이다. 대표적으로 변증법적 행동치료Dialectical Behavior Therapy, DBT, 정신화 기반치료Mentalization-Based Treatment, MBT, 인지행동치료Cognitive-Behavioral Therapy, CBT를 꼽는다.

특히,《자해 청소년을 돕는 방법》을 쓴 인지행동치료가인 마이클 홀랜더 박사는 자해가 어떤 기능을 하는지 '기능적 목적'을 알아내는 것이 중요하다고 말한다. 자해 행동의 옳고 그름을 따지는 것이 중요한 것이 아니라, 위기를 해결하기 위해 더 많은 정보를 모으고 아이의 입장에서 '사실'보다는 '진실'을 밝히도록 집중해야 한다.

이는 일종의 관찰이다. 판단이 아닌 관찰을 통해 '자해는 어떤 고통을 달래기 위한 시도'임을 이해하며 그 고통이 무엇인지 공감해야 한다. 그러기 위해서는 '무엇이 자해 행동을 일으키는가?', '친구 관계에서 반복되는 일정한 패턴이 무엇인가?'를 빨리 파악하고 인지행동치료로 들어가야 한다.

일반 상담에서는 아이의 히스토리를 파악하고 과거의 경험이 현재의 문제 행동과 어떤 연결이 있는지 파악하려는 시도를 많이 한다. 하지만 학교 상담은 이런 방향보다는 지금, 현재 어떤 행동을 하고 있는지, 그 행동이 어떤 사건들로 촉발이 되는지 파악하는 것이 더 중요하다는 생각이 든다. 어쩌면 일반 상담은 '과거라는 밖에서 현재라는 지금의 일로 초점화'된다. 하지만 이러한 위기 상담은 '현재 지점에서 과거로 가면서 함께 그 원인을 찾고 다시 현재로 와서 대처 행동을 탐색하고 그 행동을 적용하고 피드백하며 현재의 관찰을 기준으로 개입을 하는 것'이다.

마이클 홀랜더 박사는 좀 더 구체적으로 자해를 극복하도록 하기 위한 방법을 제시하고 있다.

1. 감정을 관찰하고 묘사하기
2. 사실 확인하기
3. 스스로에게 다른 이야기하기
4. 느낌과 반대로 행동하기
5. 주의 돌리기

첫째, 감정을 관찰하고 묘사하기이다. 예를 들면, 다희가 지선이의 행동에 대해서 괴로워하는 것을 생각해 볼 수 있다. "지선이가 내가 좋아하는 아이와 다정하게 말하는 것을 보았을 때 상처 받았고, 미칠 것 같고, 엄마가 말한 '못난이'라는 말이 맞다는 생각이 들어서 죽고 싶어요"라고 묘사하도록 하는 것이다. 죽고 싶다는 감정에 대해서 좀 더 파고들어서 '좌절스럽다, 불안하다, 질투가 난다' 등의 감정 용어로 묘사하면서 감정의 객관화를 시도한다. 격한 감정의 홍수 속에서 자해가 일어나기 때문에 감정을 인식하고 명명하면서 객관화하는 것은 매우 중요한 과정이다. 이것을 정서지능의 관찰에 의한 '정서 인식'

영역이라고 할 수 있다.

둘째, 판단하지 말고 사실을 확인한다. 다희 입장에서 지선이가 자신이 관심 있는 남자아이와 이야기하는 것이 가로챈 것이라거나 다희 자신이 못나서 남자아이가 지선이와 더 잘 대화하는 것이냐 따져보는 것이다. 남자아이가 지선이와 다정하게 이야기를 나누는 것은 지선이와 할 말이 있거나 숙제를 물어보는 과정일 수도 있다. 이야기를 나누고 있는 것만으로 사귄다고 할 수는 없다. 다희가 그 남자아이에게 용기 내어 이야기하면, 그 아이도 지선이에게 대하듯이 다희를 대할 수 있다. 서로 이야기 나누는 것만으로 사귄다거나, 내가 못나서 그런다거나 한다면 논리의 비약이다. 어떤 장면을 있는 그대로 관찰하는 훈련이 필요하다.

셋째, 스스로에게 다른 이야기를 하도록 한다. 우선 감정이 올라가는 것을 멈추고 한걸음 물러선다. 마음속에서 어떤 생각이 일어나는지 관찰하고, 마지막으로 온 마음을 다해 상황에 대한 새로운 방식의 평가를 하는 것이다. 다희가 지선이의 행동을 보고 집에 와서 자해를 하고 싶은 충동을 느낄 수 있다. 그 장면을 떠올리면서 마음이 끓어오르는 것을 멈추려고 노력한다. '멈춰, 걔가 지선이와 말하고 있다고 나를 싫어하는 것은 아니잖아? 그 장면을 보고 내가 너무 질투가 났나 봐. 또 그 아이랑 직접 말한 적도 없는데, 걔가 날 좋아하는 지 싫어하는지 어떻게 알아? 너무 질투 날 정도로 좋으면 직접 전화해서 그냥 말해봐도 되잖아?'라면서 STOP(멈추기-물러서기-관찰하기-생각 바꾸기)을 활용한다.

넷째, 느낌과 반대로 행동하기이다. 예를 들면 우울해서 눕고 싶을 때 오히려 산책하고, 질투나 좌절로 미칠 것 같을 때 요가 명상을 하거나 반려견이 있다면 강아지를 쓰다듬고 세상에서 가장 평온한 곳을 상상하며 마음을 가라앉히는 것이다.

마지막으로 주의를 돌리는 것이다. 분노가 끓어오를 때 다른 일에 바쁘게 신경을 쓰는 단계이다. 뜨개질이나 재미있는 애니메이션을 보거나 믿을 만한 친구와 전화로 수다를 떨 수도 있고 과제를 하는 등 여러 방법이 있을 것이다. 강아지를 산책시키는 것이나 청소나 빨래를 하면서 주의를 돌리다 보면 자해하고 싶었던 격정적인 마음이 가라앉을 수 있다.

'여우와 신포도' 우화를 떠올리며

자해는 정서 관리의 문제에 가깝다. 정서 관리의 가장 중요한 지점은 나의 선입견이나 편견을 배제한, 있는 그대로의 관찰을 통해서 마음의 안정을 찾는 데 있다. 감정을 폭발시키는 행동을 멈추고 마음의 평정을 위해서도 사실을 있는 그대로 관찰하는 것이 매우 중요하다. 이런 마음의 평정 훈련을 위해서 최근에 인성수업으로 초대된 강사들이 가르치는 프로그램 중 '마음챙김 명상'이 유독 많아진 느낌이다. 마음을 평안히 해 준다는 점에서 취지는 좋지만, 초등학교 1학년 아이들은 이 수업을 받다가 참지 못하고 교실을 돌아다니는 일이 많다. 자신의 상황을 객관적으로 바라보기에는 너무 어린 아이들에게 명상 수업을 한다는 게 얼마나 효과가 있을까 의구심이 드는 것이 사실이다.

명상을 벌로 생각하는 아이들도 있다. 상담 중 한 아이가 말하길, 집에서 말을 안 들으면 아빠는 바로 매를 들고 엄마는 명상을 시키는데 이 명상 시간이 무척 고통스럽단다. 그래서 이 학생은 학교에서 거친 감정 기복을 보이고, 똑똑한 모습과 막무가내식 떼쓰는 행동을 오가며 교사와 주변 사람들을 힘들게 한다. 명상이라는 정적인 훈육과 매라는 파괴적이고 행동적인 훈육 사이에서 부모가 일관되지 못한 훈육으로 갈팡질팡한다면, 아이도 감정을 온화하고 중용적으로 만들지 못한다. 명상을 활용한 교육이나 훈육은 분명 좋은 방법이지만, 아이들의 나이와 기질을 생각하며 적용할 필요가 있다.

중학교 2학년인 딸아이도 학교에서 '마음챙김 명상' 수업을 듣고 나에게 느낌을 말해 준 적이 있다. 이 과정에서 장단점을 파악할 수 있었다.

"엄마, 인성 수업이라고 명상 수업을 했는데 시간이 부족하다고 후루룩해서 좀 이상했어. 음… 속상했던 일을 떠올리라고 했어. 가장 최초의 기억부터 떠올리세요, 그랬고, 어린이집 때, 초1, 초2 계속 올라가면서 중2 지금 현재의 불안, 두려움 등을 떠올리라고 했어. 그리고 갑자기 태양을 떠올리라고 하는 거야. 그리고 그 태양에 그 감정들을 버리래."

"그래, 시원해졌니? 풀리는 느낌이었어?"

"시간이 없다면서, 1, 2분 만에 눈뜨라고 하니까 갑자기 흐름이 끊기면서… 뭔가 다른 세계에 갔다가 온 느낌? 똥 싸다 만 느낌?"

아이의 원색적인 말에 웃음이 났지만, 부정적인 기억을 끌어내 해소하는 심상 훈련에 가까운 프로그램이라는 것을 알 수 있었다. 내 생애 중요한 순간, 속상했던 순간들을 떠올리고 차근차근 관찰하도록 하며 지금 내 삶을 지배할 수도 있는 부정적인 감정들을 해소하는 이 작업은 분명 좋은 시도이다.

"그래, 그럼 효과가 있었어?"

"효과? 마음은 조금 편안해졌지. 눈 감고 이 생각 저 생각하니까, 그냥 재미도 있고, 내가 어릴 때 그랬구나, 떠오르기도 하고."

마음을 평안하게 가라앉히는 방법을 배우게 되었다니 아이들에게는 분명 유익하고 의미 있는 경험이다.

"그런데 내가 선생님에게 물었어. 명상을 이렇게 해도 내가 처한 상황이나 과제는 그대로 남아 있어서 불안에서 벗어날 수 없는데, 이 불안을 어떻게 없애라는 건지 궁금하다고 물었어."

"그래?

"선생님이 그냥 버리랬어. 자꾸 버리면 괜찮아진다고 했어. 이상하지?"

"자꾸 버리라고? 그게 맘대로 버려지나…"

딸 아이와 이야기를 나누면서 두려움, 불안, 슬픔, 우울이라는 부정적인 감정들이 휘몰아칠 때 그것을 있는 그대로 수용하고, 그 감정 자체의 부정적인 면과 긍정적인 면을 생각해 생각과 감정의 균형을 찾는 일의 중요성을 새삼 떠올렸다.

이러한 감정의 처리는 어릴 때부터 차근차근 가르쳐야만 한다. 부정적인 마음이 뭉실뭉실 피어오를 때, 마음 전체를 지배하지 않도록 멈추는 기술이 내면화되면, 자해와 같은 극단적인 감정처리는 줄어들 것이다.

우리는 다양한 감정이 일어날 수밖에 없는 복잡한 현대를 살면서 성과주의의 시대에 맞게 자기 검열에 빠져 자신을 채찍질하고 능력을 상승시키기 위해 끝없이 스펙을 쌓으며 자신을 들볶는다. 불안과 우울을 겪지 않을 수 없다. 이러한 사회적 분위기는 그대로 아이들에게도 전달된다. 한국청소년상담복지개발원에서 제공한 자료를 보면, 2018년에서 2022년 청소년 상담통계와 자살 자해 관련 서비스 통계가 무엇을 의미하는지 깊이 생각해 봐야 한다.

〈표 10〉을 보면 코로나 전인 2018년에 비해 코로나를 겪고 난 2022년 상담 건수는 약 38%가 증가했다. 코로나가 극심했던 2020년은 다소 주춤한 듯하지만 서서히 등교하기 시작하고 정서적 교류와 소

구분	2018년	2019년	2020년	2021년	2022년
지원서비스	2,981,459	3,279,408	2,713,713	3,283,400	4,104,219

|표10| 전국 청소년상담복지센터에서 이뤄진 청소년 상담통계(단위: 건)

통이 시작되면서 아이들은 많은 심리적 혼란을 겪은 것으로 보인다. 이런 심리적 혼란의 끝단에 있는 자살 및 자해와 관련된 상담을 신청한 아이들이 크게 증가한 것도 그 증거가 된다. 〈표 11〉을 보면 2018년에 비해 2022년에는 자살·자해 관련 상담 건수가 77%가 증가한 것은 그만큼 학생들의 사회 정서적 위기가 매우 어려운 상황임을 알려준다.

구분	2018년	2019년	2020년	2021년	2022년
지원서비스	71,214	84,368	87,458	111,649	125,797

|표11| 전국 청소년상담복지센터에서 이뤄진 자살·자해관련 지원서비스 통계(단위: 건) 〉

따라서 아이들이 사회적 관계에서 느끼는 부정적인 감정들을 제대로 이해하고 수용하며, 관리와 해소하는 교육은 더욱더 중요해졌다. 특히 부정적인 감정이 끓어오를 때, 그것을 제대로 해소하거나 논리적인 사고로 긍정적인 합리화를 하는 방법도 때로는 배워야 한다. 합리화라는 것은 나의 자존심이 무너질 것 같은 상황에서 발휘되는 심리적인 방어기제이다.

이솝우화에 나오는 '여우와 신포도'이야기가 있다. 높이 매달려 있는 포도를 따 먹고 싶어도 닿지를 않아서 먹지 못하는 상황이 오자 "저 포도는 어차피 시어 빠진(또는 덜 익은) 포도일 거야"라며 포기해 버리며 적절한 합리화를 하며 자신의 자존심을 챙긴다. 이처럼 적당한 합리화는 자존심을 지키는 힘이 된다. 물론 너무 반복되면 문제이지만, 우리 인생이 어차피 닿을 수 없는 것, 갖지 못하는 것이 부지기수인데, 이런 합리화마저 못한다면 자존심이 상할 대로 상해서 어떻게 살아남겠는가?

하지만 자존감이 회복이 된 후에는 자신을 객관화하는 자기 관찰이 중요한 것은 물론이다. 우리는 살면서 누구나 상처를 받고 스트레스 상황에 자주 빠질 수밖에 없다. 이때, 누구나 같은 강도의 감정이 몰려온다. 하지만 그 감정을 어떻게 수용하고 처리하며 활용하고 관리하는가는 그 사람의 역량이다. 이 역량을 '정서지능'이라고 한다. 이 정서지능의 첫 번째는 감정에 대한 제대로 된 인식이다. 인식은 결국, 자신의 감정과 타인의 감정에 대한 온화하고 객관적인 '관찰'에서 시작될 것이다. 격정적인 감정에 휩싸여 어쩔 줄 몰라 하는 사람들이 많아지는 요즘이다. 이런 감정의 관찰과 객관화를 위해 사회에서나 학교에서 많은 노력을 해야 할 것이다.

느낌의 렌즈:
우울증과 자살성 사고의 덫에 빠진 아이들

자기표현이 자유로운 시대라고 하지만, 건강하게 자신의 감정을 표현하는 것이 더 어려워진 시대이다. 자신과 상대방의 감정에 있는 그대로 공감한다는 것은 사실 쉬운 것이 아니다. 어릴 때부터 좋은 어른들과의 상호작용 속에서 나의 감정이 수용되는 경험이 많고, 공감을 실천하는 교육의 기회가 많으면 좋으련만, 학교에서 만나는 학생들을 보면 점점 그런 경험이 줄어든 채 입학하는 경우가 많은 것 같다. 이런 결핍은 다양한 정서적인 문제를 일으키며, 특히 장애 수준의 자해, 우울, 불안, 공격적 행동으로 자신도 주위도 힘들게 하는 경우가 점점 늘어나고 있다. 이런 상황에 이른 지혜의 사례를 통해 아이들의 정서적인 문제의 특징을 살펴보고자 한다. 약물 치료도 중요하지만 따뜻한 수용을 보여주는 상담자의 힘, 아울러 상담자의 한계와 이에 대한 학교의 대처를 소개해 본다.

최근 학교에 상담 및 심리치료가 필요한 학생들이 늘어나면서 전문 상담교사가 학교에 많이 배치되고 있다. 우리나라는 1964년 최초의 상담교사라고 할 수 있는 '교도 교사 제도'를 시작으로 1990년 '진로상담 교사 제도', 1999년 '전문 상담 교사제도'가 실시되었다. 2004년에 '학교사회복지사' 제도가 시작되었고, 2005년 학교에 상담을 맡는 전문상담교사 222명이 학교에 배치되었다. 지금은 점점 뽑는 인원이 많아지고 있으며 2022년에는 664명을 선발했다. 하지만 여전히 학교에는 상담교사가 절대적으로 부족한 상황이다. 아울러 상담교사에게 학교는 너무나 큰 기대를 하고 있어서 상담교사들의 어려움이 많다는 얘기도 들린다.

나는 수석교사가 된 후 10년 이상 학교상담실을 운영하고 있다. 수석교사는 동료 교사의 수업역량 향상을 위한 컨설팅 및 연수를 담당한다. 평가권이 없으니 관리자라는 말을 붙이기는 어렵지만, 수업장학 및 컨설팅 전반을 관리하는 역할이다. 교사들의 수업역량 강화를 통해서 공교육의 질을 높이고자 하는 취지로 만들어진 교원 정책이다.

그런데, 수석교사가 되어보니 학교는 수업만큼 생활지도에 관한 컨설팅이 더 시급한 상태였다. 좋은 수업을 위해서는 결국 생활교육을 컨설팅하는 것이 중요하다. 특히 소수의 아이들로 인해 교실이 쑥대밭이 되고 수업커녕 하루하루 살얼음판을 걷는 학급들이 있다. 친구들을 괴롭히는 것은 물론, 교사에게 의자를 던지고 소화기를 뿌려대는 아이들, 교실을 돌아다니며 수업을 방해하는 아이들, 대드는 아이들, 교사의 말 자체가 먹히지 않는 아이들이 늘어나는 상황이다. 교실은 더 이상 영화에서 나오는 평화로운 장소가 아니다.

전문상담교사들을 컨설팅할 기회가 있어서 만나서 이야기를 들어보면, 아이들을 위한 밀도 있는 상담으로 도움이 되는 상담교사가 되고 싶었는데, 학교는 그런 낭만을 꿈꿀 장소가 아님을 뼈저리게 느꼈다고 말한다. 누구보다도 교육적인 사명감이 강한 교사들인데 막상 학교에 와서 근무하니, 교실에서 감당이 안 되는 정서행동 장애를 보이는 아이들을 분리하여 맡는 것만으로도 벅차고, 그 인원이 추가되면 아예 감당이 안 되는 것이다. 게다가 위기관리위원회 등 생활교육과 관련된 각종 위원회를 도맡아 상담보다 행정적인 일에 온 시간을 보내며 정체감의 혼란을 겪는 전문상담교사들도 있었다. 고달픔으로 눈물까지 흘리는 상담교사들을 보면서, 왜 학교가 일반 교사뿐만 아니라 전문상담교사들에게도 고통스러운 장소가 되었을까 깊이 고민하게 된다. 이런 상황이 우리나라만의 문제는 아닌 것 같다. 국제상담 연구회인 NRC^{National Research Council}와 국제이주기구인 IOM^{International Organization for Migration}에 따르면 전체 학생의 14~20%가 정서 행동의 문제를 보이고 있음을 보고하고 있다. 더 안타까운 것은 해당 학생의 20%만이 치료기관의 서비스를 받고 있다는 점이다. 결국 100명 중 20명은 위험한 상황인데, 이들 중 4명만이 개입을 받고 있다. 문제는 이 아이들이 학교에서 일반 아이들과 함께, 어떤 개입이나 지원도 없이 교실에서 생활하고 있다는 것이다.

우울증을 앓고 있는 아이들은 성인과 다르게 그 우울을 행동화하여 밖으로 표출하는 경향이 있다. 아이들의 우울은 짜증과 공격적 행동, 비행 등 외현적인 행동으로 나타나기 때문에 '가면 우울증'이라는 말을 붙일 정도이다. 심리적으로 가라앉는 우울증마저도 이렇게 외현적인 문제 행동으로 나타나는데, 불안 및 기분장애를 비롯한 다른 장애가 있는 아이들이 교실에서 생활한다면 어떠할지 짐작이 어렵지 않을 것이다.

문제는 이 아이들의 감정을 읽어주고 들어주는 과정에서 인내와 기다림이 필요한데, 학교나 학급은 이 아이들만 있는 곳이 아니며 정서 행동 치료기관이 아니라는 점이다. 그런데 교육과 치료를 혼동한 학부모들이 "왕의 DNA를 가진 아이이기에 존중해서 잘 다루어야 한다"는 부탁이 아닌 협박을 하는 경우가 있다.

학교는 치료기관이 아닌 교육기관이다. 학부모도 감당이 안 되는 정서 행동상의 문제를 보이는 학생들을 무작정 학교에만 떠넘기는 것이 과연 타당한지 생각해 볼 필요가 있지 않을까. 오랫동안 학교 상담실을 운영하면서 초창기에는 정서 행동상 문제로 어려움을 겪고 있는 아이에게 초점을 맞추어 다양하고 효과적인 개입을 위해 노력하는데 몰두했다면, 시간이 지날수록 같은 학급 아이들, 교사들의 심리적인 고통까지도 보게 되면서 어떻게 도움을 줄 수 있을까 고민하게 된다. 심지어는 상담사들의 고민에 대해서도 개입해야 하는 경우도 발생한다.

학교 상담의 의미와 한계

박 상담사는 6학년 지혜를 상담하다가 나에게 시간을 내달라고 요청했다. 자살성 사고˙와 관련된 고민이었다. 아동·청소년 아이들의 자살은 즉흥적으로 일어나는 경우가 있기에, 자살 사고가 감지되거나 인지되면 더더욱 적극적으로 개입해야 한다. 다행히 선생님은 6학년 지혜와의 상담 초반에 불거져 나온 민감한 부분을 나와 의논했다.

"선생님, 제가 아이와 상담 중에 나왔던, '자살 시도를 머릿속으로 자주 생각해요'라는 말이 너무 마음에 걸리네요. 그리고 이 상담을 제가 계속해야 하는가 싶구요…."

선생님은 감정 기복의 문제로 지혜를 상담하는 과정에서 지혜에 대한 정보를 알게 되었는데, 특히 자살 사고를 하고 있는 것이 드러나자 어떻게 대처해야 할지 걱정과 불안, 당황스러운 마음을 내비쳤다.

"아이가 말하는데, 5학년 후반부터 6학년 3월 전까지 몇 달간 소아청소년 정신과에 다녔다네요. 우울증 진단을 받았고 약을 먹었다는데, 한두 달 다니다가 효과가 없다며 약도 끊고 치료도 그만두었대요. 그런데 저랑 상담하기 전부터 죽고 싶다는 생각이 자주 들고 이유 없이 그냥 무기력해지고 감정이 격앙될 때 자해도 가끔 한다고 하구요."

"아이구 저런, 큰일이네요. 마음이 많이 불안하시겠어요. 부모님께

● 자살성 사고(자살 관념, suicidal ideation)는 자살에 대한 생각이나 사고유형을 뜻한다. 자살 행위 자체를 시도하지는 않지만, 자세한 계획을 세우거나 구체적이고 세부적으로 계획하기도 한다.

말씀은 안 드리셨나요?"

"예, 지혜랑 처음에 비밀보장을 약속해서요. 특히 부모님께 말하지 말라고 하는데 어찌해야 할지 모르겠어요. 선생님과 의논하고 말씀을 드려야 하는가 싶기도 하구요."

상담자들이 가장 딜레마를 느끼는 부분 중의 하나이다. 상담하면서 처음에 만나 마음을 교류하고 구조화를 통해 상담에 대해 소개하고 어떻게 진행될지 이야기하며 규칙도 말한다. 라포를 형성하는 과정에서 상담 중 나왔던 이야기를 주변은 물론 특히 부모님에게 말씀드리지 않을 것임을 말하면서 아이의 마음속 이야기를 꺼내도록 안심시킨다. 그런데 이것은 내담자에 대한 사생활 보장과 복지라는 두 기준 사이에서 줄다리기를 하는 상황이다.

"제가 아직은 실력이 출중한 상담사가 아니어서 어디까지 개입해야 할지 모르겠고, 아무래도 지혜가 우울증이라는 진단까지 받고 약물치료도 받았던 상황에서 자살 이야기를 꺼내니 더 걱정돼요."

"선생님, 잘 말씀하셨어요. 오늘 상담 중 나온 말이지만, 바로 조치를 취해야 할 것 같아요. 우선 제가 이와 관련해서 약식이라도 위기관리위원회를 열어야 할 것 같구요. 기안을 해야 해서요. 제가 갑자기 부모님께 연락드리면 학교 전체가 아는 것인가 오해할 수도 있으니, 선생님께서 학부모님께 전화를 드려서 지혜 문제로 여쭙고 싶고 의논하고 싶은 점이 있으니 상담실로 오시도록 말씀해 주세요. 그리고 제가 상담실 운영자이기도 하니 학교 대표로 참여한다고 알려 주시구요."

그 학생을 1주일에 한 번 들어가는 인성수업에서 보기는 했지만, 마스크를 쓰고 있는 상황이라 표정을 읽기는 어려웠다. 하지만 무기력하고 주변 남학생들의 행동에 예민하게 반응하는 느낌은 있었다. 사춘기가 좀 강하게 왔구나 싶은 정도였고 담임선생님이 의뢰한 것이 다행이라는 생각이 들었다. 상담을 하지 않았으면 우울증을 겪고 있다는 것도, 자살 사고를 하고 있다는 것도 모르고 아이의 무기력함만을 탓했을 수도 있겠다 생각하니 학교 상담이 정말 필요하다는 것을 새삼 느끼게 된다.

정해진 날짜가 되어 상담실에는 지혜 아버지, 상담사, 나 이렇게 세 명이 모였다. 담임선생님은 급한 출장이 있어 동석을 못 했고, 학부모의 허락을 받은 후 이 사안을 내가 알리기로 했다.

"지혜 아버님, 안녕하세요? 저는 수석교사 이보경이고 상담실을 운영하고 있습니다. 상담 선생님과 지혜가 상담을 하다가 우려스러운 사실을 알게 되어서 협의를 해야 할 것 같아 이렇게 자리를 마련했습니다."

아버지는 담담하게 인사를 하고 상담에 대해서 호의적인 태도를 보였다. 받아들일 준비가 된 것 같아서 지혜가 말한 점을 담담하게 알렸다. 아버지는 한동안 말이 없더니 후회하듯이 말을 이어갔다.

"지혜가 그런 생각을 하는 줄 몰랐어요. 사실 4학년 때부터 감정이 예민하고 기분이 왔다 갔다 하는 것도 심하고, 행동까지 무기력해지는 것 같아서 걱정이었거든요. 너무 잠만 자려고 하고, 갑자기 동생

만 사랑받고 자기는 사랑을 못 받는다며 울부짖고 죽고 싶다는 말을
해서 병원에 갔어요. 우울증 진단을 받고 약을 한두 달 먹다가 말았
어요."

지혜가 감정이 발달한 친구이지만, 동생과의 관계에서 원만치 못하
고 부모님이 자신을 동생과 비교하여 차별하는 상황을 겪으면서 우울
한 감정이 더욱 고조된 것을 짐작할 수 있었다.

"지혜가 동생과 달리 차별을 받는다고 생각했군요. 지혜도 힘들고
부모님도 많이 힘들었겠네요. 아버님, 치료약을 중단하신 이유가 있
으신가요?"

"아이가 약을 먹더니 늘 늘어져 있고 비몽사몽 하는 것 같아서요.
그리고 체중도 많이 늘고 더 예민해지는 것 같고요. 계속 약을 먹으면
내성이 생기지 않을까, 몸에 좋지 않을까 걱정도 되었구요."

"아버님도 아시겠지만, 어느 기간 꾸준히 먹는 약은 갑자기 끊으
면 더 상태가 안 좋아질 수 있는 것 같아요. 무엇보다 지금 지혜가 힘
든 상황입니다. 우울이라는 건 본인이 어떻게 통제할 수 있는 게 아
니라고 해요. 갑자기 다가와 자신을 갉아먹고 떼어지지 않는 고통이
라고 표현을 하더라구요. 어느 날 갑자기 나도 모르게 찾아와 자신을
지배하는… 그래서 전문가의 도움이 꼭 필요합니다. 그리고 약물치
료도요."

나의 권유에 더해서 상담사도 거들며 말했다.

"약의 부작용이 나타났었다고 지혜도 말하더라구요. 하지만 의사

선생님과 상의해서 약은 얼마든지 바꿀 수도 있었고, 약을 끊거나 바꾸거나 줄이거나 하는 것은 모두 의사 선생님의 말씀을 들어야 하는 것 같아요. 병원 다니시면서 약물치료 말고 받으신 것이 있으신가요? 상담이나 놀이치료 등이요."

아버지는 주저하더니 말을 이어갔다.

"상담이라야 의사 선생님 만날 때 5, 10분 정도가 다인 것 같구요, 놀이치료를 권해서 한두 번 했는데, 물어보니 가격도 만만치 않은데 너무 횟수도 많고 지혜도 별로 만족하지 않구요."

"아버님, 작년에 지혜가 친구들 사이에서 좀 갈등이 있었고, 그것을 제가 처리하는 과정에서 지혜가 좀 힘들어했던 기억이 나요. 감정처리가 제대로 안 되고, 짜증과 무력함의 감정에 빠져서 교사인 저에게까지 그 감정을 그대로 표출했던 기억이 있습니다. 다른 아이들이 놀랄 정도로요."

"아, 그랬습니까? 몰랐어요. 그런 일이 있는 줄은."

"상담하면서 지혜가 자신의 감정이 예민하면서도 너무 가라앉는 것 같고, 짜증이 나고 안 좋은 생각들이 자꾸 머릿속에 들어오고 그럴 때 뛰어내리고 싶은 마음이 든다고 말해요. 그런 생각을 얼마나 하나 물어보니 일주일에 한두 번은 한다네요. 가끔은 그런 기분 때문에 칼로 자해를 조금씩 해서 풀기는 하는데, 감정이 밀려와 다 끝내고 싶은 마음이 든다고 해서 너무 걱정되어 수석선생님께 말씀을 드렸습니다."

지혜 아버지는 참담한 얼굴로 한숨을 쉬었다.

"그게 왜 그러는 걸까요?"

지혜 아버지의 말을 들으며 속으로 생각했다. 우울증은 갑상선 기능 저하증 같은 신체적 원인이 있을 수 있고, 충격이나 부정적 사건 같은 사회적 원인, 호르몬 이상이나 신경전달물질과 같은 생물학적 원인, 낮은 자존감이나 완벽주의적 성격과 같은 심리적 원인이 있다고 한다. 지혜가 어디에 속해서 이렇게 반복적인 자살 사고를 갖고 있는지 부모도 모르는데 일주일에 한 번 한 시간씩만 만나는 상담자가 두세 번 만나고 어떻게 분석이 가능한가? 답답한 마음이 들었고 할 이야기를 해야겠다고 생각했다.

"아버님, 이유는 그때 의사 선생님께 듣지 않으셨나요?"

"딱히 말씀하지 않으셨던 것 같아요. 우선 증상 호전을 위해 약을 먹는 것이 좋겠다고만 하셨구요."

"예, 우울 증상의 원인은 매우 다양하다고 알고 있어요. 지혜가 가정에서 동생과 비교당하고 사랑받지 못한다고 느끼면서 자존감이 떨어지고, 사춘기가 오면서 호르몬의 변동이 심하니까 우울한 기분이 들수 있겠다는 생각으로 학교 상담을 의뢰하셨던 겁니다. 이게 이제까지 학교에서 파악한 것이고, 이 방향으로 공감해주며 지혜의 자존감을 높여주고 감정을 들여다보고 다스리는 것을 상담의 목표로 삼고 있어요. 그런데 지혜는 지금 상담만으로는 절대 안 되는 상황입니다. 이미 병원에서 우울한 감정이 아니라 우울증이라고 진단을 받았고 약물치료까지 받고 있던 상황인데, 일방적으로 끊으신 것도 위험하구요."

"병원을 다시 가야겠군요. 지혜 엄마가 자기가 좀 더 잘해 주면 된다, 뭐 그렇게 생각했던 것 같은데 아니었나 봅니다."

다행히 나와 상담사의 말을 긍정적으로 들어 주었다. 하지만 상담사의 표정을 보니, 뭔가를 더 요구하는 눈빛이었다. 무엇보다 지혜가 자살 사고를 직접 실행에 옮기면 어떻게 해야 하나 걱정하는 것 같았다.

"아버님, 지혜가 학교에서 상담은 계속 받아야 한다고 생각하시나요?"

"물론이지요. 이 상담 받으면서 지혜가 그나마 학교 이야기도 하고, 상담 있는 날은 깨우면 잘 일어나서 학교에 가는 것 같구요."

"다행이네요. 학교 상담은 지혜가 학교에 좀 더 잘 적응하고 인간적인 성장을 하도록 옆에서 도와주는 역할입니다. 심리치료는 아닙니다. 상담하는 과정에서 지혜의 마음이 치유되고 치료까지 된다면 너무 감사한 일이지만, 학교 상담은 교육과 치료의 중간에 있다고 보시면 됩니다. 그런데 상담 선생님이… 이런 말씀 드려서 죄송하지만 학교 입장에서는 상담 중에 혹여 지혜에게 어떤 사고가 일어났을 때, 상담사에게 책임이 물어질까 봐 걱정하시는 것 같아요."

꺼내기 어려운 말이었다. 상담 중에 아이가 혹시나 안 좋은 선택을 하면, 그 원인을 상담사 및 학교 탓으로 돌리는 것을 막아야만 학교 상담을 진행할 수 있을 것 같았다.

"아, 물론 이해합니다. 절대 그런 일은 일어나서는 안 되겠지만, 지혜에게 일어나는 안 좋은 일에 대해서 학교나 상담사님께 책임을 물을 생각은 절대 없습니다."

"이해해 주셔서 감사합니다. 학교 상담실을 운영하면서 심리치료가 요구되거나 위기 상황에 있는 학생들에 대해서는 학교 상담의 한계를 말씀드릴 수밖에 없습니다."

그러면서 조심스럽게 동의서 서류를 한 장 제시했다. 전문 치료기관에서 심리치료를 받을 것과 아이에게 발생하는 혹여라도 있을 자살 시도나 사고의 책임을 학교에 전가하지 않는다는 내용의 동의서이다. 상담사는 이것이 보장되어야 상담을 할 수 있을 것이라는 말을 했고, 그렇지 않으면 더 유능한 상담자에게 지혜를 의뢰해야 한다는 입장이었다. 나도 상담사의 의견에 동의했다. 아버지는 조용히 읽고 학교의 입장을 잘 이해한다고 하며 서명했다. 그러면서 상담은 지혜가 너무 좋아하니 학교에서도 계속 상담을 받도록 해 달라고 부탁했다.

형식을 잘 갖춘 위기관리위원회는 아니었지만, 충분히 학교의 입장을 전달하고 학교가 말하고자 하는 바도 전달하며 내실 있게 진행이 되었다. 이런 서류를 내밀면 혹시 오해받을까 솔직히 조마조마했다. 상담 시 혹시나 벌어질 수도 있는 학생 자살 사건에 대한 상담사의 두려움과 만일의 사건에 대해 학교와 상담사가 책임지기 어렵다는 말을 전달하는 과정에서 오해가 있을 수도 있다는 두려움으로 이루어진 대화의 자리였다. 하지만 이 두려움 뒤에 숨은, 아이를 살리고 싶은 마음을 전달하니 진심이 통했고, 학부모도 우리의 입장을 이해했다. 학부모와의 동맹관계를 형성한다는 것은 참으로 조심스럽고 어렵다.

상담은 결국 드러나는 또는 숨어 있는 감정을 찾는 과정이다. 상담이나 생활지도에서 아이들의 감정을 제대로 파악하고 읽어주는 것도 중요하지만, 동료 교사나 상담사, 학부모들의 감정을 찾아 인식하고 정리하도록 도와주는 것 또한 중요하다. 그들 자신 뿐만 아니라 아이들을 교육하고 돕는 위치에 있는 사람들을 돕는 것이 결국 아이들을 돕는 또 다른 과정이기 때문이다. 이것을 '감정 컨설팅'이라고 하면 좋을 것 같다.

욕구의 렌즈:
연쇄 성추행 사건, 피해 학생들과의 상담

관찰, 느낌에 이어 NVC의 세 번째 요소인 '욕구'는 우리의 말과 행동, 느낌을 일으키는 원인이다. 이 욕구는 사람들의 상호작용 속에서 다양하게 나타난다. 아울러 이 욕구는 원래의 그 선한 의도와 달리 자신만의 욕망을 표출하는 모습으로 변질될 수도 있다. 다른 사람을 괴롭히고 존엄을 빼앗는 그릇된 욕구에 빠진 5학년 성후의 사연을 통해 학교에까지 번진 성추행의 일면을 살펴본다. 아울러, 이러한 성적 수치심을 유발하는 사건들이 피해 학생들에게 어떤 마음과 감정을 일으키는지, 학교의 대처는 어떠해야 하는지 등 사례를 통해 공유하고자 한다. 무엇보다, 상처 입은 아이들의 마음에서 회복되어야 할 욕구[need]인 자기 존중감, 세상에 대한 신뢰를 위해 피해자 간의 연대를 통한 '집단 상담'의 힘을 제시한다. 비를 몰아오는 동풍에 흐느껴 울던 풀들이 바람보다 먼저 일어나고, 먼저 웃는다는 김수영의 〈풀〉이라는 시처럼, 아

이들은 어른들의 배려로 충분히 회복하고 강해질 수 있음을 믿는다.

근 30여 년을 학교에서 근무하다 보니 다양한 아이들을 만난다. 하지만 이렇게 연달아서 성추행 사건을 일으키며 학교를 극도로 당황하게 한 경우는 처음이다.

5학년 성후는 4학년 때까지 장난이 너무 심해서 아이들과 교사들 사이에서도 머리를 가로젓게 만드는 아이였다. 성후의 장난은 5학년이 되자 성추행으로 바뀌었다.

〈성후의 성추행 사건 일지〉

사건1: 하굣길에 3학년 여학생이 사는 아파트를 쫓아가 계단에서 엉덩이를 만짐. 여학생이 신주머니를 휘두르며 소리를 지르자 도망침.

사건2: 사건1을 일으키고 학교로 와서 하교하며 신발을 갈아 신는 대여섯 명의 여학생들의 엉덩이 쪽으로 손을 넣어 만지고, 이어서 실내로 들어가 1~2학년 여학생들의 가슴을 만지는 연쇄 성추행을 벌임. 사건 이후 조사과정에서 부인하여 CCTV로 확인. 학교폭력대책자치위원회가 열리고 출석 정지가 됨.

사건3: 다시 출석하기 시작했을 때, 보건실에서 나오는 4학년 여학생을 따라가 불러 세우고 바지를 벗어 성기를 노출함.

사건4: 같은 날 점심시간에 1학년 여학생들 두 명에게도 사건3과 같은 성적 모욕감을 줌. 사건4 이후 다시 위원회가 열리고 아버지가 전학

을 시키겠다고 함.

#사건5: 엘리베이터 안에서 20대 성인 여성의 가슴을 움켜쥐고 도망가다가 알려져서 경찰에서 성후의 재학 여부를 확인하는 전화가 옴.

이 사건은 부모의 완강한 부인과 거부, 아이의 천연덕스러운 부인 속에서 조사가 쉽지 않았다. 아버지로부터 적반하장식의 욕도 듣고 아이를 강압적으로 수사했다는 억울한 모함도 받았지만, 학교폭력 대책자치위원회에서 성후 아버지가 나와의 통화 내용을 들려주는 과정에서 오히려 위원들의 분노와 반감을 샀다고 들었다.

위의 다섯 가지의 사건이 3주 사이에 연속해서 일어났고, 갑작스런 성후의 돌발적 성추행은 사회생물학적 입장에서 봐야 하지 않을까 의심이 될 정도였다. 조사과정에서 전혀 감정의 동요가 없는 성후의 눈동자는 4년간 보호관찰소에서 상담으로 만난 아이들에게서도 느껴보지 못한, 감정이 사라진 눈이었다. 고개를 숙이거나 눈빛이 전혀 흔들리지 않고 나를 그냥 무심히 바라보는 태도가 걱정스러웠다. 성후가 자기 행동의 심각함을 인지하지 못하는 듯한 태도와 이혼한 부모의 대처가 안타까울 뿐이었다. "그냥 놀라는 것이 너무 재미있어요. 그냥은 안 놀라니까, 놀라는 것을 보면 짜릿하고 신나요"라며 상담을 받으면서 당시 상황이 떠오르는 듯, 얼굴에 함박웃음을 지으며 말하는 성후의 얼굴과 눈빛이 지금도 잊히지 않는다.

하지만 이 과정에서 가장 중요하게 개입한 것은 피해 여학생들에 대한 위로와 회복이었다. 피해 여학생들과의 집단 상담 과정을 제시해 본다. 상담 과정에서 피해 여학생들이 어떻게 자신의 두려움을 극복하고 원하는 것을 드러내는지 살펴볼 수 있었다.

피해 학생들과의 집단 상담

#1회

어른들은 성추행이나 성폭행 사건 등은 모르는 척해 주는 것, 소문이 나지 않도록 하는 것이 중요하다고 생각하고 성추행을 당한 말을 꺼내놓는 것을 터부시하는 경향이 있다. 사건 자체를 쉬쉬하는 어른들을 보며 피해자가 알 수 없는 죄책감이나 수치스러움까지 느끼게 하는 이상한 현상은 2020년대인 지금도 여전하다. 물론 당연히 이해는 간다. '쟤가 그 아이라며?' 남 말하기 좋아하는 사람들의 시선과 입방아에 또 다른 2차 피해를 당할 수 있으니 아이를 지켜주고 싶을 것이다.

하지만 아이와는 그런 일에 대해서 솔직하게 터놓고 이야기해야 한다. 아이가 당한 일, 그에 대한 감정과 괴로움을 충분히 듣지도 않고 부모가 놀라서 '그 일은 없었던 것으로 해. 그게 너에게 좋아'라며 말하는 과정에서 아이들은 까닭 모를 수치심과 죄책감을 느낄 수밖에 없다.

대략 10여 명의 피해 학생들 부모님께 학생을 대상으로 하는 상담의 취지를 알리는 안내장을 밀봉하여 보내고 허락을 얻었다. 안타깝게도 학부모들은 아이가 이 일을 빨리 잊기를 바라고 다시 상기시켜서 힘들게 하고 싶지는 않다며 대부분 거부했다. 다행히 아파트에서 성추행을 당한 은혜를 포함하여 성후의 바지 벗은 모습을 본 1학년 여학생 두 명이 지원했다. 어떤 부모님은 학교 상담이 전문적이지 않아서 보다 전문적인 기관에 가서 상담을 받겠다면서 사양했다. 일종의 '자조 집단'으로 같은 처지에 있는 사람들끼리 만나니 서로 더 공감되고 더 위로가 될 수 있을 텐데 안타까웠다.

수석교사실에서 만난 아이들은 만나자마자 싫지 않은 표정으로 서로를 바라보았다. 은혜와 1학년인 정아와 가연이는 서먹한 듯 앉았지만, 곧 붙임성이 넘치는 가연이가 초콜릿 음료를 마시면서 은혜에게 이것저것 물었다. 몇 학년이고 이름이 무엇인지 시작해서, 그 예쁜 머리띠는 어디서 샀는지도 물었다. 다만 어떤 일을 겪었는지 묻지도 꺼내지도 않았다. 서로 입 밖에 내고 싶지 않지만, 왜 여기에 참여하게 되었는지 목적을 분명히 해야 했다.

"이미 알겠지만, 성후라는 선배가 저지른 일 때문에 여러분이 상처를 입었고, 그 상처를 조금이나마 치료하기 위해서 여기 모였어요."

"치료요? 밴드 붙여요?"

가연이가 또 우스갯소리를 했지만, 치료라는 말에 밴드를 떠올리는 것이 저학년답다는 생각이 들었다.

"그렇지, 마음이 낫도록 밴드를 붙이는 것이 우리가 모인 이유예요. 서너 번까지 만날 것 같고. 괜찮겠지? 시간은 수요일 방과 후에 만나고, 1시간가량 할 거구요."

"오늘만 만나는 게 아니었네? 저는 자주 만나도 좋아요. 이렇게 음료수도 주고 과자도 주고, 좋다."

너무나 넉살 좋게 말하니, 가연이가 이 모임에 참여하지 않아도 되는 것은 아닐까 얼핏 생각이 들 정도였다. 그에 비해 정아는 말수가 적었다. 담임선생님 말에 의하면 정아는 집에서 그 일을 생각하며 많이 불안해한다고 했다. 학부모님이 이런 상담 기회가 있어서 오히려 고맙다고도 했다. 무슨 생각을 하는지 잘 파악이 안 되는 내성적인 정아가 처음에는 걱정이 되었지만, 가연이가 말하면 옆에서 미소를 짓고 음료도 잘 먹는 것으로 보아서는 괜찮은 것 같았다.

"은혜야, 너는 동생들하고 이렇게 말해도 괜찮겠지?"

은혜와 개인적으로 상담을 하며 말을 비추었고 부모님이 허락하긴 했지만, 은혜가 언니의 입장인지라 좀 부담스러울 수도 있겠다 싶어 다시 참여 의사를 물었다. 나의 말에 가연이가 "난, 언니 좋은데?" 하며 친근함을 보였고, 은혜도 괜찮다고 했다. 그러면서 의문이라는 듯 물었다.

"선생님, 그런데… 제 일이 일어났을 때 당했다는 1, 2학년 동생들이 얘들이에요?"

"음… 대답하기 전에 약속할 게 있어. 우리가 여기 서로의 마음을 위로하기 위해 왔는데, 이 모임에 참여하면서 지켜야 할 것들을 지켜야 서로 마음을 더 잘 터놓고 치료할 수 있을 것 같아요. 어떤 약속이 있을까?"

아이들과 자연스럽게 비밀보장, 성실하게 참여하기, 경청하기, 표현하기, 솔직하게 말하기 등 여러 상담 규칙들을 떠올렸다. 세 명 모두 똑똑한 학생들이었다.

"우선, 성후는 지금 등교 중지야. 성후가 일으킨 사건으로 피해를 입은 여학생들이 꽤 있어요. 은혜도 있고, 같은 날 1, 2학년들도 있고…"

아이들에게 결국 성후가 저지른 사건을 모두 말했다. 아이들은 입을 벌리며 놀라워했다. 결국 4차의 사건과 이 사이 10명이 넘는 학생들이 3주 사이에 당했다는 사실이, 말하면서도 새삼 놀랍게 느껴졌다.

"선생님, 저는요… 그 오빠가 그러고 나서, 아빠가 저를 안아 주시는 게 싫어졌어요. 그리고 우리 오빠도 이상하게 피하게 돼요."

밝고 명랑한 가연이도 성후의 성기노출 사건의 피해자가 분명했다.

"그렇구나… 그전에는 안 그랬겠지?"

"예, 제가 아빠한테 맨날 업어달라고 하고 뽀뽀하고 그랬는데, 그 오빠 그러는 거 보고 갑자기 남자들이 다 이상해요."

"남자들이 이상하다?"

"그러니까… 그 오빠처럼 거기가 그렇게 생겼겠구나…."

쑥스러운 듯 가연이가 고개를 숙였다. 어두운 곳에 서 있었다고 하지만 가연이나 정아가 성후의 성기를 본 것이 맞았다. 담임선생님이

나 부모님은 반신반의하며 차마 어디까지 보았냐고 묻지 못했을 것이다. 이제는 성교육도 유아 학교 때부터 시키는 것이 맞겠다 싶다.

"가연이가 너무 놀랐겠다. 고추는 처음 보았구나?"

그때 은혜가 용기 있게 말했다. 가연이를 위로해 주려는 것 같았다.

"난, 사촌 동생이 어린데, 쉬 싸는 거 보면서 봤는데… 고추는 고추일 뿐이야."

고추는 고추일 뿐이라는 은혜의 말에 슬며시 웃음이 났다.

"그렇지, 고추는 고추일 뿐. 남자건 여자건 우리는 일단 동물이잖아. 고추는 오줌이 나오는 곳이면서 또 생식기이기도 해. 그러니까 아기씨인 정자가 나오는 곳이고, 따라서 소중하니까 함부로 보이지 않는 것이지."

고환이니 음경이니 생식기를 자세히 설명하는 성교육보다는 동물이라면 누구나 가지고 있는 보편적인 것임을 알려서 아이들이 못 볼 것을 봐서 부끄럽다는 수치심을 덜 느끼게 하고 싶었다.

"그 오빠는 왜 그렇게 여러 사람에게 보였대요? 안 소중한가 봐요."

"그러게… 사람들은 대개 자신의 성기를 보이지 않아. 또 남의 성기를 함부로 만지지 않고. 소중하고 귀한 것이니까. 그런데 가끔 다른 사람들을 놀래키려고 그렇게 보이는 사람들이 있지."

"남들을 놀래키는 것이 그렇게 재미있대요?"

은혜가 화가 난 듯이 말한다.

"그러게…선생님이랑 상담을 두어 번 했어."

"만났어요? 뭐래요?"

"여러 말을 했는데, 결론은 미안하다고 했어. 그런데 그렇게 미안하
다고 하고 바지를 벗었네…."

나의 원색적인 말에 아이들이 킥킥대고 웃었다. 아이들에게 성후가
쓴 사과 편지를 보여주었다. 아이들이 사과 편지를 보고 위로를 받거
나 안심하기보다는 왜 그런 기괴한 일을 하고 다니는지 여러 측면에
서 파악하며 흠을 보면서 불안을 떨쳐내는 것 같았다. 피해자들이 상
담을 할 때, '무조건 너가 참아라', '잘 참네' 말하며 은근한 억압을 하
는 것보다는 이렇게 실컷 욕을 하고 '당신 왜 그랬냐?' 원망도 쏟아내
는 과정도 필요하다는 생각이 든다.

"이 편지가, 진짜 사과하는 것 같니?"

나의 질문에 아이들이 비웃듯이 대답한다.

"아니요. 사과했다는 사람이 또 그랬잖아요. 그리고 사과를 한다면,
자기 이름을 당당히 써야지요."

"맞아, 이름이 없잖아요? 그리고 뭘 잘못했는지 그것도 없고, 그냥
미안하다고만 반복했네요."

날카로운 지적이었다. 자신의 이름이 빠진 채로 미안해만 반복한
사과 편지를 아이들은 용케도 진심이 담긴 것이 아님을 잘 찾아냈다.
내가 성후와 상담을 하면서 좀 더 깊이 있게 했어야 했다.《반성의 역
설》(오카모토 시게키, 조민정 옮김, 유아이북스, 2014)에서 말한 것처럼, 상담을
10회 정도 하면서 깊이 있는 자기 탐색과 성찰 후에 스며 나오는 진정

한 반성의 순간에 쓰도록 했어야 하는데, 단 두세 번 만나고 급한 마음에 형식적인 사과문만 받았다. 그 결과가 이런 거짓의 반성문이라니 부끄러워졌다.

#2회

아이들은 다행히 한결 밝아진 표정으로 수석실에 들어왔다. 정아와 가연이는 미리 와서 기다리고 있었다. 담임선생님 말에 의하면 아침부터 언제 가냐고 물었다니, 상담실에 오는 것이 거부감보다는 기대감이 되는 것 같아서 다행스러웠다. 아이들과 한참 학교생활에 대해서 수다를 떨었다.

"선생님, 그런데 그 오빠는 아직 학교 안 와요?"

"응, 전학 갈지도 모른다는 말도 들었는데, 모르겠네."

"그럼, 그 오빠는 집에 있는 거예요?"

"사실 잘 모르겠어. 집에 있는 것일 수도 있고, 친척 집에 있는 것일 수도 있고,"

차마 부모님이 따로 산다는 말까지 할 수 없었다. 아이들과 이 말, 저 말 하는 와중에 성후에게 아주 어린 여동생이 있다는 것을 아이들이 알고 경악을 했다. 서로 느끼는 것이나 걱정은 비슷한지, 동생을 걱정하는 것 같았다. 이상한 것은 이렇게 어린 1, 3학년 아이들도 이 사실을 인지하고 걱정하는데 정작 부모만이 이것을 부인하고 있다. 자식에 대한 과도한 믿음이라고 하기에는 어쩌면 무책임하다는 생각마저 들었다. 은혜에게는 여전히 뒤를 돌아보며 집에 가는지, 정아와 가연이에게는 성후가 서 있던 그곳이 여전히 무서운지 물었다. 두려움이 조금씩 옅어지기는 하지만 이런 상처가 단번에 사라지기는 어려울 것이다.

"그 오빠에게 하고 싶은 말 있을까?"

아이들은 한동안 생각하더니 다소곳하게 말을 한다.

"음… 저는 그 오빠가 진짜 반성하고 정신 차렸으면 좋겠어요."

"다시는 그런 일 하지 않았으면 좋겠어요."

아이들의 반응을 보니, 하고 싶은 말이 있는데 내 앞이라서 맘껏 하지 못하는 것 같았다. 문득, 말보다는 그림으로 표현하도록 하는 것도 좋겠다 싶었다.

"선생님은, 너희들이 여기서 너희들의 마음을 풀었으면 좋겠어. 그러려면 솔직한 심정을 말하는 것도 좋겠지. 너희들이 그 오빠에게 화내고 싶다고 해서 뭐라고 할 사람은 아무도 없어."

내가 내민 도화지와 크레파스를 보면서 눈을 빛내며 의미심장한 웃음을 지었다.

"정말 그래도 돼요?"

나의 말에 안심했는지 히죽 웃더니 3학년 은혜가 먼저 그리기 시작했다. 첫 그림은 순정만화풍으로 자신과 동생들이 울고 있는 얼굴을 그렸다. 집단상담에 참여하고 있는 자신들의 슬프고 억울한 마음, 두려움과 불안의 상황을 그대로 담은 듯했다. 그러더니 갑자기 자신의 손에 가위 또는 칼로 보이는 것을 그리고는 나를 쳐다보았다. 순간 나는 딜레마에 빠졌다. 어디까지 허용해야 할까, 은혜의 마음이 어디까지 가야 풀릴까? 교사의 입장과 상담사의 입장 사이에서 고민했지만, 아이들의 마음에서 성후의 그림자를 어떻게든 떠나보내야 했고 아이들을 믿어보기로 했다. 성후를 마음속에서 보내려면 카타르시스의 작업이 필요했다. 나는 아무 말 없이 고개를 끄덕였다. 안전한 분위기 속에서 마음의 응어리를 풀어야 현실적인 대안도 찾아지는 것이라 믿었다. 나의 암묵적인 허용을 아이들은 마음을 놓고 그림 속에 풀기 시작했다.

그림 속에는 어느덧 칼, 포박, 몽둥이, 번개가 등장하면서 검은색과 빨강색으로 그림이 그려졌다. 아이들은 엄청난 몰입의 표정 속에서 빠른 속도로 그려나갔다. 그리는 것 그 자체로 마음을 씻어내는 것 같았다. 불편하고 두려운 마음을 그림 속에 쏟아내는가 싶더니, 갑자기 엄숙함이 몰려왔다. 물끄러미 그림을 바라보고 있는 아이들을 잠시 기다리다가 물었다.

"다 그렸니?"

"아니오, 변태 오빠가 우리 주변에 없었으면 좋겠어요. 무서워요."

마음은 풀어내었지만, 두려움을 주는 대상이 옆에 있다는 것에 고통스러움과 불안은 여전히 있었다. 그 대상을 떠나보내는 상징적인 그림을 더 그리고 싶어 하는 것 같아서 역시나 침묵으로 기다려주었다. 아이들은 마음을 짓눌렀던 부정적인 감정들을 그림으로 쏟아내고 있었다.

아이들은 자신들에게 상처를 주고 두려움과 불안에 시달리게 한 존재가 사라졌으면 하는 속마음을 과감하게 드러냄으로써 상처를 극복하고 회복하려는 자신들의 욕구를 충족시킬 수 있었다. 그림을 통한 욕구 충족은 결국 아이들이 함께 의지하며 마음을 설거지하고 청소하면서 다시금 마음의 평화를 찾는 기회였다고 생각된다.

#3~4회

이후로 아이들과 2회를 더 만났다. 와서 성후를 흉보는 것으로 마음을 털어버리니 한결 마음이 편안해진 아이들은 성후가 병인 것 같다고 하면서 어느덧 걱정까지 했다. 그런 아이들을 보면서 인간에게 시간과 망각이 있다는 것이 참 다행이라는 생각이 들었다. 그러나 시간이 지나면 망각이 일어나긴 하지만 그것이 제대로 소화되고 정리되지 못한 상태에서의 망각은 섬광기억으로 튀어나올 준비를 하며 마음 깊이 숨어 있게 된다. 우연한 순간 그때로 돌아간 것처럼 가슴이 갑갑하고 불안을 느끼거나 짜증이 나는 등 다양한 형태로 나타난다. 원인을 알 수 없는 신체화 증상이나 우울에 시달릴 수도 있고, 심하게는 이성 관계에서 어려움을 겪을 수도 있다.

어둡고 끔찍한 기억일수록 우리는 더 꾹꾹 눌러 담고 못 튀어나오게 막고 싶어 한다. 그럴수록 이 기억은 다양한 모습으로 변형, 왜곡되어 내 주위를 배회하며 나를 조종한다. 따라서 숨기고 싶은 이 기억은 믿을 만한 사람들에게 드러내고 아픔을 나누며, 그 경험이 나에게 준 의미를 직면해야 내가 통제할 수 있고 조금이라도 여유 있게 바라볼 수 있다. 심한 성폭력을 당한 것은 아니기에 다행히 아이들의 회복은 빨랐다.

"아직도 아빠나 오빠를 대할 때 힘드니?"

나의 질문에 가연이는 다행히 괜찮다고 말한다.

"괜찮은 것 같아요. 아빠가 이제는 저를 막 껴안고 뽀뽀하지는 않지만, 아마도 저를 위해서 그렇구나 생각해요."

"가연이가 마음이 편해졌다니 다행이다."

'너희의 잘못이 아니다, 이것은 우연히 일어난 재수 없는 일이었을 뿐, 모든 잘못과 문제는 성후에게 있다, 그래서 너희들이 수치스러워하지 않고 편안해졌으면 좋겠다, 비록 완전히 잊을 수는 없겠지만. 너희들은 소중한 존재임을 잊지 말아라'라는 것을 아이들이 깨닫게 하고 싶었다.

"사실, 선생님도 어릴 적에 다양하게 성추행을 당했던 것 같아."

"선생님이요? 정말요?"

"그럼, 고등학교 때 바바리맨이라고 발가벗은 모습을 보여준 이상한 아저씨도 만났고…."

생각해 보니 여러 얼굴들이 떠올랐다. 초등학교 6학년 때 여자아이들 가슴을 은근히 만졌던 '미스터 빈' 닮은 남자 교사부터 고등학교 때 여자아이들 손을 유독 주물럭댄 '만질래용'이라는 별명을 가진 선생님, 동네를 어슬렁거리며 배회하던, 야한 잡지를 들고 다니던 백수 아저씨까지 성적으로 아이들에게 상처를 준 인간들이 꽤 있었다. 여성에 대한 비하, 여성의 상품화에서 더 나아가 수치심과 우울감, 깊은 내적 트라우마를 안긴 성추행범, 성폭행범들은 과연 어떤 뇌 구조를 가지고 사는 사람일까 문득 궁금해졌다. 한편 얼마 전부터 수면 위에 떠오른 남학생들에 대한 성추행도 꽤 심각하다. 여자이건 남자이건 어리다는 이유로, 힘이 약하다는 이유로 다양한 성추행을 당하는 상황이다.

"생각해 보니 꽤 있네. 안타까운 것은 우리나라 여자들이 이런 경우를 꽤 겪었을 것이라는 거야. 하지만 지금 너희들이 보다시피 선생님, 잘 컸잖아?"

"선생님이 아직도 더 커야 해요?"

"뭐… 이젠 쭈그러들 나이로 가고 있지만… 암튼, 너희들은 앞으로 살 좋은 날들이 많으니 이제 털고 앞으로 나갔으면 좋겠어."

아이들이 웃으면서 알아들었다는 듯이 나를 바라본다. 나의 말을 전부 이해할 수는 없었겠지만, 마음만은 전달이 된 것 같다. 아이들이 평안해지고 성장하기를 바라는 나의 마음이 아이들에게 가닿은 것 같다. 이심전심인지 서로 얼굴을 보며 웃는다. 나와 상담을 하겠다고 지원한 이 아이들의 강한 내면을 확인할 수 있었다. 아이들이 안전하고 현명하게 인생을 살아가길 바랄 뿐이다.

부탁의 렌즈:
친구가 없을까 봐 두려워요

관찰, 느낌, 욕구에 이어 이 모든 것을 제시하며 상냥하고 구체적으로 전달하는 '부탁'의 모습을 관수와 정섭이의 갈등 해결의 과정에서 살펴본다. 학생 간의 갈등이 일어날 때, 교사나 학부모는 아이에게 상처를 주는 잘못된 행동에 대해서 하지 말라고 '부탁'을 한다고 하지만, 이런 바람직하지 않은 상황이 반복되는 것을 많이 경험한다. 생각해 보면, 부탁은 상처 입은 당사자가 진심을 담아 상냥하지만 단호하게 해야 하는 것이고, 이런 진심의 부탁이 와 닿아야 문제를 일으킨 아이의 행동도 변화될 수 있는 것이다. 그럼에도 불구하고, 교사, 학부모, 주변 사람들을 포함한 제3자가 '배려'라는 명목으로 공허한 '충고'를 하며 악순환에 빠지게 된다. 솔직함과 공감을 바탕으로 서로 대화를 나누도록 하는 '회복적 서클'의 과정을 통해 '진정한 부탁'이 당사자 간에 이루어질 때 어떤 효과가 있는지 관수와 정섭이의 사례를 통해 공유해 본다.

코로나 양성판정으로 생활치료소에 들어가 있는 담임선생님이 나에게 SOS를 쳤다. 쌍방향으로 하는 줌 수업 도중에 일어난 사건으로 이를 중재하려는 관수가 임시 담임교사에게 욕을 하고 나간 상황이라 중재할 사람이 필요했다.

관련된 아이들을 불러서 어떤 일이 일어났는지 물었다. 우선 쌍방향 수업 시간에 모둠별로 소회의실에서 각자 만든 이야기를 발표하도록 한 상황에서 관수가 모둠원들에게 갑자기 가운뎃손가락 욕을 했다. 슬쩍슬쩍 화면으로 하는 것도 모자라 화면에서 '이름바꾸기'로 가운뎃손가락을 뜻하는 요철 표시를 날리며 정섭이와 재하를 도발한 것이다. 이에 정섭이가 관수에게 '돼지 새끼'라고 욕하고, 관수는 이에 또 '개새끼'라고 욕하며 혼란스러운 상황이 되었다.

이에 임시 담임교사가 소회의실에 들어가서 관수에게 먼저 그런 행동에 대해서 잘못을 지적하자 "나 안 해, 씨발!"하고 일방적으로 줌을 나가버렸다. 모둠 아이들도 마음이 상했겠지만, 임시 담임교사도 무척 속상할 상황이었다. 다행히 선생님은 관수가 반성하고 잘 지내면 된다며 이해했다. 하지만 관수에게 욕을 들은 정섭이와 재하는 분이 풀리지 않는지, 그동안 갈등이 폭발한 듯, 담임교사에게 신고를 했다.

우선은 학교에 아이들이 등교를 하지 못하는 상황이라 줌에서 관수와 더불어 정섭, 재하를 만나 자초지종을 듣고 서로의 억울함을 풀고 사과하는 자리를 마련했다. 하지만 정섭이와 재하가 있었던 일을 이야기하자 관수는 또다시 화면 창 이름에 "ㅗㅗㅗ"라는 표시를 했다.

"관수야, 이름에 욕을 하는 거니? 너의 이름으로 바꾸어 주렴."

그러자 내가 바꾼 것이 아니다, 컴퓨터에 렉이 걸려서 그렇다면서 "왜 안 되지?"를 반복했다. 나와 정섭이 그리고 재하는 어이없이 바라보고 있었다.

"관수야, 줌에서 이름 바꾸기는 관수 너랑 호스트인 나만 바꿀 수 있어."

"아니에요, 제가 안 바꾸었어요. 잘 안 바껴요. 컴이 개이상해요."

"그래? 그럼 침착하게 바꾸어 봐. 기다릴 테니."

이런 상황에서도 정섭이는 계속 거짓말을 한다며 불만을 터뜨렸다.

"선생님, 관수가 며칠 전부터 재하를 사칭해서 저에게 욕을 보내고 저격하는 글을 보내요. 특히 수업할 때 채팅으로요. 선생님이 막아놓을 때는 못 하다가, 조금이라도 풀리면 자기가 재하인 척하고 저에게 욕하고 난리예요. 야, 너 왜 나한테 자꾸 욕하냐?"

부산하게 집중을 못 하는 듯해도, 정섭이의 불만에 관수는 소리를 지르듯 말했다.

"내가 언제? 내가 너한테 언제 욕했는데?"

"웃기시네, 아까도 나한테 '나 재하인데, ○○새끼야' 하면서 욕했잖아. 내가 너한테 뭘 잘못했는데 자꾸 욕하는 건데?"

아이들의 싸움이 격해지는 것 같아 진정을 시켰다. 진정을 시키면서도 줌으로는 이런 갈등 중재가 안 되겠다는 생각이 들었다. 결국 등교가 가능한 날에 재하와 정섭이를 만나서 아이들의 불만을 들었고 관수도 따로 만나서 나름의 상황과 심정을 들었다.

관계 회복을 위한 상담

재하는 사정이 있어서 관수와 정섭이가 먼저 만났다. 사실 주축은 관수와 정섭이의 갈등이었다. 개별상담을 하면서 헤어지기 전에 관계 회복 상담을 권했다. 찬성의 의지를 보여서(관수는 애매했지만) 학생과 학부모의 '참여 동의서'를 내밀며 날짜를 정하겠다고 했다. 모임을 시작하러 오면서 아이들은 동의서를 제출했다. 동의서를 작성하고 참여하고 제출하는 과정을 통해, 서로의 갈등을 푸는 것에 절차가 있고 진지함이 있다는 것을 이해하길 바랐다. 하면 좋고 안 하면 말고의 '시간 때우기' 교육이 결코 아니라는 것을, 그리고 갈등은 맞닥뜨려 서로 직면하고 대화로 해결해야 한다는 것을 암묵적으로 이해시키는 과정이기도 했다.

정섭이와 관수는 서로 눈을 마주치지 못했다. 아마도 서먹했을 것이다. 서클을 열기 전에 먼저 약속했다. 이 자리는 어떤 자리이고 어떤 규범이 필요한지 인식시키는 중요한 순간이다. 아이들과 함께 규칙을 읽고 지키겠다는 의미의 서명을 하도록 했다. 그리고 목적을 다시 한번 밝혔다. 이 자리가 관수의 죄가 사라지는 자리도, 억울한 정섭이가 복수하는 자리도 아닌, 서로의 갈등을 해결하기 위해 마음을 나누는 자리임을 밝혔다.

"오늘 모임은 잘잘못을 가리는 자리가 아닙니다. 개별적으로 만나 이야기를 나눈 결과 서로 갈등이 쌓여 있다는 것, 그로 인해 다양한 사건이 일어났다는 것을 모두 알았어요. 각자 하고 싶은 말들도 많다는 것을 알았구요. 그래서 오늘 이 시간, 대화를 통해서 서로 생각과 마음을 솔직하게 전하고 갈등을 해결해서 학교생활을 서로 잘해 나가도록 하는 것이 목표입니다. 이해되었나요?"

두 아이는 진지하게 고개를 끄덕이며 대화한다. 분위기가 왠지 경직된 것 같아서, 슬쩍 농담도 던지며 이 모임에 참여하면서 갖고 있는 기대를 말하도록 했다.

"오늘 여기서 뭐 한다고 했지?"

"음, 내 마음을 이야기하고 상대 마음도 듣고, 그래서 갈등 해결하는 거요."

정섭이가 적극적으로 나서기 시작했다.

"대답해 줘서 고마워. 그럼, 정섭이가 먼저 이 사건에서 하고 싶은 말이 있으면 말해 볼까요?"

정섭이는 평소 보이는 태도와 달리 매우 진지하고 논리적으로 이야기를 시작했다.

"이번 줌에서 일어난 사건, 그러니까 내 이름을 사칭해서 재하나 다른 친구들에게 욕을 해서 나를 당황시키고 친구들에게 오해를 받도록 한 일들 때문에 내가 많이 힘들었어. 짜증 나고, 친구들이 나를 싫어하고 원망할까 겁도 났고… 사실 용서하고 싶지 않지만, 그래도 같은 반 친구이니까 말을 들어보고 마음을 결정하려고 해."

"마음을 결정한다는 것은 학폭 신고를 말하는 건가요?"

"예. 하지만 거기까지 가고 싶지는 않아요."

"그렇구나. 그럼, 관수야, 정섭이가 무슨 말을 했니?"

말을 듣고 학폭 신고 여부를 결정하겠다는 정섭이의 말에 다소 놀라는 것 같았다. 선생님의 입을 통해서보다는 당사자의 입장을 바로 들으니 많이 당황스러웠을 것이다.

"정섭이가 제가 한 일 때문에 속상했고, 원망스러웠고, 친구들이 오해할까 봐 겁도 났다고 했어요."

"그래, 잘 들었구나. 정섭이의 심정이 이해가 되니?"

"그냥 화만 나는 줄 알았는데, 친구들이 오해할까 봐 겁이 났었다고 하니까 미안해요."

다른 감정보다 친구들이 오해할까 두렵고, 그래서 친구 관계에서 소외가 될까 걱정스러웠다는 정섭이의 진정한 마음을 관수가 잘 이해한 순간이었다. 관수 자신이 일으킨 줌 사칭 사건도 현재 자신의 친구 관계에 대한 불안 때문에 서로 접점이 찾아지고 이해가 시작된 것이다.

"미안한 마음이 든다니 다행이네. 그럼, 관수도 하고 싶은 말을 해 보자."

"정섭아, 줌에서 사칭한 거 미안해. 맨 처음에는 장난이었는데, 몇 몇 아이들이 살짝 속는 거 보고 재미있기도 했어. 너인 줄 알고 나에게 말하는 것이 재미있었고. 이것도 나쁜 일이라는 거, 그래서 지금 후회하고 있어. 미안해."

그때 갑자기 정섭이가 끼어들었다.

"재미있었다고? 그런데 왜 하필 나야? 왜 나를 사칭했어?"

규칙상 발언권을 얻어서 이야기하도록 해야 했지만, 피해자인 정섭이가 정말 궁금한 것을 물으며 이야기가 깊어질 수 있을 것 같다는 감이 와서 그냥 두었다.

"4월이 되어서야 학교에 오니까 내 친했던 친구들이 모두 너의 친구가 되어 있더라고. 너랑 더 재미있게 놀고 너랑 더 많이 말하고. 너무 속상했어. 특히 재하는 내 베프인 줄 알았는데 재하마저도 너랑 너무 친하니까 화가 났어. 작년까지만 해도 나랑 잘 놀던 친구들이었는데."

정섭이도 핵심을 건드리는 날카로운 질문을 했지만, 관수도 너무나 명료하게 자신이 왜 그랬는지를 용기 있게 말했다. 난 이쯤 해서 정섭이가 조금 이해를 하는 말을 할 줄 알고, 정섭이에게 무엇을 들었는지 질문하려고 했다. 그런데 정섭이는 원망스러운 눈빛으로 관수에게 말했다.

"친구들이 나랑 더 이야기하고 나랑 더 놀고 하는 것은 나랑 더 잘 맞으니까 그런 거잖아. 너의 친구들이 누구누구인지 난 몰랐고, 너를

4월에 처음 만났는데, 너가 어떤 아이였는지, 너의 친구들이 누구인지 내가 어떻게 아니? 5학년 되어 같은 반이 되어서 지내고 놀다 보니 친해진 것인데, 왜 그것을 네 친구들을 빼앗아 간 거라고 말하니?"

"정섭아, 잠깐만. 관수는 관수 입장에서 말한 거야. 4월에 오니 자기 친구들까지 모두 너랑 친하게 지내고 자신을 데면데면 대하니 관수가 속상하고 당황했을 거야. 그 마음을 알아달라고 한 거야. 맞지, 관수야?"

불쑥 들어온 정섭이의 말에 당황한 관수를 위해 내가 정리해야 했다. 관수는 나의 말이 맞다고 하면서 고개를 크게 끄덕였다. 그리고 정섭이의 마음도 전달해야 했다.

"그리고 정섭이는, 관수가 정섭이를 자기 친구 뺏어간 녀석이라는 생각을 갖고 있는 것, 그런 오해를 받는 것이 억울하고 속상한 것이구나. 어때?"

"예, 관수에게 할 말 있어요. 관수야, 나는 너의 친구들이 누군지도 모르고 내가 뺏어간 것 아니야. 그리고 이 일에서 중요한 것은 너가 그런 오해로 질투가 난 것은 이해해, 그럴 수 있지, 하지만 그렇게 질투가 나서 재하에게 욕을 하고 그 욕을 내가 한 것처럼 해서 나를 이상한 사람으로 만들려고 한 너의 방법이 잘못이고, 범죄일 수도 있다는 거야. 그 점이 문제라는 거야."

가끔 수업 중에 만났던 정섭이는 게임 좋아하고, 선행학습을 많이 받아서인지 학교 공부에 잘 집중을 못 하지만 목소리 크고 친구들을 좋아하는 재미있는 아이였다. 그런데 지금은 마치 변호사처럼 논리 정연하게 이 모임을 활용하여 자신의 마음을 최선을 다해 전달하고 있다.

"관수야, 정섭이가 한 말이 어떤 것이지?"

"예…의도적으로 내 친구들을 뺏어간 것은 아니다. 그리고… 질투는 할 수 있지만, 그렇다고 친구에게 욕을 대놓고 하거나 자기가 한 욕을 다른 사람이 했다고 뒤집어씌우는 것은 범죄다."

"잘 이해했네. 이 지점에서 정섭이에게 하고 싶은 말 있니?"

"정섭아, 그래 너가 의도적으로 친구를 빼앗아 간 것은 아니라는 거, 사실 알아. 그런데 상황이 그렇게 보였고 샘나서 너를 억울하게 만든 것 정말 미안해. 다시는 그런 일 없을 거야. 요즘 줌하고 나서 마지막 시간에 아이들끼리 이야기하며 친해지는 것 같은데, 나는 수업이 끝나자마자 심지어 끝나기도 전에 엄마가 노트북을 그냥 가져가 버리고 출근하시니까 그런 시간이 없어서 미치겠어."

그러면서 눈물을 보이며 하소연한다.

"너 일부러 나간 거 아니야? 수업 다 안 끝났는데 그냥 나가서 이상하다 했는데."

"엄마가 내가 컴퓨터 있으면 게임하고 공부 안 한다고, 줌 수업 끝나면 또는 끝나기 전에 노트북을 가지고 가져."

"헐, 많이 힘들겠다. 난 네가 공부하기 싫어서 나가나보다 했지. 너희 엄마 무섭다더니 정말 그런가 보다. 힘들겠네…."

갑자기 둘이 하소연하고 이야기를 들어주고 위로해 준다. 그냥 내버려 두어도 둘이 잘 이야기를 이어갈 것 같지만 갈등을 푼다는 목표가 있고, 관수가 반성하고 정섭이에게 정식으로 사과하는 것이 필수 과정인지라 다시 환기시켜야 했다.

"서로의 사정을 잘 이해하기 시작하는 것 같아서 반갑네. 정섭아, 관수의 사과를 받아줄 거니? 방금 사과를 한 것 같은데."

"예…그런데 좀 더 정식으로 했으면 좋겠어요. 사과하고 앞으로 어떻게 할 것인지."

정섭이도 이 시간에 자신의 억울함을 풀고 자존심 회복이 필요하다는 것을 잘 이해하고 있었다. 관수에게 다시 한번 정식으로 사과하도록 요청했다.

"정섭아, 내가 너의 이름을 사칭해서 친구들에게 욕하고 안 좋은 말한 것 정말 미안하다. 앞으로는 이런 일 없을 거야. 너랑 재하가 용서해 주면 좋겠어. 재하에게는 학원에서 사과를 했고."

마음이 통하는 부탁

내가 만족하냐는 듯이 정섭이를 바라보았다. 정섭이는 고개를 끄덕이며 앞으로는 이런 비슷한 일이 없었으면 좋겠다고 했다. 그러더니 불쑥 관수에게 말을 걸었다.

"관수야, 너에게 충고하고 싶은데, 들어줄래?"

"응, 그래. 말해 봐."

"관수야, 내가 친구들 말도 듣고 내가 느낀 것도 있고, 그래서 너에게 말하는 게 좋을 것 같아서… 우리 반에서 내가 운 좋게 친구들이 많잖아? 나도 사실 전 학교에서는 친구들이 많이 없었거든, 그래서 힘들었고."

"너가? 정말?"

"응, 그런데 내가 좀 더 친구들에게 적극적으로 다가갔고 재미있게 해주려고 했고, 그냥 잘 놀려고 노력한 것도 있어. 관수 너도 나랑 성격이 비슷하더라고. 그런데 왜 친구들이 너랑 잘 안 놀려고 하는지 생각해 보았어?"

마치 또래 상담이 진행되는 듯했다. 분위기가 매우 진지하고 따뜻했다. 내가 끼어들지 않아도 둘이 예의를 갖추어 진지하게 이야기하고 있고, 관수가 알아야 할 점을 정섭이가 진심을 담아 이야기하고 있다. 정섭이가 관수의 고민 지점을 잡아서 전달하니 관수에게도 참 도움이 되는 자리이다.

"사실, 너랑 나랑은 우리 반에서 어수선하고 부산하잖아? 선생님이 우리 둘을 많이 혼내시잖아. 선생님 참 힘들게 하는 우리들이지."

깜짝 놀랐다. 정섭이는 교사가 자신을 어떻게 바라보고 있고, 자신이 반에서 어떤 문제 행동을 하는지도 잘 알고 있었다.

"그런데 차이가 있어. 나는 부산하고 어수선해도 선생님이 무엇을 원하시는지 보고 따르려고 노력해. 장난을 한참 치다가도 멈추지. 그런데 너는 갈 때까지 가는 거 같아. 특히 소리 지르고 선생님이 그만

하라고 해도 짜증 내면서 듣지 않아서 선생님도 화가 나시고 반 분위기 엉망이 되고, 그러니까 너의 이미지가 안 좋아지는 것 같아. 이제 우리는 1, 2학년이 아니잖아. 5학년인데, 멈출 때는 멈춰야지."

"응, 그래. 그건 인정해. 나도 멈추고 싶은데, 그냥 짜증이 나서 쏟아 버리는 거 같아. 눈앞이 잘 안 보이는 것 같아, 화가 나서."

"그리고 관수 네가 쉬는 시간에 친구들과 놀려고 할 때, 너는 쉬는 시간이 바로 시작되자마자 놀고 싶은 아이에게 직진해서 부산하게 소리 지르며 '와, 놀자, 놀자, 나랑 놀자' 하며 계속 쫓아다니더라고. 네가 친구를 사귀고 싶으면, 네가 놀고 싶을 때만 노는 장난감처럼 친구를 대하면 안 될 것 같아. 친구는 사정이 있어서 못 노는데, 자꾸 엉겨붙고 귀찮게 달려드니까 친구들이 질색을 해. 나는 놀고 싶은 친구가 있기는 하지만 살펴보고 힘이 없거나 속상해 보이는 친구에게 먼저 가서 놀자고 해. 뭔가 말을 걸어야 할 것 같은 친구에게 가. 그게 배려이고 친구 사귀는 방법인 것 같아."

청소년 또래 관계를 위한 다양한 프로그램이 있다. 그 어떤 프로그램보다 오늘 정섭이가 말한 친구 사귀는 방법에 대한 자신만의 노하우는 매우 훌륭한 내용이었다. 아이들은 저마다 작은 철학자라는 말이 새삼 머릿속에 떠올랐다.

아이들은 늘 실수한다. 가끔 그 실수가 너무 크기도 하지만 기회가 닿으면 언제든지 회복할 수 있고 스스로 바로 잡을 수 있음을 믿게 된 소중한 시간이었다.

한편 관수 어머니에게 전화해서 관수가 전문 상담을 받도록 부탁을 했지만, 어머님은 늘 바쁘다는 핑계로 무시했다. 결국 강압적이면서도 방임적인 부모님의 양육 태도에 대한 결과는 관수가 6학년이 되어 여학생들을 때리는 폭력으로 이어졌고 교육청에서 강도 높은 처분을 받고 말았다. 다른 사람의 말을 전혀 듣지 않는 관수가 정섭이의 진심이 담긴 말을 들으며 자기 성찰이 시작되는 매우 귀중한 그 기회를 놓치게 된 것이 안타깝다. 전문 상담을 통해 관수뿐만 아니라 그 부모님에 대한 상담도 이루어져서 관수가 변화되기를 바랐건만, 나의 기대는 깨져버렸다.

비폭력대화의 렌즈:
당신의 아이가 가해자란 말입니다

학교에서 상처를 받는 교사들이 늘고 있다. 아이를 교육하고 훈육하는 과정에서, 교사로서 최선을 다했건만 돌아오는 것은 '아동학대죄'인 경우가 많다. 부모를 포함한 어른들에게 가혹한 학대를 받는 아이들을 구하기 위한 법이건만 이것이 와전되어 학부모를 위한 '기분 상해죄' 내지는 '괘씸죄'를 위한 법이 되어 버린 느낌이다. 이것을 피하고자 아무것도 안 하는 교사, 최소한만 하는 교사가 요즘 대세가 되고 있다. 안타까운 일이다. 아이들 간의 갈등이나 학폭 수준의 문제를 대할 때, 교사도 사람인지라 피해 학생에 대한 안쓰러움과 정의감으로 균형 잡힌 시선에서 처리하지 못하는 경우가 있다. 그럼에도 불구하고, 모두가 우리 학생이기에 공정하게 처리한다고 하지만 이것이 학부모에게는 다르게 전달될 수 있음을 새삼 깨닫는다. 가해 학생 학부모를 대하는 경우, 내 마음의 부정적인 감정이 무의식적으로 흘러가 닿으면 어떤 일이 벌어지는지, 나의 판단적인 태도와 조급함이 어떤 결과를 가져오는지 제시해본다. 부끄럽지만, 나와 같은 전철을 밟지 않도록, 가해 관련 학부모를 대할 때 조심할 점을 공유하고자 한다.

오랫동안 학교폭력 사안을 처리하면서 깨달은 몇 가지가 있다.

우선 학교폭력 사안을 법적으로 해결하려고 할 때, 학교가 개입하는 것은 학교의 교육력과 신뢰감을 떨어뜨릴 수 있다. 학교는 아이들을 교육하는 기관이지 법적인 처벌에 대해서 시시비비를 가리고 처벌을 내리는 기관이 아니다. 경찰 내지는 검찰이 해야 할 일을 학교에서 하려 하니 탈이 날 수밖에 없다. 학교 입장에서는 관련 학생 모두가 우리 학생이기에 법적인 처벌을 내리는 것에 부담이 갈 수밖에 없다. 아울러, 객관성과 공정성을 유지하며 처벌을 내리려고 해도, 조사과정에서부터 이에 대한 불만이 양쪽에서 나올 수밖에 없다. "우리 남편이, 우리 친척이 변호사인데…"라는 말을 하며 제대로 조사하지 않으면 가만히 있지 않겠다는 협박을 하기도 한다. 양쪽의 불만에 대응하다 보면 학교는 교육기관이라는 본연의 임무를 제대로 수행하기 어려워진다.

"교사가 행복해야 아이들이 행복하다"는 말이 배부른 말로 여겨질 정도로, "교사가 안전해야 아이들도 제대로 교육받을 수 있다"라는 말을 하고 싶은 순간도 많다. 다행히 교육부가 이를 받아들여, 2024년부터는 조사과정에서 처리 과정까지 경찰과 교육청이 함께 손을 잡고 도맡기로 했다. 증거자료 확보를 위해 학교에 자료 요구를 하기는 하겠지만, 이제 학교는 모든 법적 절차가 끝난 후 관련 학생들을 상담하고 관계를 회복하는 과정에 좀 더 집중하면 될 것 같아서 기대가 크다. 하지만 정책이 아직은 과도기적이라 만족도가 높지 않은 상황이다.

두 번째는 학교폭력 사안이 일어났을 때, 우선 불부터 꺼야 한다는 심정에 서두르다 보면, 가해 학생에 대한 대처에만 집중하게 된다는 것이다. 일부러 그러한 것은 아니지만, 가해 학생이 2차 사건을 일으키면 어쩌나 하는 두려움과 제대로 처분을 받는지 다른 학부모나 학생들이 바라보는 시선에서도 자유롭지 못하다. 그러다 보니 피해를 입은 학생들은 그 누구보다 위로를 받고 물리적인 것뿐만 아니라 심리적인 보호도 받아야 하는데, 가해 학생에게 에너지를 쏟다 보니 피해 학생들이 오히려 방치되는 경우가 많다. 심지어 사건을 처리하는 과정에서 힘에 부치고 극도로 신경이 날카로워져 '피해 학생이 좀 더 미리 말했더라면', '좀 더 용기 있게 행동했더라면', '너무 소심해서 문제야'라는 식으로 의식하지 않은 2차 가해를 한다는 것이다. 이런 상황에 대한 안타까움이 크다 보니, 상황이 발생하면 피해 학생의 입장을 먼저 생각하려고 노력하고, 그들의 고통과 무너진 자존심을 생각하며 피해 학생 편에서 적극적인 개입을 하려는 행동을 많이 한다.

하지만 과연 가해 학생에 대해서도 제대로 된 개입이 이루어지고 있는지 생각해 보면, 자신이 없다. 발등에 떨어진 불을 끄는 심정으로 아이들과 부모를 대했던 것은 아닌가, 특히 두려움에 빠진 부모들의 좌절감을 '정의로움'이라는 이름으로 외면했던 것은 아닌가 반성하게 된다.

'당신 아이가 한 일을 보세요. 당신이 제대로 교육하고 키우지 못해서 이렇게 된 것은 아닌지 의심스럽네요. 반성하시고 이제부터라도 아이를 제대로 키우시길 바라요'라는 암묵적인 비난의 메시지를 무의식적으로 보냈고, 그들은 그것을 알아채고 나를 공격했던 것일 수도 있음을 새삼 깨닫는다.

3학년 여학생들 사이의 따돌림 사건

한마디로 설명하면, 3학년 A학생을 B, C, D, E, F, G가 따돌린 사건이다. 이 과정에서 상처 입은 A는, 교묘하게 또는 대놓고 따돌리는 아이들로 인해 견디지 못하고 한동안 학교를 나오지 않았다. 여기서 여왕벌은 B였다. 눈치와 사람을 조종하는 기술이 남다른 B는 자신을 중심으로 A에서 F가 자신에게 충성하도록 하는 상황을 만들었다. 처음 3월에는 B가 강한 말투의 C를 배신하고 A를 단짝으로 삼았다. B가 A에게 너밖에 없다고 하자, A는 충성을 다하며 아이들이 B 근처에 못 오도록 했다. 다른 아이들을 경계했고 C에서 G까지 돌아가면서 배제시켰다. 이에 아이들은 A에게 앙심을 품었다.

그런데 B도 서서히 A의 집착 경향, 활달함과 나댐에 질리게 되었고, 가끔은 자신에게 함부로 하는 듯한 A의 기를 꺾고자 C와 다시 친해졌다. 여기에 D에서 F까지 모두 같이 편을 먹고 A를 따돌리도록 조종했다. B는 여왕벌, C는 A를 따돌리는 행동대장, D에서 F는 B의 추종자였다. 이런 상황은 개별적으로 한 명씩 만나서 상담하는 중에 밝혀졌다.

담임선생님이 개별상담은 못 하고 여러 차례 갈등을 중재하고 서로 다시 친해지도록 여러 번 집단 상담을 했다. 하지만 서로 울며 사과하는 그 순간이 지나면 또 따돌림이 반복되었고, 이 상황에서 담임교사도 지치고 이런 담임교사를 A의 학부모는 못마땅해하며 민원까지 넣은 상황이었다.

7명의 아이들을 따로 상담하면서 이 상황을 어떻게 보는지, 서로 친구들을 어떻게 생각하는지 면밀하게 조사하고 감정과 바람을 물으며 개별상담을 했다. 그리고 서로의 허락을 얻어 집단으로 갈등 해결의 시간을 가졌다. 이 과정에서 아이들은 썩 내켜 하지 않는 태도를 보이는 B와 C의 눈치를 보며, 어쩔 줄 몰라 하는 것이 느껴졌다. 시간이 있으면 한두 차례 더 상담하면 좋으련만, 학기말이고 학교 석면공사 전에 짐을 모두 빼야 하는 상황이라 불가능했다.

"우선은, 이 일로 A가 마음이 너무 힘들었고 학교도 못 나올 정도였어. 선생님이 듣기로, 학예회 준비하는데 너희들과 함께하고 싶다니까 '너 같은 아이가 낄 자리는 없어. 딴 데 가서 알아봐'라고 했다고 들었어. 너희들이 했던 다양한 따돌림의 상황을 굳이 말하지 않아도 알 거야."

아이들은 인정하고 A에게 사과를 했다. 하지만 B는 심드렁하게 사과하며 무표정하게 앉아 있었다. 아이들이 사과하니 A도 자신이 3월에 저질렀던 일에 대해서 미안하다고 사과했다. 분위기는 제법 훈훈해지는 것 같았다.

"서로 상처를 주는 과정에서 A가 많이 힘들었어. A 부모님은 너희들이 잘못을 인정하고 반성하면 굳이 학교폭력위원회에 올리고 싶지 않다고 해서 하는 말인데, 너희들이 부모님께 이 상황을 말씀드리고 마무리하도록 하자. 이 일을 마무리한다고 해서 굳이 서로 다시 친하게 지낼 필요는 없어. 너희들끼리도 시간이 필요하고, 한번 깨어진 관계는 너무 많은 상처를 주었다면 다시 회복하기 어려워. 이 모임으로 너희들이 서로 사이좋게 지내라고 강요하는 자리는 아님을 이해해주렴."

아이들은 서로 억지로 사이좋게 지내라는 자리가 아니라는 말에 안도의 모습을 보였다. 몇 달 동안 상처를 주고받던 관계가 갑자기 좋아지기는 어렵다. 그리고 그것을 강요해서는 안 된다. 여학생들의 따돌림은 생각보다 교묘한 관계적 따돌림이다. 이미 파괴된 관계를 다시 회복하기는 어렵기에 서로 부담을 주지 않는 것이 좋다.

아이들은 부모님께 혼날 것 같다고 했지만, 용기 내어 말하겠다고 했다. 그리고 그 의미에서 '사과문 및 서약서'라는 제목으로 된 것을 아이들에게 주면서 부모님과 이야기해 보도록 했다. 하지만 B와 C는 부모님께 많이 혼날 것 같다고 하면서, 내가 부모님과 만나서 직접 이야기해 달라고 부탁했다. 어차피 주동자였던 두 아이의 부모님을 불러 상황을 설명하고 아이들의 교우관계에 대한 지도를 가정에서 해주길 부탁해야 했기에 그러겠다고 이야기했다. 이것이 큰일을 불러올 줄 모르고 말이다.

실수 1. 학부모의 동의를 놓쳤다. 나의 노력이 A뿐만 아니라 다른 아이들도 학폭위를 통해 상처를 입지 않길 바라는 선한 의도였음을 충분히 전하지 못했다.

이후에 B, C를 제외한 아이들의 부모들은 A 학부모에게 전화를 걸어 사과를 해서 일이 잘 마무리가 되는 듯했다. 그런데 A 학부모로부터 다시 전화가 왔다. B가 어떻게 말했는지 모르겠지만 어떤 사과도 없고 오히려 우리 아이도 피해자라면서 소리쳤다고 했다. 화가 난다면서 B, C 부모님을 꼭 만나서 이야기를 전하고 사과를 받아야겠다며 학교에서 자리를 마련해달라고 했다. 아이들 사이에서는 그나마 풀리는 듯한 분위기였는데, 학부모 사이의 통화 과정에서 새로운 갈등이 또 불거지는 느낌이었다.

"예, 어머님. 아이들도 인정하고 있고 잘 전달하겠습니다."

"과연 그럴까요? C 엄마는 그래도 좀 미안하다고 하는데, B 엄마는 전혀 그런 것 같지 않아요. 만약에 사과의 전화가 없으면 저는 절차대로 진행하려구요."

이게 무슨 말인가? 기껏 며칠을 공들여 조사 및 상담하고 아이들 간에는 서로 잘 정리가 되었는데, 결국 학폭위를 열고 싶다니 어안이 벙벙했다. 학폭위를 열지 않기 위해 내 손에서 해결하려 했던 시간과 노력이 물거품이 되는 것 같아서 아득해졌다. A 학부모가 학폭위를 걸면, 다른 부모들도 3월의 문제로 학폭위를 걸 태세인 듯했고, 그러면 학교는 아수라장이 되는지라 이런 상황만은 막고 싶었다.

실수 2. 나의 영향력을 너무 과신했다. 차라리 쌍방 학폭위가 열리더라도 절차대로 학폭위를 개최했어야 했다. 늦었다고 생각할 때, 뭔가 일이 꼬인 것 같을 때는 다시 원칙과 절차대로 해야 한다.

학교 공사를 앞두고 있어 수업과 짐 정리 및 포장으로 몸이 녹초가 된 상황이었다. 12월 말의 스산하고 추운 기운에 컨디션이 좋지 않았다. '며칠을 이렇게 끌고 있는지… 이제 마지막 단계인데 여기서 무산되게 놔둘 수는 없어.'

눈코 뜰 새 없이 바쁜 생활인권부장과 교감 선생님을 대신해 이 일을 잘 마무리해서 도와드리고 싶은 마음도 컸다. 추운 수석교사실에 온풍기를 켰지만, 소리가 너무 커서 공기가 데워지자 바로 껐다. 한기가 스멀스멀 느껴졌지만 참을 만했다. 생활인권부장이 심란한 얼굴로 들어왔다.

"일찍 끝나겠지요? 몸이 안 좋네요."

나의 말에 인권부장도 집에 안 좋은 일이 있어 5시 30분에는 나가야 한다고 말하며 기다리고 있었다. 기다리는 와중에 밖에서 왁자지껄 떠드는 소리가 들렸다. 어머님 둘이 오는 줄 알았는데, C의 아버지가 같이 등장했다. 당황했지만 아버지가 있으니 오히려 이성적으로 판단하고 일이 잘 해결될 거라고 생각했다. 자리를 권하고 차를 드렸다. 보통 차를 주면 겉말로라도 감사하다고 하는데, 그런 말도 없다. 그런데 C의 엄마가 나를 보는 눈빛부터가 이상했다. B의 엄마는 큰 목소리로 앉으면서 말했다.

"C 아빠, 내가 교육청에 민원 넣고 왔잖아. 담임이 일을 그렇게 처리하면 어쩌냐고. 내가 민원을 넣었다고, 민원을."

이게 무슨 일인가 싶었다. 앞에 앉은 인권부장과 우리는 투명 인간이 된 듯했다. 교사가 앉아 있는데 인사는커녕 얼굴도 제대로 맞추기 전에 서로 이야기하느라 바쁘다. 학부모가 원하는 대로 퇴근 시간이 지나 만남을 가지도록 배려까지 했는데, 담임교사를 고발했다며 의기양양하게 말하는 것에 마음이 상했다.

실수 3. 가해 입장의 학부모들도 개별로 만나야 했다. 아이들처럼 뭉치면 힘이 생겨 서로 의지하고 더 나아가 관련자를 공격할 수 있다.

생활인권부장이 정식으로 인사를 하고 시작했다. 그런데 갑자기 C 아버지가 수첩을 펴더니 어떻게 된 일인지 말하라고 했다. 내가 마치 조사를 받는 사람인 듯 어이가 없었지만, 최선을 다해서 상황을 설명했다. 수첩에 적으면서 "그런데요?" "그래서요?"라며 취조하듯 물었다. 이야기하는 와중에 갑자기 B 엄마가 담임교사에 대한 원망과 A 학생에 대한 불만을 이야기하면서 말이 섞이고 어수선해졌다. 맞장구를 치는 C 엄마, 조용히 좀 해달라는 인권부장의 말이 서로 섞여서 나도 모르게 목소리가 높아졌다. 이 자리의 목적은 B, C의 행동에 대한 문제점과 그런 행동이 재발되지 않도록 교육해 달라는 목적에서 모인 모임인데, 이 학부모들은 퇴근 시간이 지나 찾아와서 이게 무슨 경우없는 일인가 싶었다.

"아버님, 이제까지 그럼 제가 모두 설명을 쭉 드렸는데, 그럼 C의 행동을 인정하지 못하시겠다는 말씀이신지요?"라는 말에 갑자기 화를 내기 시작했다.

"인정이요? 아, 참! 말투가 문제에요, 말투가. 아이들에게 이런 식으로 강압적으로 조사하지 않았나요?"

수석교사실이 떠나가라 소리 지르는 학부모에게 언성이 높아졌다.

"아버님, 아이들 하나하나 불러서 아이들 심정도 이해해주려고 노력했습니다. 강압적으로 해야 한다면 한꺼번에 불러서 엄청 꾸중을 했겠지요. 아이들도 모두 이유가 있다고 생각해 조사하고 이야기 듣느라 제가 쓴 시간이 얼마인데요. 게다가 이틀 전에는 전체 회복 서클도 했습니다. 좋은 분위기로 마무리가 되었구요."

인권부장이 내 입장에서 지원의 말을 했다. 12월 말의 수석교사실이 너무 추워지기 시작했다. 두툼한 파커에 코트를 입고 있는 다른 사람들에 비해 조끼 하나 입고 있는 나로서는 손이 시려울 정도였다. 온풍기를 틀면 소리가 굉음 수준으로 나서 어쩌지 못하고 그냥 참고 있었다. 손을 모아 추워서 비비는데 또다시 공격하기 시작했다.

"저 말하는 자세 좀 봐요. 학부모랑 얘기하는데 어디 손을 주머니에 넣고 있어요?"

교사 인생에서 이렇게 함부로 하는 사람을 겪어본 적이 없다. 술을 먹고 온 학부모도 앉아서 서로 이야기할 때도 기본적으로 지킬 것은 지켰다. 담임교사가 아니라서 더 그러는 것일까, 나를 도대체 뭐로 보는 것일까 갑자기 서글퍼지다가 화가 치밀었다.

"손을 주머니에 넣은 것이 아니라 여기가 춥잖아요. 그래서 손을 좀 모으고 있었습니다. 그리고 제가 좀 언성을 높였다면 죄송합니다. 여럿이 이야기하는 중에 진정시키려니 오히려 소리가 높아졌네요."

간신히 수습이 되는데 인권부장이 약속이 있어서 먼저 일어나야겠다며 나갔다. 이미 그러기로 한 상황이라 이제는 이 만만치 않은 세 학부모를 홀로 마주해야 했다. B 엄마의 이야기를 시작으로 A 학생에 대한 성토가 시작되었다. 한동안 그 이야기를 들었다. B 엄마는 A가 B를 교회로 전도하는 과정에서 발생했던 B의 마음의 상처, 이후로 일방적으로 약속 날을 잡아 놀게 해 달라고 하는 A 엄마의 태도 등 여러 불만을 쏟아 내었다. B만큼 B의 엄마도 A 엄마와의 관계에서 많은 분노를 가지고 있었다. 어쩌면 지금의 사건에서 B가 가해자가 되는 것에 대한 불안으로 이렇게 A의 문제점을 부각시키고, 이것도 안 되겠다 싶어 교육청에 교사의 문제해결 방식을 고발하며 본질에서 벗어나려고 하는 것이 아닐까 생각이 들었다. 하지만 C의 엄마는 알면서도 모르는 척하고 아버지는 전혀 모르는 상태로 온 것 같았다.

"A 학생이 학기 초에 B와 비밀 단짝 관계를 맺고 기쁜 나머지 B랑 친해지려는 아이들을 따돌린 것 맞습니다. 그 과정에서 아이들이 상처를 입었지요. 그런데 아이들과 이야기하고 회복 서클을 통해서 드러난 것은 A와 B가 서로 성격이 정반대이잖아요. A는 활발하지만 직설적이고 B는 상냥하고 신중한 편이구요."

B의 성격에 대해서 말하자 B 엄마는 갑자기 조용해졌다.

"B는 A의 그런 성격이 부담스럽다가 그렇게 교회 사건이 있게 된 것이고, 이때 예전부터 친했던 C와 다시 절친이 되면서 학기 초에 A에게 따돌림을 받았던 아이들까지 합세하면서 1학기 말부터 서서히 A에 대한 따돌림이 본격적으로 시작된 것 같아요. 말씀처럼 A 학생이 학기 초에 잘못한 것 맞습니다. 회복적 서클에서 이 점을 A 학생이 공개적으로 사과를 했구요. 하지만 결과적으로 7월 말 특히 2학기부터 시작된 6명의 따돌림이 결코 가볍지 않습니다. 그것도 지속적으로 이루어졌구요. 선생님이 몇 번의 집단 상담을 통해서 화해를 시켰지만, 시간이 지나면 또다시 따돌림이 반복되었습니다."

"A가 아이들을 학기 초에 얼마나 괴롭혔는지 아세요? 아이가 와서 울고, 힘들어하고. 학교 가기 싫다는 말도 했구요." 냉소적인 표정으로 맞장구만 치던 C 엄마가 말을 꺼냈다. 이 관계에 대해서는 모르는 것 같다던 담임교사의 말과 달리 C 엄마는 모든 것을 알고 있었다. 다만 남편에게 말하지 않았을 뿐이다. 그래서 개인적으로 전화를 할 때는 미안하다고 하는 제스처를 보였는데, 역시나 이 상황에서는 선택적 인정을 하고 있었다. 즉, 내 딸의 억울함, 학기 초 사건만을 말이다. 그 억울함을 풀고자 딸인 C가 얼마나 집요하게 A를 괴롭혔는지에 대해서는 모른 체 했다.

"예, C가 B와 가장 친했기 때문에 더 힘들었을 겁니다. A가 그 점을 인정하고 반성하고 사과했습니다. 결국 지금의 이 집단 따돌림이 학기 초 갈등에서부터 비롯된 것이니까요. 하지만 지금 문제는 2학기 내내 있었던 따돌림과 괴롭힘입니다. 집단으로 일어나다 보니 강도가 무척 셌고, 그래서 담임선생님의 몇 번의 조율에도 불구하고 일주일간 결석을 했구요. 그러다가 다시 나왔는데, 또 따돌림이 일어나 다시 결석을 하고 있는 중입니다. 이 따돌림의 핵심은 제가 아이들로부터 조사한 결과, B와 C입니다. B가 A에게 가장 불만이 많습니다. 교회 사건과 억지로 화해하고 사이좋게 놀라는 상황이 몹시 싫었나 봅니다. 그 불만을 제대로 A에게 말하는 대신 C를 비롯한 다른 아이에게 말하면서 B를 따르던 아이들이 결국 함께 A를 본격적으로 따돌린 것 같습니다."

"그럼, 다른 아이들 부모들은요. A 엄마도 와서 들어야지요."

다시 학기 초 사건으로 원인을 돌리려는 B 엄마의 틈새 공격을 피해야 했다.

"A 학부모도 딸 아이가 학교를 안 가겠다고 저렇게 집에만 있으니, 마음이 어떻겠어요. 담임선생님께도 말하고 교장 선생님께도 말하고 결국 저도 이렇게 개입해서 해결하려고 노력하는 것이지요. A 아버님도 오셨었고, 이 사건이 결국 학기 초 갈등으로부터 비롯된 것임을 다 알고 계십니다."

갑자기 B 엄마가 말이 없어졌다.

"회복적 서클, 그러니까 아이들과 서로의 느낌과 바람을 표현하는 과정인데요. 서로 상처를 입은 상황이라 무조건 친하게 지내라 말하지 않았어요. 서로 분노가 있는데 친해지라고 어른들이 말한다고 친해지겠어요? 그래서 서로 상처를 말하고 감정을 풀고 시간을 갖자고 했습니다. "

"그러니까요. 불만이 있는데 그것을 자꾸 친해지라고 담임선생님이 말하니 아이들이 어떻겠냐구요."

담임교사의 실수라면, 아이들이 친해졌으면 하는 바람에서 몇 번의 집단 상담과 개인 상담을 하며 친해지라고 말한 것이다. 우리 반의 제자들이고 서로 같이 지내야 하는 사이인데, 서로 놀지 말라고 할 수는 없지 않은가?

"예, 담임선생님 입장에서는 아이들이 아직 열 살이고 어리니까 서로 잘 털고, 실제 서로 울면서 사과도 했다고 하네요, 서로 잘 지낼 거라고 생각하셨지요. 하지만 제가 조사하고 상담을 하면서 A에게는 B

와 친해지는 것이 어렵고 비밀 단짝도 아니니 이제는 포기하라고 했습니다. A도 인정했구요. 그리고 B는 A와 어울리기 싫다는 의사를 분명히 했구요. 그런데 C는 A에게 미안하고 놀 수도 있다고 하네요. 마음이 따뜻한 친구더라구요."

나의 마지막 말에는 결국 여왕벌은 B라는 것을 전하고 싶었다. 하지만 B 엄마는 표정 변화가 없었다. 아까부터 말없이 굳어있는 표정으로 앉아 있는 것이 마음에 걸렸다. 반면, C 학부모는 모처럼 C의 긍정적인 면이 나와서인지 기분이 좋아 보였다.

"우리 C가 그렇게 마음이 착해요."

실수 4. 훈풍이 부는 상황에서도 방심은 금물이다.

"예, 그런데 이 사건이 학교폭력 전 단계로 의뢰된 것이라서요, 아이들에게 사과문과 서약서를 받았습니다."

B, C를 제외한 다른 부모들은 아이 편으로 사인을 받았고 B, C의 부모도 무난히 사인을 할 것이라고 생각을 했다. 그러나 상황은 완전히 반대로 전개되기 시작했다.

"우리 아이가 이것을 썼다고? 여보 눈물 난다."

자필로 쓰인 아이들의 행동과 사과의 글을 보는 것이 어려웠을까? C 엄마의 눈물에 C 아빠가 씩씩대기 시작했다.

"우리 아이에게 이런 것을 쓰게 했다는 것이지?"

B 엄마도 또다시 공격을 시작했다.

"아니, 모두 마무리되었다면서 아이들에게 이런 것을 쓰게 했어요? 이걸 받아서 A 엄마에게 주겠다는 거잖아요? 왜 내가 그 여자에게 이런 것을 줘야 하냐구요!"

B 엄마는 A 엄마와 그동안 쌓인 감정을 나에게 쏟아붓기 시작했다. 교사 생활을 하면서 가장 힘든 것 중의 하나는 아이들 간의 갈등이 부모의 갈등으로 번지고, 그다음에 교사에게 화를 내며 맹렬하게 불만을 쏟아 놓을 때이다. 차분히 말을 하려는 와중에 또 다른 펀치가 들어왔다.

"이거 교장 선생님이 조사하라고 시킨 거 맞아요? 교장 선생님 나이가 어떻게 돼요? 나이가 얼마길래 이런 걸 시켜?"

"이거 A 엄마 마음 달래기용이라구. 이럴 수 없다고."

순간 생각했다. 달래기용 맞다. 아이들 모두가 학교폭력 대책자치위원회에 가지 않도록 노력하기 위한 달래기용 말이다. 알면서도 이러는 것일까, 어디까지 가자는 것일까 피곤이 밀려왔다.

B 학부모가 아이들이 쓴 종이를 들고 내 앞에서 흔들며 소리를 질렀다. 학교가 나로 인해 불똥이 튀겠구나, 하는 생각에 이 상황을 수습해야 했다. 혼자서 모든 것을 안고 수습하려는 나의 행동들이 오만한 바람이었나 후회도 들었다.

"이 사과문 양식 선생님이 만든 거예요?"

나는 얼떨결에 그렇다고 했다. 3학년 아이들이 이런 양식대로 쓰기 어려우니 개조식으로 쉽게 쓰도록 한 것이고, 학교 양식에 준하여 작성한 것이라는 말을 하지 못했다. 엄마가 울고 아빠는 소리 지르고 또 다른 엄마도 악을 쓰니 막막하기만 했다.

"이건, 아이들을 선입견으로, 가해자로 바라보고 있는 것이라고. 우리 아이가 쓴 거 이거야? 여기 봐, '상처 준 행동' 옆에 이 글씨는 선생님이 쓴 거예요? 이렇게 쓴 것을 보니 강압적으로 조사한 것 맞네!"

"강압적이라니요? 아까 말하라고 해서 다 설명드렸잖습니까? '상처 준 행동'이 두리뭉실하니 어떤 행동인지 부모님께 알려드려야 하니까요. 아이들이 말한 대로 째려보기와 투명인간 취급 등 대표적인 것만 썼네요. 일종의 진술서입니다. 이렇게 조사해서 기록해야 합니다."

"이게 강압적이지! 경찰을 불러와야겠어."

"이거 교육청에 민원 넣어야 해요. 담임뿐만 아니라 여기 이 '아줌마', 교장 모두 싹 다."

"담임은 내가 이미 민원 넣었어. 고소해, 고소!"

"방금 뭐라고 하셨습니까? 아줌마요?"

"그래, 아줌마라고 했다. 왜? 선생 자격도 없는 게 무슨!. 가자고 가. 가서 고소하자고."

서류를 빼앗아 가더니, 학교에서 난생처음 들어보는 아줌마라는 말을 남기고, 악다구니 같이 서로들 소리를 지르며 어두운 복도로 사라졌다.

그날 밤, 잠이 제대로 안 왔다. 뜬 눈으로 새우다가 새벽에 일어나 전체 사건 개요서를 작성하기 시작했다. 작성을 시작한 이유는 교권보호위원회를 열어달라고 교감 선생님께 부탁하려는 것이었다. 나의 실수라면 학폭위를 열지 않도록 애쓴 것뿐이라고 생각했다. 부끄럽고 창피스럽지만, 우리 학교 최초로 '교권보호위원회'를 열어 이 일을 공식화하고 사과를 받고 싶었다. 아마도 교육청에 민원도 들어갈 것이고, 어쩌면 나는 수석교사 자리에서 불명예스럽게 쫓겨날지도 모르겠구나 생각도 들었다.

교감 선생님은 나의 마음을 충분히 이해하고 같이 아파해주면서 월요일에 가서 처리하겠다고 했다. 죄송하다는 말에 교감 선생님이 더 죄송하다며, 같이 있어 주지 못해서 미안하다고 했다.

월요일에 수업이 끝나고 먼저 교장 선생님을 만났다. 앞에 서류가 있었다. C 아버지가 왔다 간 것이었다. 교장 선생님은 그 학부모와 이야기하면서 나에 대한 하대를 인지하고 내가 수석교사라는 점과 수석교사가 처음 만들어졌을 때 교감과 동급으로 학교의 수업관리자라고 전달하셨다고 했다. 아울러 학폭위를 열지 않고 일을 처리해서 아이들을 모두 구하려고 그런 것이라는 말도 전했다고 하셨다. C 아버지는 C 아버지대로 금요일 모임에서 느꼈던 불만과 아이를 가해자로 몰고 가는 학교처리 방식의 문제점을 이야기했고, 교장 선생님은 그것을 다 들어주면서 '호미로 막을 것을 가래로 막으려 하냐'며 조언을 하신 것 같았다.

교감 선생님의 중재로 수석 교사실에서 화해의 자리가 마련되었다.

우선 C 학부모와 만났다. 조목조목 나직하게 말씀하시는 교감 선생님 덕분에 분위기는 차분했다. C 아버지는 한층 누그러진 태도였다.

"선생님, 본의 아니게 아줌마라고 하는 등 결례해서 죄송합니다. 의도적으로 그러려는 것은 아니었고, 두 엄마가 옆에서 부추기다 보니 저도 모르게 말이 헛나왔습니다."

"예, 저도 지치고 추운 상황에서 이야기가 길어지고 브리핑까지 한 상황에서 이해를 못 하시니 좀 힘들었던 것 같습니다. 그 과정에서 서로 말씀들을 크게 하시니 혼자 감당하기 어려운 상황에서 목소리가 올라갔구요. 사과드립니다. 그리고 저 아줌마 맞습니다. 하지만 학교에서의 역할은 수석교사이고 부모님들도 학부모님 자격으로 학교에 와서 이야기하시는 것이구요. 사실 무척 속상했지만, 아버님이 의도적으로 그러신 게 아니실 수도 있겠다 생각은 했습니다."

"저도 잠을 잘 못잤습니다. 제가 멈췄어야 하는데, 저도 화가 난 상황에서 너무 심하게 갔네요. 우리 아이가 그런 아이라고는 생각도 못 했는데, 그런 말을 들으니 당황했고 믿기 힘들었습니다. 그 상황에서 사과문을 보니 너무 화가 났구요. 그리고 이 사과문으로 무슨 위원회가 열려 우리 아이가 징계를 받는 것이구나 싶어서 걱정도 되었구요."

"말씀드렸듯이, 징계를 받지 않도록, 그 위원회 자체가 아이들에게 상처가 될 수 있으니 위원회를 열지 않도록 하려고 개입한 거예요. 위원회를 열지 않는 방법은 사과를 직접 하시거나 저를 통해 전달하는 방법밖에는 없었어요. 저도 중간에서 많이 힘들었습니다만, 열 살짜리 아이들을 그런 위원회에 올리는 것이 바람직하지 않지요."

나의 진심이 통한 것인지 C 아버지는 고개까지 숙이며 미안해했다. 가만히 있던 C 어머니가 말을 꺼냈다.

"아이랑 얘기했는데, 어떻든 자기가 잘못이라고 하더라구요. 사과문에 쓴 거 모두 맞고, 더 심하게 했다구요. 아이가 우리보다 낫다는 생각을 했어요."

새삼 C가 고마웠다. 아이와의 상담이 헛되지는 않았구나 싶었다.

"다행이네요. C가 B를 차지하고 싶은 마음에 더 과하게 A를 따돌릴 수밖에 없었던 것 같아요. C는 A랑 잘 지내다가 B로부터 A가 자신에 대해 뒷말을 했다는 말을 듣고 A에게 화가 나서 확인도 안 해보고 더 괴롭힌 것 같아요. 안타까운 일이지요. C의 말을 듣고 보니 A의 뒷담화가 사실이 아니었음을 이해했고, 미안한 마음도 있고 활달한 A가 좋은지 A랑 계속 친하게 지내도 좋다고 하네요."

"왜 그렇게 B를 못 사귀어서 그럴까요? 우리 아이가 학교에서 좀 친구가 없어서 불안해하는데 B가 잘 대해 주어서 많이 좋아했거든요. 아마 그래서 더 그랬나 봐요."

어느덧 아이 상담으로 흘러갔다. 이런 화기애애한 상담이 금요일 그날 저녁에 있었어야 했는데, 안타까웠다.

"C는 부모님이 생각하는 것처럼 그렇게 약하지 않아요. 친구들에게 할 말은 하고, 좀 세게 말하는 쪽에 든다고 하네요."

"저희 아이가요? 집에서는 말이 별로 없어요. 그래서 어릴 때부터 얼마나 곱게 키우고 이것저것 다해주려고 노력하고, 학원도 많이 보내구요. 배우고 싶다는 것은 다 해 주고 싶어서요."

"그러시군요. C는 충분히 친구들을 잘 사귀고 있고, 이 기회를 통해 다른 친구를 위한다고 다른 친구를 괴롭히는 일이 옳지 않은 일이라는 것을 깨달았으니 같은 실수를 반복하지 않을 거예요. 충분히 강하고 착한 친구이니까요. 조금만 더 자신감을 갖도록 부모님이 격려해 주세요. 대화도 많이 하시구요."

"예, 아이 교육도 더 세심하게 하고 대화도 많이 하겠습니다. 너무 아이를 어리게만 대했나 봅니다."

공감과 신뢰에 바탕한 이해의 선물을 기대하며

학교는 다양한 아이들과 또 그만큼 다양한 학부모들이 있다. 그 다양함을 모두 수용하고 이해하는 혜안이 있었으면 좋겠지만 아직 나에게는 부족한 것 같다. 결과적으로는 잘 끝난 일이지만 그 과정에서 상처를 받았다. 이런 일을 겪으면 아이들의 갈등에 개입하려는 의지를 접게 된다. 선의가 악의로 변질되어 공격을 받는 순간도 종종 있는데, 그것을 이해시키는 과정이 너무 버겁기 때문이다.

한편 아이들을 중재하고 화해하도록 하는 노력이 일을 더 키울 수도 있다는 위기감도 든다. 이 상황을 해결하도록 돕겠다는 마음 뒤에는 내가 중재를 잘 할 수 있다는 오만함이 있는 것이 아닌가 성찰도 하게 된다. 타인을 위한 봉사에 헌신하는 것이 거의 무의식적으로 일어나는 성격이라 아이들 간의 갈등을 법적 기구나 절차로 넘기도록 안내하는 것은 불편하다. 피해자이건 가해자이건 아이가 올바로 성장할 수 있도록 돕고 싶기 때문이다.

'아버님, 어머님. 아이들이 위원회에 가서 징계를 받고 상처를 받을까 많이 두려우시지요? 예, 저도 두렵습니다.'

이렇게 좀 더 마음을 공감해 주었더라면 좋았을 것이다.

'그래서 이렇게 중재를 하고 피해 학생의 마음을 달래려고 노력하고 있습니다. 이 사안을 그냥 원칙대로 처리하면, 아이들이 한번은 가해 입장에서 한번은 피해 입장에서 위원회를 왔다 갔다 해야 합니다. 그것을 진정 바라시는 것은 아니시지요?'

학부모의 바람을 확인하고, 교사와 학부모, 학생이 서로 동맹의 관계임을 내비치는 것도 필요했을 것이다.

크리스마스 전날, 추운 수석교사실에서 떨면서 '어서 인정하고 끝냅시다'라는 나의 짜증스런 무의식적인 권유가 그 학부모들에게 스며들었음도 인정한다. 어려운 상대에게 부탁할 일, 특히 학부모에게 좋지 않은 일로 부탁할 일이 있을 때는 무엇보다 내 자신이 안정적이고 여유가 있어야 한다. 그래야 학부모의 두려움과 당황도 공감해 줄 수 있으며, 그 공감 속에서 서로에 대한 신뢰감이 생긴다. 그 신뢰감이 공고해질 때 이해의 선물을 나눠 가질 수 있을 것이다.

학교가 무너지면
희망이 없다

2024년 여름은 폭염으로 고생한 한 해였다. 앞으로 이보다 더한 여름이 올 것이라는 전문가들의 말을 들으니 마음이 무겁고 두렵다. 폭염을 피해 늦은 밤 공릉천변을 산책하면서 이름 모를 풀들의 성장에 깜짝 놀라곤 했다. 하지만 이런 경이로움도 잠시, 한창 예쁘게 활짝 피더니 계속되는 폭염에 새까맣게 타서 고개를 숙이고 있는 해바라기들을 보며 오싹함과 가여움의 감정이 함께 밀려왔다. 문득 우리들의 대화나 소통도 이렇게 새까맣게 타 버린 것은 아닐까 하는 생각이 스쳤다.

이 책을 쓰는 초기에 마음을 가득 채웠던 서이초 사건에 대한 진상규명이나 조치는 제대로 이루어진 것 없이 1년이 지났다. 아동학대법으로 교사를 몰아넣는 일부 학부모들의 행태로 말미암아 심하게 위축되고 있는 교권 및 교사들의 생활지도에 대한 권리는 여전히 뭉개져 있는 상황이다. 물론 교육부나 교육청은 교권보호센터 등을 지역마다 만들어 악의적인 민원이나 고소로 상처받는 교사들을 돕기 위해 노력하고 있다. 하지만 '사후약방문'일 뿐, 법의 정비뿐만 아니라 법을 넘어선 근본적인 교권의 회복은 먼 듯하다.

갖가지 사건을 지켜보며 학교나 사회는 여전하다는 무력감을 느낀다. 정서 및 행동장애가 있는, 강제 전학을 온 학생에게 뺨을 맞으면서도 아무런 대처를 하지 못하고 그 아이의 난장을 보고만 있어야 하는 무기력한 교감 선생님의 사연은 학부모에게 폭행당하고 학생에게 욕설을 들으며 교권 침해에 시달리는 교사의 현주소를 상징적으로 보여주는 듯하다. 부산의 한 초등학교에서는 아파트에서 학교까지 셔틀버스로 등교하는 100여 명 아이들의 학부모들이 학교 안으로의 버스 진입을 허용하지 않는다는 이유로 교장 선생님을 고소하는 사건도 있었다. 물론 불편함도 있겠지만, 대형버스가 드나들면서 나머지 700여 명의 학생이 겪을 안전상의 문제도 생각해야 하는 학교의 입장을 학부모들이 알아준다면 좋을 텐데, 그저 안타깝기만 하다. 서로 대화하고 이해하는 시간, 의견을 조율하고 원칙과 교육의 목표를 함께 생각하고 나누는 기회가 실종되었다. 긴 대화를 참지 못하고 고소로 관철하려는 모습이 좌절감을 느끼게 한다.

자신이 겪는 불이익이나 불편을 대화보다는 '법대로'를 주장하며 상대를 압박하고 길들이려는 행태가 내내 불편하다. 너도나도 법을 더 잘 파서 상대를 꼼짝 못 하게 하려고 한다. 안타깝지만, 이런 태도는 상대에게 원망과 복수심을 가져오고 결국 나에게 불이익이 된다. 법은 최소한의 도덕이다. '법대로'를 외치기 전에 최우선으로 삼아야 할 가치, 즉 스승에 대한 태도, 아이가 어른을 대하는 태도, 또 어른이 아이를 대하는 태도, 부모와 자식 간의 태도 등 우리가 존중하고 지키려던 다양한 가치들이 있다.

작년에 겪은 일련의 사건으로 우리 사회가 경각심을 갖고 바로 서기에는 풀무가 될 만한 사회적 합의가 없다. 오히려 경제적으로 정치적으로 더욱 어려워지고 사회적인 굵직한 논쟁거리가 연일 터지면서 교권 회복에 대한 논의는 묻혀버린 느낌이다. 사람들의 삶이 팍팍해지고 살기 어려워지면서, 백년지대계인 교육을 바로 세우려는 노력보다는 너도나도 미래 교육에 몰두한다. 학교는 소통이 끊어진 채로 살아남기 위해 책임을 피하고 관심을 거두면서 주어진 업무만 최소한으로 하는 상황이 되었다. 사회 전체가 동맥경화에 걸린 상황이라 학교도 마찬가지일 수밖에 없는 것일까.

학부모와의 갈등으로 병가를 내는 선생님들이 있다. 2024년 중반에만 여러 명이 학부모와의 갈등에 몸과 마음이 피폐해져 병가를 내는 상황을 옆에서 지켜보았다. 이들은 학교나 학급경영에 열정과 최선을 다했던 교사들이다. '열심히 하면 당한다'라는 자조적인 말을 실제 겪으니 당황스럽고 암울하다. 이런 일로 예전에 교사 상담을 할 때만 해도 선생님의 마음에 있는 아이들을 사랑하고 생각하는 마음을 되살려 좀 더 견뎌보자고, 학부모와 만나서 갈등을 해결하도록 중재하겠다고 제안하면서 함께 교실을 지키고자 했다. 그러나 작년에 이어 상황은 여전하고 학교는 무기력하다. 갈등을 유발하는 학부모의 태도에서 인간적인 예의는 이미 사라졌다. 중재에도 불구하고 학부모의 투사적인 태도에 변화가 없다면, 선생님들을 대피하도록 안내하는 것이 최선이라는 생각에 '대피' 차원에서 심리치료와 더불어 '병가'를 권하는 방향으로 교사 상담을 마무리하다 보면, 선생님들은 아이들에 대한 미안함, 학부모에 대한 원망과 복수심, 슬픔, 우울 등 다양한 감정을 드러내는 듯했다. 이런 상황이 나와 내 주변만의 문제는 아니다. 상담센터 원장님들을 만나 이야기를 들으면 더욱 충격적이다. 상담받으러 오는 교사, 관리자들이 작년보다 더 폭증했다며 학교가 왜 이렇게 되었는지 나에게 되묻는 상담사들이 많다.

　교육은 사회를 유지하고 성장시키는 근간이고, 학교는 바로 이러한 교육을 담당하는 대표적인 기관이다. 학교가 무너지면 사회에 더는 희망이 없다. AI가 교육을 담당한다며 학교 무용론을 말하는 사람들이 있지만, 교육은 개인의 지식역량만 키우는 것이 아니다. 타인과 상호작용을 하고 올바르게 소통하며 민주시민으로서 사회인이 되어가도록 하는 과정 자체가 교육이다. 학교가 죽으면 이런 과정도 사라질 것이고 나아가 저마다 초개인화되면서 서로에 대한 관심도 사라질 것이다. 사회화 기관인 학교가 약화된다는 것은 사회가 약화되는 것이고, 이는 곧 우리의 소멸을 일으키는 '나비의 날개짓'이 될 수도 있다.

　작년 여름, 거리로 나설 만큼 절박했던 교사들의 바람은 속절없이 어그러지는가 안타깝다. 뜨거운 아스팔트에서 외쳤던 '교사로서 살고 싶다는 바람', '공교육을 교육답게 다시 살려보고 싶다는 바람'은 한낱 미풍으로 그치는 듯해 슬프기만 하다. 교육계에 있는 우리를 슬프게 하는 것은 학부모만이 아니다.

교육과정이 개정되면서 다양한 연수가 진행되고 있지만, 아직은 과도기적이라 교육과정의 방향이나 방법에 대한 이해에서 혼선이 빚어지고 있다. 이미 구성한 학교 교육과정을 바꾸어야 하는 교사들 입장에서는 여러모로 혼란스럽고 짜증이 날 수밖에 없다. 이의를 제기하는 과정에서 교사와 연수진행자 간에 생겨난 갈등은, 교사와 성난 학부모 사이의 갈등과 별반 다르지 않았다. 서로를 바라보는 시선은 존중과 이해가 아닌, 적대감과 부정적 감정들로 가득하다. 이런 적대감으로 가득한 자칼의 대화는 교사들 간에도 일어나고 있고 우리 사회 전반에 걸쳐 물들어 있다.

우리 인류는 그 특성상 소통을 원한다. 심지어 내가 잘 모르는 언어를 쓰는 사람들과도 소통하고 싶어 한다. 다양한 AI 기술을 통해 다른 언어로도 서로 소통이 가능한 스마트폰이 출시되고 있는 경이로운 시대이다. 하지만 쓰는 언어가 같고 심지어 가족이나 이웃처럼 가까운 관계에도 불구하고 우리는 갈등을 넘어 불통과 단절을 겪고 있다. 그 옛날 오만한 바벨탑을 만들던 인류에 대해서 신이 노여워하며 서로 소통을 못 하도록 인류를 언어로써 흐트러뜨렸다. 현재는 우리 스스로 서로의 소통을 차단하고, 같은 언어를 쓰는 주변 사람들과도 불통을 선택하는 안타까운 상황이다. 서로 구축한 '신뢰의 탑'은 서서히 무너지고 있다. 이런 안타까운 상황에서, 탑이 무너지는 것을 지켜볼 수만은 없다. 무너진 돌들을 다시 쌓아 올려 서로를 믿고 소통하는 세상을 만들어야 한다. 그 벽돌은 이 책에서 제시한 비폭력대화의 다양한 요소들일 수밖에 없을 것이다. 우리가 살아갈 수 있는 길은 주변 사람들에 대한 작은 연민과 따스한 시선, 편견의 내려놓음, 나와 상대방의 마음 읽기의 여유, 나와 우리의 긍정적인 바람 찾기, 마지막으로 존중을 담은 부탁과 대화일 것이다.

소슬한 바람이 불어오는 평화로운 가을의 산책길, 그 길을 걷고 싶다.